재난만큼 위험한 AI 오류

인공지능 안전성에 주목하라

김창익 지음

재난만큼 위험한 AI 오류

인공지능 안전성에 주목하라

2023년 5월 19일 초판 1쇄
2023년 11월 24일 초판 2쇄

저 자: 김창익
발행인: 송 준
발행처: 도서출판 홍릉
주 소: 01093 서울시 강북구 인수봉로 50길 10
등 록: 1976년 10월 21일 제5-66호

전 화: 02-999-2274~5
팩 스: 02-905-6729
e-mail: hongpub@hongpub.co.kr
http://www.hongpub.co.kr
ISBN: 979-11-5600-097-6(93000)

정 가: 20,000원

재난만큼 위험한 AI 오류

인공지능 안전성에 주목하라

김창익 지음

도서출판 홍릉

저자소개

김창익

현재 카이스트 전기및전자공학부 교수로 재직하고 있으며 카이스트 안보과학기술대학원장, 카이스트 안보기술연구센터 소장, 국가안보실 정책 자문위원(국방혁신 분야), 해양경찰청 유무인 복합체계 자문위원으로 국방 및 안보 분야에서 많은 활동 중이다.
기후위기 완화, 생태 및 친환경 AI 모델의 개발에도 관심이 많아 카이스트 인류세연구센터 제1그룹장, 카이스트 녹색성장지속가능대학원을 겸임하고 있다.
서울에서 태어나 경기고, 연세대, 포항공대를 거쳐, 시애틀 소재 워싱턴 주립대학교에서 공학박사 학위를 취득하고 실리콘밸리에 있는 엡슨팔로알토 연구소(Epson R&D Inc.)에서 책임연구원으로 근무했다.

머리말

지난 2012년, 알렉스넷이라고 하는 딥러닝 기반 인공지능(AI) 모델이 화려하게 등장한 이후, 마치 모든 인공지능 기술이 딥러닝 기술을 기반으로 개발되고 있다해도 과언이 아닐만큼, 딥러닝 기술은 발전을 거듭해 오고 있으며, 몇몇 제한된 상황에서는 이미 인간의 인지능력을 넘어서는 성능을 보이기도 하였다. 전 세계적인 인공지능 붐을 타고 맹렬한 속도로 개발되어 온 수없이 많은 인공지능 모델들은 지난 10년간 우리 인류에게 밝고 아름다운 미래에 대한 희망과 가능성을 일깨워 주기도 했다. 하지만, 최근 들어 인공지능의 안전성에 대한 우려가 서서히 뚜렷하게 인지되고 있는 것도 사실이다. 이것은 인공지능의 등장과 함께 자주 회자되어 온, 인공지능이 인간보다 더 똑똑해지는 시점이 오면, 대부분의 인간은 일자리를 잃게 되고, 심지어 인류가 인공지능의 노예로 살아가게 되는 것은 아닐까 하는 아직은 멀다고 할 수 있는 미래에 대한 섣부른 두려움과는 또다른 논제이다. 사람에게 해를 끼치고자 하는 의도가 전혀 없었음에도, 현재 개발된 인공지능이 개발자의 의도와는 달리 사람에게 해를 끼치는 일에 이용된다거나, 단순한 교란에도 쉽게 속아 넘어가거나, 주어진 임무 이외에는 아무런 대처 능력이 없어서 실제 상황에서는 의도치 않은 사고를 일으키게 된다거나, 화려해 보이는 성취 뒷면에 숨어 있는 엄청난 양의 탄소발자국 등에 관련된 문제가 곳곳에서 터져 나오고 있는 실정이다.

인공지능(Artificial Intelligence, AI)은 인간의 지적 능력을 모사하는 컴퓨터 시스템 또는 그러한 것을 구현하고자 하는 기술을 연구하는 학문을 의미하는데, AI는 인간의 지각, 추론, 학습 능력과 같은 다양한 지적 능력이 필요한 작업을 대신하며 현대의 인간사회에 강력한 혁신을 가져왔다. 이미 우리의 삶은 얼굴인식으로 휴대폰의 잠금 해제, 음성비서의 도움받기에서, 이커머스 플랫폼에서 추천되는 상품 쇼핑에 이르기까지, 다양한 AI 응용들과의 상호작용으로 가득 차 있다. AI가 우리를 대신해 차를 몰기도 하고, 의사들이 병을 정확히 진단하는 것을 돕기도 한다. 법관들이 매우 일관적인 법정 판결을 내릴 수 있게 돕기도 하고 사업고용주들이 적절한 사람을 직원으로 선택할 수 있게 해주기도 한다.

특정 작업들에 대해, 인공지능 시스템들은 이미 각 가정과 거리에 배치될 수 있을 정도의 충분한 성능을 제공하고 있다. 예를 들어, 이미 많은 가정에서 로봇 청소기가 활약 중이며, 음성인식 시스템들은 시리, 알렉사, 빅스비와 같이 개인 음성비서의 역할을 하고 있고, 객체 검출은 첨단 자동차들이 거리의 사물을 인식할 수 있게 해 준다.

이미 인공지능 시스템이 인간의 성능을 넘어선 분야도 나타나고 있다. 알다시피 알파고는 인간 최고 바둑기사를 이긴 최초의 컴퓨터 프로그램이다. 좀 더 거시적 관점으로 보면, AI는 훌륭한 경제적인 결과물들을 창출하고 있다. 세계경제포럼의 2020년 미래 직업 보고서에 따르면 AI가 5년 안에 5천8백만 개의 새로운 일자리를 만들어 낼 것이며, 2030년까지는 세계경제의 연간 1.2%의 GDP 성장을 담당하는 13조 달러의 추가적인 경제적 이익을 창출할 것으로 예상된다.

그러나 우리는 이들 인공지능시스템들이 작은 교란에 속아 넘어가기도 하고 때로는 우리의 의도와는 다르게 작동하기도 한다는 사실도 점점 인지하고 있는 중이다. 도로의 정지신호(stop sign)에 낙서를 추가하면 자율주행차에 탑재된 인공지능 분류기로 하여금 그것은 정지 신호가 아닌 것으로 판단하게 하여 승객의 안전을 위협할 수도 있고 양성 피부 병변을 찍은 영상을 악성 병변을 가진 영상으로 인식하게 하여 의료보험 사기에 이용할 수도 있다. 미국 법정에서 사용되는 위험진단 프로그램은 특정 인종에 대한 편견을 보이기도 하며 회사의 직원 선발 프로그램은 여성에 대한 바이어스를 나타내기도 한다. 온라인 AI 챗봇은, 사용자의 기분을 상하게 하고 사회적으로 부정적인 영향을 미치는 음란하고 인종 차별적이며 성차별적인 대답을 하기도 한다.

더욱이 AI 시스템들은 개인 정보나 기업정보의 보호에 대한 취약성을 가지기도 한다. 해커들은 AI 의 학습에 사용되었던 개인의 얼굴 사진이나 의료 기록 등 민감한 개인 정보들을 학습된 AI 모델로부터 추출을 시도할 수도 있는데 이러한 취약점은 사람들로 하여금 AI 시스템을 믿고 사용하기 힘들게 만들고 나아가 AI기반의 4차산업 시대에 심각한 경제적 손실 및 보안문제를 일으킬 수도 있다. 특히 얼굴 인식 시스템이나 자율주행 자동차와 같이 보안이나 인간의 생명과도 연결되는 분야에 대해서는 특정 상황에서 예기치 못한 오동작을 할 수 있는 AI의 사용에 신중을 기해야 한다. 이러한 AI의 신뢰성에 대한 우려는 결국 AI가 우리 사회에서 널리 확산되고 더 많은 경제적 가치를 창출하는데 있어서 큰 장애가 되고 있으며, 따라서 어떻게 안전하다고 믿을 수 있는 AI를 만들 것인가에 대한 물음이 학계와 산업계에 있어서 화두가 된 상태이다. 그렇다면 인공지능의 이점을 실현하면서도 사람과 사회에 매우 위협적인 결과를 가져올 수도 있는 시나리오들을 어떻게 해결할 수 있을까? 간단히 말해서, 우리는 어떻게 안전하고 신뢰할 수 있는 (safe and reliable) 인공지능을 구현할 수 있을까?

AI가 앞으로 우리 사회의 더욱 더 많은 분야에서 사용된다면 최근에 발견되는 더욱 지능화된 스피어 피싱(특정인의 정보를 캐내기 위한 사이버 공격) 및 멀웨어(악성 소프트웨어) 공격의 예에서 쉽게 상상할 수 있듯이 해커가 표적으로 삼을 수 있는 공격 범위가 훨씬 다양하고 넓어질 것이다. 또한 AI 시스템이 일반적으로 인간의 고유한 것으로 여겨지는 영역(예를 들어, 사회적 상호 작용 분야)으로 확장됨에 따라 이러한 기능을 사용하는 보다 정교한 사회 공학적 공격이 미래에 나타날 수 있다. 이로 인해 네트워크 침투가 빈번해지고, 개인 데이터 도난 및 지능형 컴퓨터 바이러스의 확산이 발생할 수 있다. 자동화된 해킹을 방어하기 위한 최선의 선택 중 하나는 역시 AI를 통한 사이버 방어 시스템 자동화이며 실제로 기업에서 이 전략을 점점 더 추구하고 있다. 그러나 AI 기반 방어가 만병통치약은 아니다. 특히 디지털 영역 너머를 볼 때 그렇다. AI의 개방성이 가져오는 손익 균형을 이해하면서, AI가 활발히 도입되기 전에 개발된 정책 프레임워크가 우리가 만들고 있는 새로운 세계에 적응하도록 보장하기 위해 시스템의 견고성을 사전에 검증하기 위한 새로운 기술 개발 등 다양한 사전 대비 작업이 수행되어야 한다. 장기적으로 볼 때, 첨단화된 AI는 특정 영역에서 전례 없는 유형과 규모의 피해를 입힐 수 있으므로 더 강력한 오용 및 악용이 실현되기 전에 지금부터라도 준비를 시작해야 한다.

독일의 사회학자 울리히 벡 (1944~2015)은 1986년의 저서 '위험사회(Risky Society)'에서 앞으로 다가올 21세기를 위험사회라고 명명했다. 그가 말하는 위험사회란 위험이 사회의 중심 현상이 되는 사회를 말하며 '안전'의 가치가 '평등'의 가치보다 중요해질 것이라고 내다보았다. 그는 "부(富)에는 차별이 있지만 스모그에는 차별이 없다"는 유명한 말을 남겼으며 "디지털시대, 초연결사회인 21세기 위험의 전염성은 빠르다. 특정 지역이나 계급과 상관없이 어디서든 발생할 수 있다. 과학 발전에 비례해 위험 인식도가 높아진다. '안전'의 가치가 가장 중요해진다. 안전은 물이나 전기처럼 공적 소비재가 된다"고 주장했다. 즉, 현대사회에서 사람들은 과학기술의 진보를 믿기보다는 과학기술이 초래할 불확실성을 걱정하는 상황에 놓인다고 하였다. 그의 이러한 예측은 당연히 과학기술의 한 부분인 인공지능 기술에도 적용된다. 인공지능 기술이 진보함에 따라 이와 관련된 '안전'의 가치는 아무리 강조해도 지나치지 않다. 특히 많은 사람의 생명과 직접적인 관련을 갖는 국방, 의료, 금융, 법률 분야에 적용되는 인공지능 기술은 개발단계에서부터 신중한 주의가 요구된다.

이 책은 기본적으로 인공지능의 안전성에 대해 최소한의 지식을 갖고 있을 필요가 있는 국방, 자율주행, 의료, 금융, 법집행 분야의 관계자들을 염두하고 쓰여진 것이다. 내가 사용하는 인공지능이 인공지능 고유의 취약성을 노리는 악의적 공격에 견디어 낼 수 있는지, 과연 인공지능의 판단을 어디까지 믿고 의지할 수 있을지, 개발의도와는 다르게 전혀 생각지도 못했던 방향으로 사회에, 지구환경에 악영향을 미치는 것은 아닌지 본격화되는 인공지능 시대에 모두가 관심을 기울여야할 주제이다. 가급적 피상적인 개념의 설명이나 관련 기술 동향의 나열에 그치지 않고 최소한의 기술적 이해를 원하는 독자들을 대상으로 가능한 한 수식의 사용을 자제하면서도 최대한 기본적인 개념을 이해할 수 있도록 노력하였다. 그런 이유로 남겨진 몇몇 수식은 작은 열정만으로도 충분히 이해하고 넘어갈 수 있도록 친절하게 설명을 하고자 했으나 수식에 노이로제가 있는 독자라면 부담없이 건너뛰어도 큰 무리는 없을 것이다. 이미 우리 삶에 깊숙이 들어온 AI의 기본 원리를 넘어서 AI 안전성이 앞으로 우리의 삶에 어떤 영향을 끼치게 될 지 궁금하다면 누구나 이 책의 독자가 될 수 있을 것이다.

이 책이 나오기까지 여러 사람이 도움을 주었다. 특히 카이스트 시각지능연구실의 젊고 유능한 인재들은 언제나 내가 나의 가야할 길을 잊지 않도록 해주는 든든한 인생의 벗이요 학문적 동반자들이다. 우리 연구실의 모든 학생들이 음으로 양으로 응원과 지지를 보내주었지만, 특히 원고를 꼼꼼히 읽고 논리 전개 등 이 책의 완성을 위해 부족함을 메워 준 정민기, 변준영, 권명준, 조승주, 장재혁 학생에게 고마움을 전한다. 가족으로서 모든 일에 힘을 주시는 어머니 유한구 여사, 시인이자 수필가이신 장인 이홍구 선생님, 박계순 여사, 아내 이미경, 그리고 한결과 한나 및 새로운 가족의 구성원이 된 현주, 의준과 함께 하는 삶에 깊이 감사한다.

차 례

03 인공지능에는 취약성이 존재한다: 인공지능의 견고성 / 51

05 설계의도와는 다른 일들이 발생한다: 의도에 부합하는 인공지능 / 147

06 인공지능이 지구환경을 위협한다: 인공지능의 환경친화성 / 171

CHAPTER
01

인공지능의 안전성 (AI Safety)이란 무엇이고 왜 중요한가

지난 십여년간 딥러닝으로 대표되는 인공지능(AI) 기술은 급속한 발전을 경험했으며 모든 이의 일상 생활은 물론 인간 사회의 흐름을 근본적으로 바꾸어 놓았다. 당연하게도, AI를 개발하는 기본 목적은 인간의 노동을 줄이고, 생활 편리성을 향상시키고, 사회적 선을 촉진함으로써 인간에게 이익이 되도록 하려 함이다. 그러나 최근 연구 및 AI 응용들에 따르면 AI는 다음과 같은 이유로 인간에게 의도치 않은 해를 끼칠 수도 있음이 속속 밝혀지고 있다. 예를 들어, 안전이 매우 중요한 상황에서 신뢰할 수 없는 결정을 내리거나, 인공지능의 취약성을 악용하는 공격에 노출되거나, 무심코 집단 내의 공정성을 훼손하는 등 의도치 않게 사회의 공공선을 해치는 일, 심지어는 지구환경에 위협이 되는 일 등 말이다. 결과적으로, 인공지능이 더욱 보편적으로 사용되기 위해서는 사람들이 충분히 신뢰하고 AI기술에 둘러싸여 살아갈 수 있도록 해 주는 인공지능의 안전성이 우선적으로 확보되어야 함은 이론의 여지가 없다. 인공지능의 안전성이란 기계학습 시스템의 의도치 않은 동작의 원인을 식별하고 이 시스템들이 안전하고 안정적으로 작동하도록 하는 도구를 개발하는 것을 목표로 하는 기계학습 연구의 한 분야이며 인공지능 시스템을 안전하고 안정적으로 작동시키기 위한 기술적 방법을 제공하는 것을 목표로 한다. 그러나 전통적인 공학분야에서 사용되는 수학과 컴퓨터 계산 기반의 도구와 달리 최신 기계학습 방법에는 안전을 보장하는 장치가 없다. 예를 들어 제어이론의 발달로 인해 여러 유형의 항공기나 자동차에서 볼 수 있는 것과 같이 복잡한 물리적 장치에 대해서도 매우 낮은 실패가능성이 검증되고 보장되는 반면, 최근의 기계학습 시스템들에 대해서는 유사한 보장을 제공할 방법이 아직 존재하지 않는 형국이다. 그 결과, 많은 기계학습 시스템은 시스템을 실패로 만드는, 전에는 알려지지 않았던 시나리오에 직면할 위험성을 내포한 채로 실세계에 배포될 수밖에 없다. 이러한 위험은 기계학습이 더욱 널리 사용됨에 따라 함께 증가할 수밖에 없기에 '안전한' 기계학습을 이루기 위한 연구는 기계학습 시스템의 의도되지 않은 동작의 잠재적인 원인을 규명하고, 그러한 동작이 발생할 확률을 줄이는 방안을 개발하는데 초점을 맞춘다.

현대 사회에서 인공지능이 차지하는 비중과 인간의 의존이 커짐에 따라 그것이 품고 있는 잠재적인 위험에 대한 인간의 두려움을 최소화해 줄 수 있는 안전하고 믿을 수 있는 AI의 구현은 인공지능의 발전에 충분조건이라 할 수 있다. 즉, 안전성과 신뢰성은 AI가 완전히 실현되고 사람들이 그 이점과 편리함을 충분히 누릴 수 있게 하는 필수요건인 것이다.

인공지능의 바람직한 속성들에 대해 알아보자

이와 같이 중요성과 필요성에 의해 안전한 AI에 대한 관심이 높아지고 있으며 그것에 대한 정의와 확장에 대한 수많은 논의가 존재한다. 이 책에서 우리는 안전한 AI를, 사람과 지구 환경에 대한 위협이나 해를 끼침이 없이 이점과 편리성을 제공하는, 사람처럼 문제를 풀 수 있는 프로그램이나 시스템으로 정의하고자 한다. 우리는 이 책에서 AI 안전성에 대해 본격적으로 논하기 전에, 이미 많은 문헌과 인터넷 사이트에서 제시하고 있는 안전하고 믿을 수 있는 AI의 여러가지 하위 속성들에 대해 간단히 짚고 넘어가도록 하자.

- ▶ 정확성(accuracy): 학습시에 사용된 적이 없는 새로운 (unseen) 데이터에 대해 얼마나 정확히 작동하는가. 사실 이 속성은 기본적인 AI를 구축하는데 있어서 가장 기본이 되는 전제조건이다.
- ▶ 견고성(robustness): 결과에 영향을 미치지 않아야 하는 입력의 작은 변화에 얼마나 강건한가
- ▶ 보안성(security): 도난, 반달리즘, 또는 사이버 공격과 같은 의도적인 피해로부터 얼마나 강건한가.
- ▶ (좁은 의미의) 안전성(safety): 우발적인 사고나 자연재해와 같은 의도하지 않은 어떤 상황에서도 사람이나 시스템을 피해없이 보호하는가
- ▶ 설명가능성(explainability): 사용자가 이해할 수 있는 설명으로 시스템 결과물의 타당함을 입증할 수 있는가
- ▶ 투명성(transparency): 어떻게 인공지능 시스템의 결과물이 나오는지 외부 관찰자가 메커니즘을 확인할 수 있는가. 또한 시스템을 구성하는 데이터, 알고리즘, 바이어스 정보 등이 투명하게 제공되는가
- ▶ 가용성(availability): 인공지능 모델이 기본적으로 쓸모가 있는가. 언제든 필요로 할 때 시스템에 접근(access)이 가능한가
- ▶ 편리성(usability): 서로 다른 배경을 가진 사람들이 쉽게 사용할 수 있는가
- ▶ 프라이버시(privacy): 인공지능 모델로부터 학습 시 이용되었던 개인의 정보를 직간접적으로 식별하고자 하는 시도를 막을 수 있는가

- ▶ 자율성(autonomy): 인간의 가이드에 의존하지 않고 독립적으로 작동하는가
- ▶ 준법성(law-abiding): 관련 법규에 맞게 작동하는가
- ▶ 윤리성(ethics): 데이터는 사람의 가치와 인권을 존중하는 방식으로 수집되었는가. 시스템의 결과물은 윤리적인 방법으로 사용될 것인가
- ▶ 공정성(fairness): 다양한 배경을 가진 사람들에게 편견없이 작동하는가. 알고리즘이 기존의 편견을 유지하거나 악화시키지 않는가.
- ▶ 책임성(accountability): AI 시스템의 각 부분에 대해 누가 책임이 있는지 책임소재가 명확한가
- ▶ 환경친화성(environmental friendliness): 인류문명의 지속과 번영을 위해, AI시스템은 환경에 우호적인가. 예를 들어 에너지 소비와 오염 배출의 최소화를 고려하여 구현되었는가

여기서 주목해야할 것은 위에서 나열한 속성들이 서로 독립적인 관계에 있다기 보다는 서로를 보완하고 강화하는 관계에 있다는 것이다. 단순한 예로, 환경친화적 AI의 개발과 사용을 장려하기 위해서는 경량화된 AI의 개발과 함께 온실가스 배출량이 가장 작은 데이터센터를 먼저 사용하고, CO_2와 같은 탄소산화물 배출량을 투명하게 공개하고 배출량을 최소화하거나 상쇄하는 데 가장 노력해야 할 것이며 이는 AI의 투명성 및 책임성과 밀접한 관계를 갖는다. 반대로, 속성들 간의 트레이드 오프가 요구될 수도 있다. 예를 들어, 우리는 공정성을 높이기 위해 약간의 정확성을 포기해야 할지도 모르며 프라이버시를 높이기 위해서는 가용성과 편리성이 희생을 감수해야 할 것이다. 또한 엄밀히 말하자면, 하나의 속성 안에도 개인을 위한 공정성과 대중적인 공정성과 같이 항상 병립하기는 힘든 속성들이 존재할 수도 있다.

신뢰가능 인공지능과는 어떤 차이가 있을까

그렇다면 안전한 인공지능 (Safe AI)과 최근 많이 거론되는 신뢰가능 인공지능 (Trustworthy AI)의 개념적 차이는 무엇일까.

먼저 AI 안전성과 신뢰할 수 있는 AI는 AI가 인간에게 안전하고 유익한 방식으로 개발되고 사용되도록 보장하는 다양한 측면에 중점을 둔다는 점에서 앞서 예로 든 하위 속성들을 대부분 공유하는 거의 유사한 개념으로 볼 수 있다. 하지만 AI 안전성은 인공지능(AI) 시스템의 사용으로 인해 인간과 사회, 지구환경 전반에 해를 입힐 위험을 최소화하기 위해 사용되는 일련의 노력과 기술을 의미하며 인간의 가치 못지않게 인간을 포괄하는 사회와 지구환경의 보호에도 큰 관심을 기울인다. 즉, 인간의 가치와 편이성을 우선시하느라 사회와 지구환경의 훼손을 암묵적으로 허용하거나 간과하는 일이 생겨서는 안되는 것이다. 반면 신뢰할 수 있는 AI는 AI 시스템이 인간의 가치와 일치하는 방식으로 개발되고 사용되며 사용자가 예측 가능하고 신뢰할 수 있는 방식으로 작동하는 AI 시스템을 개발하는 것에 좀 더 비중을 두는 것으로 정의되는 경향이 크다. 실제로도 신뢰가능 인공지능에 대한 다양한 문서들을 고찰해보면 대부분 윤리성, 프라이버시 보호, 공정성과 같은 사람과 사람간에 형성되는 가치에 우선순위를 두는 방향으로 기술이 되고 있음을 알 수 있으며, 따라서 AI 안전성이 신뢰가능 AI의 테두리안에서 기술되는 순간 상대적으로 덜 중요한 하위 속성으로 간단히 언급되는 정도로 취급되는 것을 목도하게 된다.

지금까지 설명한 바와 같이 일반적으로 말해서, 안전한 AI와 신뢰가능한 AI의 개념은 굳이 구분이 필요없을 정도로 바람직한 AI를 이루기 위한 대부분의 하위 속성들을 공유하는, 유사한 개념이라고 할 수 있다. 즉, 안전한 AI가 신뢰가능하고, 반대로 신뢰가능한 AI는 안전하다고 말하는데 별 무리가 없을 것이다. 하지만 AI 안전성은 좀 더 큰 스케일에서 AI가 인간과 이 세상에 미치는 영향을 중시한다는 것이 양자간의 큰 차이라고 할 수 있다. 살짝(아니 심하게) 비약하여 예를 든다면, 심지어 조폭 두목에게도 신뢰할 수 있는 부하가 있을 수 있다. 그들은 그들을 둘러싼 환경에 미치는 해악보다는 서로간의 가치에 관심이 더 크기에. 하지만 조폭 두목에게 (사회와 주변 환경에 해를 끼치지 않는) 안전한 부하가 있다고 말할 수는 없듯이 AI 안전성은 우리로 하여금 지구의 지속유지가능성 (sustainability)에도 큰 관심과 비중을 두기를 바란다고 이해하면 될 것 같다.

AI안전성의 네 가지 범주: 견고성, 설명가능성, 의도부합성(정렬성), 환경친화성

AI 안전성은 다양한 차원(dimension, 속성)을 포함하는 대단히 크고 복잡한 주제이다. 이 책에서 우리는 그 중에서도 가장 중요하다고 생각되는 네 가지의 범주, 즉 견고성 (robustness), 설명가능성 (explainability), 의도부합성 (정렬, alignment), 및 환경친화성 (environmental friendliness)의 문제에 대해 자세히 알아볼 것이다. 앞서 설명한 바와 같이 여러가지의 속성이 저마다 독립적으로 존재하는게 아니고 서로 보완하고 강화하는 관계에 있으므로, 이 책에서 설명하는 네 가지 속성을 이해하는 과정에서 나머지 대부분의 속성들에 대한 이해 역시 가능하게 될 것이다. 예를 들어, 인공지능의 견고성을 논하다 보면 인공지능 모델로부터 학습 시 이용되었던 개인의 정보를 직간접적으로 식별할 수 있는 기술이 존재함을 알게 되고 이는 프라이버시 속성과 밀접한 연관이 있음을 쉽게 이해할 수 있다. 환경친화성의 문제가 커질수록 상황에 따라 정확성을 적절히 양보해야 할 수도 있다.

먼저 견고성(robustness)이란, 기계학습 시스템이 매우 넓은 범위의 조건하에서 - 심지어 익숙하지 않은 상황에서도 - 정상적인 한계(limit)안에서 작동해야 함을 의미한다. 따라서 견고성 연구는 일반적으로 잘 작동하는 것처럼 보이지만 특정 상황에서는 취약성을 보이는 AI 시스템의 속성을 파악하는 일에 중점을 둔다. 여기에는 적대적 사례의 사용(시스템이 실패하도록 의도적으로 설계된 입력을 제공하는 일), 데이터 중독(AI 모델이 잘못된 것을 학습하도록 훈련 데이터를 조작하는 일), 및 모델이 훈련된 것과 다른 설정에서 사용되는 것과 같이 우발적인(즉, 의도되지 않은) 실패에 대해 모델을 보다 강력하게 만드는 작업도 포함된다. 견고성 연구는 구체적으로 고장 모드를 식별하고, 이를 방지하는 방법을 찾거나, 주어진 시스템이 주어진 일련의 가정하에서 견고하게 작동함을 보여주는 도구를 개발하는 것을 목표로 한다. 이것은 AI 응용에서 결과의 품질 및 신뢰성과 크게 관련이 있으며, 특히 의도된 교란에 AI가 속아 넘어가지 말아야 한다는 것이다.

⇨ 인공지능을 미혹시키려는 의도된 교란에 속지 말아야한다

설명가능성(explainability) 연구는 작업자가 AI의 출력을 쉽게 분석하고 이해할 수 있는 방법을 모색하는 것이며 때로 해석가능성이라고도 한다. 최신 기계 학습 기술(특히 심층 신경망이라고도 하는 딥 러닝)은 기능이 불투명한 "블랙 박스"로 유명하며, 실제로 블랙박스 안을 들여다보는 것은 어렵지 않지만 거기서 우리가 볼 수 있는 것, 즉 숫자의 행렬("매개변수")은 그 자체만 가지고 이해하기가 극히 어렵다. 설명가능성 연구는 기계 학습 모델의 수백만 또는 수십억 개의 매개변수를 인간이 진행 상황을 파악할 수 있는 형태로 변환하는 도구와 접근 방식을 구축하는 것을 목표로 한다. 설명가능성은 결과를 더 잘 예측하고 나쁜 결과가 관찰될 때 학습 과정을 개선하거나 책임 소재를 분명히 하기 위해 필요하다. 즉, 사용자가 AI에 오동작이 없음을 늘 확인할 수 있어야 한다는 뜻이다.

> ⇨ 결과를 사용자에게 이해시켜라. 오동작이 없음을 확인할 수 있어야 한다

AI정렬 (alignment)이라고도 하는 **의도부합성**에 관한 연구는 시스템의 동작이 설계자의 의도와 일치하는지, 개발자의 의도와는 달리 사회에 해악을 끼치는 것은 아닌지의 여부를 확실히 하는 것에 관심을 둔다. 기계 학습 시스템은 다양한 데이터를 기반으로 기계학습 시스템이 특정 목표를 달성하기 위한 방법을 스스로 터득하게 설계되지만 학습을 하는데 필요한 알고리즘과 목표는 일반적으로 인간 시스템 설계자가 제공한다. 학습 과정을 제대로 수행하기 위한 가능한 목표의 예로는 예측 오류를 최소화하거나 보상을 최대화하는 것이 있

다. 구체적으로, 학습 과정이란 설계자에 의해 작성된 목적함수를 최소화하는 방향으로 일반적으로 수백만개에 달하는 최적의 매개변수를 구하는 것을 말하며 시스템 설계자는 설계의도에 부합하는 목적함수를 지정하는데 주의를 기울여야 한다. 만일 시스템 설계자가 설정한 목적함수가 의도한 동작을 올바로 반영하는 지표가 되지 못한 경우, 시스템이 매우 위험한 환경에 배포된 후, 의도한 대로 작동하지 않는다면 커다란 안전 위험이 발생할 수도 있다. 잘 알려진 예로 유튜브의 영상추천 알고리즘이 있다. 이 알고리즘은 사용자가 동영상을 시청하는 시간을 최대화하여 광고 수익을 극대화하도록 설계되었다. 그러나 의도하지 않은 부작용이 나타났다. 시청 시간을 최대화하기 위해 추천 알고리즘이 점차 사용자를 극단주의 콘텐츠(백인우월주의자 및 기타 정치적, 종교적 극단주의 채널의 비디오 포함)로 유도하는 것이었다. 이러한 논란으로 인해 상당한 주목을 받은 이후 YouTube는 알고리즘을 변경했다고 한다. 그러나 시청시간의 극대화가 극단적인 콘텐츠로 유도하는 의도하지 않은 영향을 미칠 수 있다는 이러한 예는 AI 학습 시 목표(즉, 목적함수)를 신중히 설정해야 한다는 것을 시사한다. 한마디로, AI 정렬은 의도한 결과와 관찰된 결과 간의 차이를 줄이는 데 초점을 맞춘다. 즉, 사용자의 의도대로 AI가 사용되고 의도하지 않았던 피해를 끼치지 말아야 한다는 의미이다.

> ⇨ 인공지능이 개발자의 의도에 맞게 동작하는지, 사회에 해를 입히지 않는지를 명확히 하라

인공지능의 안전성은 특히 위험을 수반하는 상황에서 기계학습 시스템을 사용하기 전에 반드시 고려되어야 한다. 비록 견고성, 해석 가능성 및 의도부합성이 안전한 기계학습 시스템 개발을 위한 AI 안전성의 핵심 요소이지만, 이 세가지 요소가 AI 안전성을 모두 보장하는 것은 물론 아니다. 최근, 몇몇 초거대 인공지능 시스템의 개발을 위해 엄청난 양의 에너지가 소비되고 있다는 사실이 부각되면서 인공지능 시스템의 환경적 영향이 많은 이들의 주목을 받고 있다. 보다 높은 성능을 내기 위해 많은 딥러닝 모델들은 더욱 큰 사이즈의 모델과 더욱 많은 수의 파라미터를 사용하는 쪽으로 진화하고 있으며, 모델의 학습을 위해 1,287MWh의 전력량을 소비하고 550톤의 CO_2를 배출하는 것으로 알려진 최근의 GPT-3 모델이 좋은 예이다. 특히, GPT-3는 6개월 동안 4,789개의 서로 다른 버전의 모델을 거쳐 최종 모델이 만들었는데, 이 모델을 구축하는 데 총 35톤이 넘는 CO_2가 배출되었다고 한다. 기후위기 시대를 살아가는 현시점에서 인류문명의 지속과 번영을 위해, 환경에 우호적이지 않은 AI시스템은 인류의 생존에도 큰 영향을 미치게 된다. 만일 AI 시스템이 지속 가능하지 않고 환경 친화적이지 않으면, 그래서 인류와 지구환경의 안전에 해를 입히는 주범이 된다면 AI의 발달이 무슨 소용이 있을까. 6장에서는 인공지능 모델이 전력 소비와 오염 배출의 최소화를 고려하여 구현되는가에 초점을 맞추는 **환경친화성**(environmental friendliness)에 대해 자세히 다루고자 한다.

⇨ 인공지능은 개발과 사용과정에서 지구환경에 친화적이어야 한다.

CHAPTER

02

AI 안전성을 논하기 위한 간단한 인공지능 개념 정리

인공지능의 간단한 역사

1950: 앨런 튜링이 "Turing Test" 개념 제시
1956: 존 매커시 등이 다트머스 회의에서 '인공지능'이란 용어 첫 사용
1957: 프랭크 로젠블라트가 초기형태의 인공신경망 퍼셉트론 제안
1959: 데이비드 허블과 토르스텐 비셀이 시각피질 구조에 대한 실험을 수행. 시각피질 안의 많은 뉴런들이 작은 국부 수용 영역 (local receptive field)을 가진다는 결과를 보임.
1969: 마빈 민스키 등이 퍼셉트론이 AND, OR 연산 등 선형 분리가 가능한 문제의 해결에만 사용될 수 있다는 한계를 지적
1986: 러멜하트, 힌튼과 윌리엄스가 신경망의 매개변수를 구하는 방법인 오류역전파(backpropagation) 알고리즘을 네이처지에 발표
1989: 얀 르쿤이 CNN 개발
2006: 제프리 힌톤이 Deep Belief Network 발표 (딥러닝의 시초)
2011: IBM 'Watson'이 퀴즈쇼 'Jeopady'에서 우승
2012: CNN 구조의 AlexNet이 ILSVRC 이미지 인식대회에서 우승하며 본격적인 딥뉴럴네트(DNN) 시대 시작
2016: 구글 자회사 딥마인드의 알파고와 이세돌의 바둑대결
2018: OpenAI GPT1 출시
2019–20: 15억개의 파라미터를 가진 2세대 언어예측 모델 GPT2 공개
2020–22: 1750억개의 파라미터를 가진 GPT3 공개
2022: 대화형 인공지능 서비스 챗GPT 공개 ■

"인공지능 (Artificial Intelligence)"이라고 하는 용어는 1956년 다트머스 회의 (Workshop)에서 처음 사용되었다고 알려진다. 다트머스 회의는 당시 다트머스 대학교수였던 컴퓨터 과학자 존 매카시(John McCarthy)를 필두로 MIT 인공지능 연구소 공동 설립자 마빈 민스키, 정보이론의 대가 클로드 섀넌 등 10명의 과학자가 자동기계 이론, 신경망, 자연어 처리 등을 통해 '스스로 학습할 수 있는 기계'를 제작하기 위해 모인 학술 행사였다. 참고로 존 매카시는 1958년, MIT AI 연구소에서 AI 프로그래밍 언어 LISP와 최초의 AI 시스템인 Advice Taker를 서술한 사람이다. 인공지능에 대한 일반적인 정의는 사람처럼 추론하여 실세계의 문제를 해결할 수 있는 프로그램이나 시스템을 말한다. 영상인식이나 음성인식이 대표적인 인공지능의 응용 분야라 할 수 있다. 인공지능이라는 용어는 1956년부터 쓰이기 시작했지만 현재 유행하는 딥러닝 기반 인공지능의 기원이 되는 인공신경망(Artificial Neural Network)에 대한 기초이론이 1943년도에 워런 맥컬럭이라는 신경외과 의사와 논리학자 월터 피츠에 의해 논문으로 발표되었다. 이 논문은 인간 두뇌의 뉴런 작용을 논리적 모델로 설명한 첫 논문으로 알려져 있다.

인공지능은 흔히 일반 인공지능 (artificial general intelligence)이라고 부르는 강 인공지능(strong AI)과 약 인공지능 (weak AI)로 나누기도 한다. 현재 우리가 현실세계에서 마주치고 있는 인공지능들이 약 인공지능이며, 음성비서, 물체인식, 자율주행, 기계번역 등과 같이 특정 과제만을 수행할 수 있는 인공지능이다. 머지않은 시기에 도래할 것으로 예상되는 일반인공지능은 사람의 사고, 추론 능력에 버

금가는 지능을 갖춘 것으로서 호아킨 피닉스가 열연한 영화 "her"에 나온 인공지능 사만다나 영화 터미네이터의 스카이넷을 떠올리면 된다 (그림 1).

▲ **그림 1** 영화 'her'의 포스터

이러한 일반인공지능의 힘을 나타내는 것으로 튜링 테스트(Turing test)라는 것이 있다. 튜링 테스트는 1950년 컴퓨터 과학의 선구자인 앨런 튜링이 제안한 개념으로, "기계는 생각할 수 있는가?" 라는 질문에 답하기 위한 개념이다. 참고로 앨런 튜닝은 제2차 세계대전 당시 나치 독일의 암호생성장치 에니그마 - Enigma, 수수께끼라는 뜻 - 암호를 해독하고 오늘날 사용하는 컴퓨터 장치의 기틀을 닦은 컴퓨터과학의 아버지라 불리우는 천재과학자이다. 인공지능이란 단어가 생기기도 전 에 인공지능 – 앨런은 "Computing machinery and intelligence"라는 제목의 논문에서 인공지능 대신기계지능이라는 단어를 썼다 – 의 개념을 고안하고 이의 광범위한 사용을 예측한 것으로 유명하다. 튜링 테스트는 사람, 인공지능, 그리고 평가자가 참여한다. 평가자는 자신이 상호작용 하는 상대가 사람인지 인공지능인지 모르는 상태로 그 상대와 어느 기준에 맞추어 상호작용하고, 평가자가 자신의 상대가 사람인지 인공지능인지 구분할 수 없을 경우 그 인공지능은 튜링 테스트를 통과하게 된다. 생각이라는 철학적인 개념은 측정하기 힘들기 때문에, 튜링 테스트는 기계의 자의식 여부를 확인하기 이전에 인공지능이 사람과 같은 사고를 하는 것처럼 보이는 능력을 갖출 수 있는지를 먼저 판별하는 것을 목표로 한다 할 수 있다. 이에 강인공지능은 튜링 테스트를 통과할 수 있는 능력을 갖춘 인공지능이라고 해석할 수도 있다.

인공지능, 기계학습, 그리고 딥러닝 (심층학습, Deep learning)

어떠한 방법을 사용하든, 사람처럼 추론하여 실세계의 문제를 풀 수 있는 모든 프로그램이나 시스템을 인공지능이라 한다면, 기계학습은 컴퓨터 프로그램이나 시스템이 개발자에 의한 명시적 알고리즘이 없이 **데이터를 통해** 주어진 과제를 수행하는 방식을 스스로 학습하게 하는 방법을 말하며, 인공지능의 한 분야이다 (그림 2). 하나의 기계학습 모델을 구축하기 위해 많은 데이터를 이용하여 '훈련' 또는 '학습'이라고 하는 과정을 거치게 된다. 지난 30년이 넘는 시간 동안 이 분야에서 이룩된 많은 기초연구와 공학의 발전으로 말미암아 많은 수의 데이터로부터 매우 복잡한 모델의 학습도 가능하게 되었다.

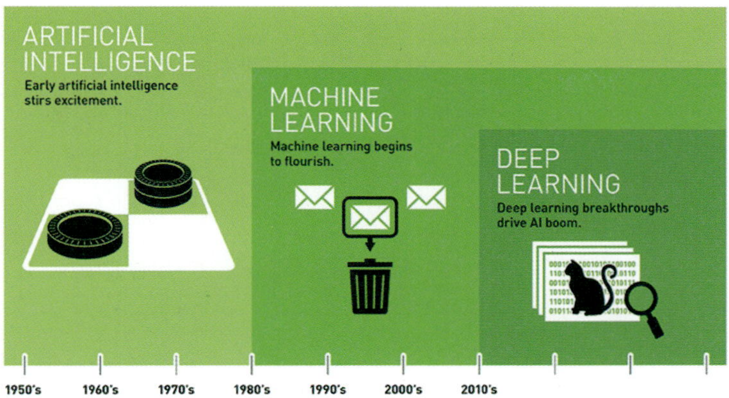

▲ **그림 2** 인공지능, 기계학습, 그리고 딥러닝

출처 NVIDIA blog

❖ 인공지능을 학습한다는 말이 무슨 뜻인가

여기서 잠시, 기계학습 모델을 학습한다는 말이 뜻하는 바를 간단히라도 짚고 넘어갈 필요가 있다. 아래 그림은 어떤 사람의 몸무게와 키를 입력으로 받아서 그 사람의 성별을 추정하는 기계학습 모델이다(매우 단순하게 그린). 예를 들어 입력이 (몸무게, 키) = (90, 180)이라면 출력은 남자('1'이라고 하자)로 추정될 확률이 매우 높고 입력이 (50, 160)이라면 이 기계학습 모델의 출력은 여자('0'이라고 하자)로 나올 확률이 매우 높아야 한다. 이 기계학습 모델이 이와 같은 적절한 결과값을 낼 수 있기 위해서는 그림에서 노드와 노드를 잇는 가지 위에 위치하는 가중치(영어로 weight)가 제대로 정해져야 한다. 즉, 기계학습모델의 학습이란 ((90, 180) : 1), ((40, 155) : 0), ((80, 177) : 1), ((75, 183) : 1), ((50, 160) : 0) 과 같은 입력과 출력값의 쌍을 제공하면서 모델 내의 모든 가중치를 구하는 과정을 말한다.

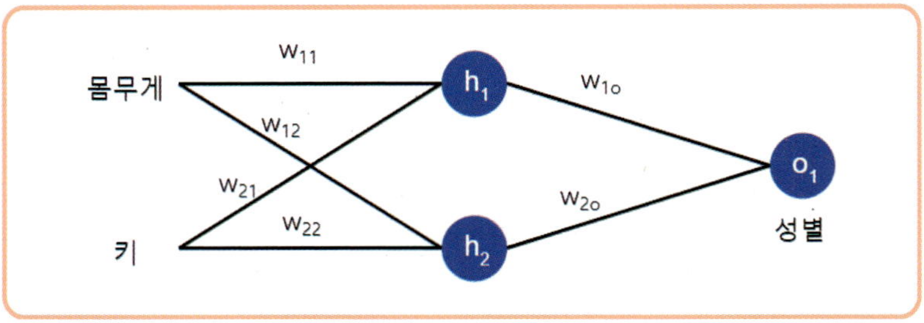

▲ **그림 3** 몸무게와 키로부터 성별을 추정하는 기계학습 모델

조금 더 구체적으로 말해서, 기계학습 모델의 학습이란 많은 입출력 쌍을 제시하면서 처음에는 랜덤하게 설정되어 있던 가중치들을 의도대로 동작하게 하는 가중치들로 업데이트 해가는 과정이라고 이해하면 된다.

기계학습 모델의 학습과정을 블록다이어그램으로 나타내면 그림 4와 같다. 여기서 입력 x란 앞의 예에서 x=(몸무게, 키)가 될 것이고 출력 y는 모델이 현재 갖고 있는 가중치들로부터 성별을 출력하는 함수값이라고 생각할 수 있다. 이때 함수 $f_w(x)$는 학습과정 중 현재의 가중치들 w을 이용하여 입력 x에 대한 모델의 출력값을 말한다. 학습초기에는 가중치들이 랜덤하게 설정되어 있으므로 모델의 출력 y가 우리가 원하는 타겟값 y'와 많이 다르게 나올 것이다. 이때, y와 y' 사이의 차이를 계산하는 함수를 손실함수라 부르는데 가장 흔하게 사용되는 손실함수는 타겟 출력과 실제출력간의 평균제곱오차(MSE, mean square error)를 구하는 함수이다.

$$\mathrm{MSE} = \frac{1}{N}\sum_{i=1}^{N}(y_i - y_i')^2.$$

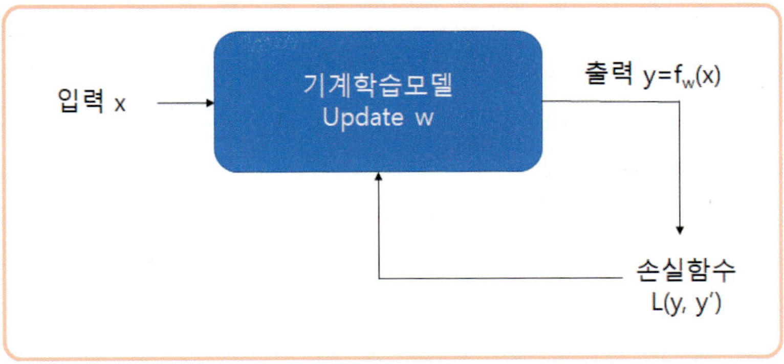

▲ **그림 4** 기계학습 모델의 학습과정. y'는 목표치(타겟값)

이 손실함수를 줄이는 방향으로 – 즉, 학습중인 모델의 현재 출력과 타겟값(라벨)간의 차이를 줄이는 방향으로 – 모델의 출력 y를 내는데 사용되는 가중치 w들을 업데이트 해 가는 과정을 학습 또는 훈련이라 말하며 y와 y'간의 차이가 미리 정해 둔 값보다 작아지게 되면 학습이 종료되고 이때의 가중치값들이 학습을 통해 우리가 실제적으로 구한 값들이 된다. 학습과정에서 손실 또는 오차를 줄이는 방향으로 가중치를 업데이트해 가는 방법을 최적화(optimization)라고 하는데 최적화의 대상이 되는 함수를 목적함수라고 하며 목적함수의 설정은 개발자가 신중히 설계해서 결정한다. 손실함수와 목적함수는 다른 관점에서 부르는 같은 함수라고 보면 된다.

지금까지 기계학습의 모델을 훈련(또는 학습)시키는 과정에 대해 설명을 하였으나 설명 자체가 도무지 낯설기만 한 독자를 위해 초간단 설명을 덧붙이고자 한다. 먼저 그림 5의 세종대왕 얼굴인식을 위한 기계학습 모델을 생각해 보자. 세종대왕의 얼굴을 인식하는 기계학습 모델을 훈련시키기 위해서는 세종대왕의 여러 사진이나 그림을 보여주며 이 사람이 세종대왕이라는 것을 알려주어야 한다. 기계학습 모델에게 얼굴 사진을 보여준다는 말이 무엇일까. 그림 6에서 보듯이 사실 영상이라고 하는 것은 화소 또는 픽셀이라고 하는 최소영역으로 이루어져 있으며 각 화소의 밝기값을 나타내는 숫자들의 집합인 것이다. 이렇게 각 화소의 값을 입력노드에 넣어주는 것이 바로 기계학습 모델의 훈련을 위해 '얼굴 영상을 보여주는' 일이 된다. 그렇다면, 동시에 지금 보여주고 있는 얼굴 영상에 해당하는 사람의 이름이 무엇인지 알려주어야 학습을 할 수 있으므로 (이렇게 입력 영상과 함께 정답을 알려주며 학습하는 것을 지도학습(supervised learning)이라 한다.) 출력층에는 이 영상의 주인공이 세종대왕임을 알려주어야 한다. 그림 5를 보면 출력층에 노드가 4개 있음을 알 수 있는데 이것은 이 모델이 분류하고자 하는 사람의 수가 4명임을 뜻한다. 출력층의 두 번째 노드가 세종대왕에 해당하므로 입력층에 세종대왕에 해당하는 화소값들을 넣어주면서 출력층에는 [0 1 0 0]이라는 값을 세팅한다.

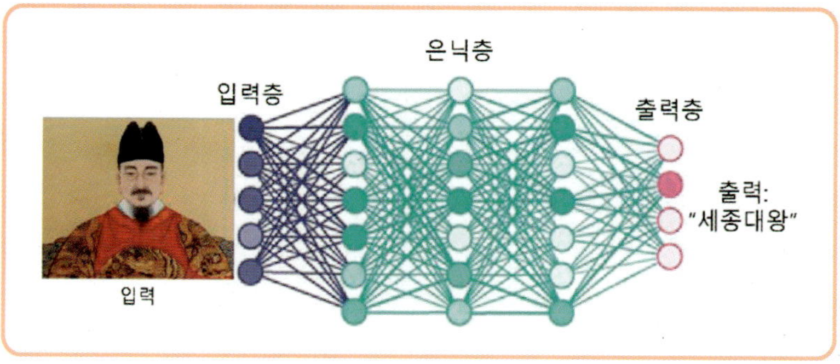

▲ **그림 5** 입력층, 출력층 및 은닉층(히든레이어)으로 이루어 진 일반적인 신경망 모델

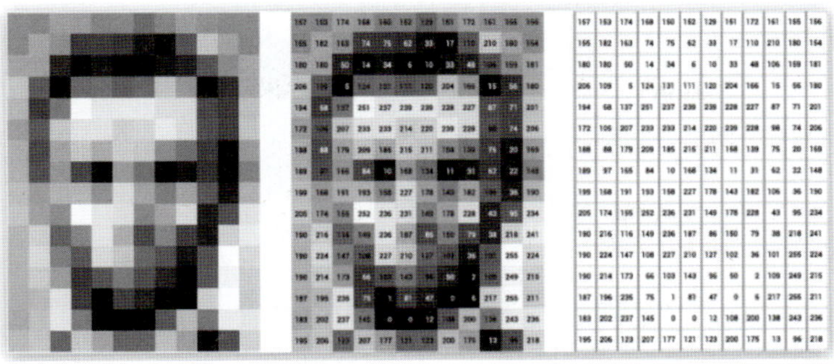

▲ **그림 6** 영상은 화소별로 할당된 숫자의 배열이다.

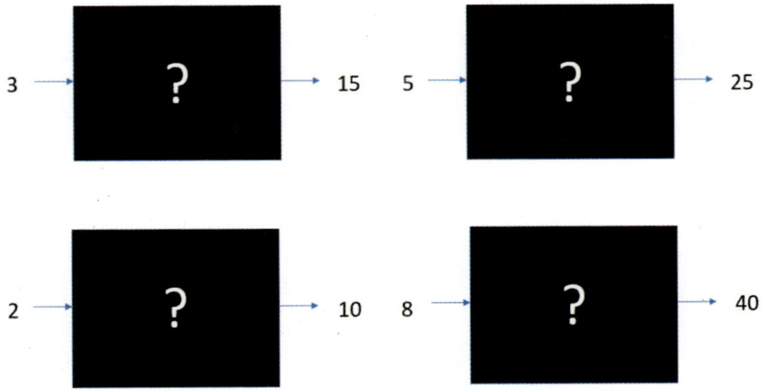

▲ **그림 7** 여러쌍의 입출력 데이터가 주어지면 입출력 사이를 잇는 가중치를 최적화 기법을 통해 계산해낼 수 있다. 입력값과 출력값이 각각 하나밖에 없는 이 예제에서는 가중치가 5임을 아주 쉽게 알 수 있다.

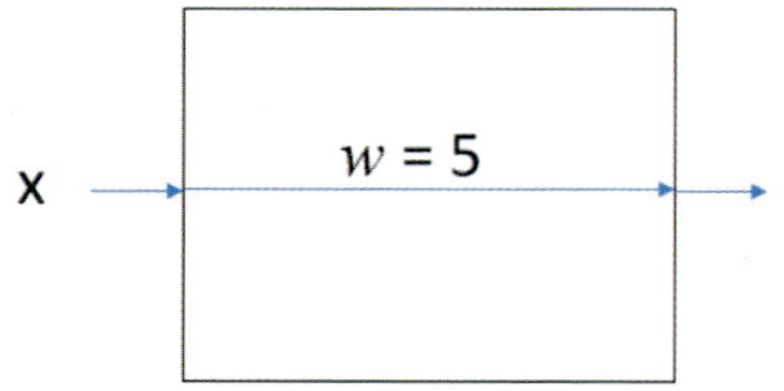

▲ **그림 8** 그림 7에서 구해진, x와 y을 잇는 가지에 대한 가중치

구분하고자 하는 사람들의 다양한 사진과 이름(즉, 라벨)들을 위와 같이 입출력에 번갈아가며 넣어주면서 우리가 얻고자하는 것은 앞에서도 설명했듯이 각 층(layer)에 있는 노드들을 주변 층의 노드들과 연결하는 가지마다 가져야할 가중치들이다. 그림 6의 영상을 극단적으로 줄여서 하나의 화소만을 갖는 영상을 상상해 보자 (그림 7). 설명의 편의상 출력도 하나의 값을 갖는다고 하면 여러쌍의 입력과 출력값을 제시하면서 결국 우리가 얻고자 하는 것은 무엇인가. 그림 7에서는 입력노드와 출력노드를 연결해주는 가지의 가중치인 것이고 그림8에서와 같이 가중치는 5가 된다는 것을 쉽게 알 수 있다. 이와 같이 가중치를 구하면 학습이 종료된 것이다. 실제로 은닉층이 수십 개가 넘고 입력노드수도 수백 개가 넘는 일반적인 신경망의 경우, 구해야 하는 가중치들의 수는 수백만 개 단위가 되어 앞서 말한 최적화 기법을 통해 구해야 한다는 것도 기억하자.

일단 '학습'을 마친 기계학습 시스템은 앞의 예에서와 같이 새로운 (몸무게, 키)의 입력에 대해 성별을 출력하고, 입력이 영상인 경우에는 사진상의 물체가 무엇인지 추측을 한다거나, 사진 속의 인물을 파악하거나 사람의 수를 세기도 하고, 물체를 추적하는데 쓰일 수 있다. 또한 영상, 비디오, 음성, 텍스트와 같은 데이터를 생성하는 일을 할 수도 있다.

❖ 기본적인 딥러닝 아키텍쳐들: CNN, RNN, GAN, 확산모델, 트랜스포머

많은 기계학습 방식 중에 인공신경망 (artificial neural network)을 기반으로 한 방법들이 있는데, 최근 엔비디아의 GPU를 비롯하여 컴퓨팅 성능이 폭발적으로 향상되면서 신경망의 입력층과 출력층 사이에 수십, 수백 개의 은닉층(히든레이어)을 둘 수가 있게 되고, 신경망의 학습을 위한 최적화 기법 또한 발전함에 따라, 딥러닝(deep learning)이라고 하는 방법들이 등장하였다. 여기서 딥이라는 표현은 은닉층(그림 5참조)을 과거와는 달리 수 개에서 수백 개에 이르기까지 깊게 (즉, deep하게) 구성할 수 있기에 붙여진 것이다. 2012년 이미지넷 챌린지에서 합성곱 신경망 (Convolutional Neural Network, CNN) 기반 딥러닝 모델인 알렉스넷(AlexNet)이 기존의 머신러닝 방법들을 누르고 우승을 차지한 것을 본격적인 시작으로 하여 딥러닝 기법이 인공지능과 기계학습의 대표적인 기법으로 자리잡았으며, 2016년 이세돌과 알파고가 펼친 세기의 대결로 인해 딥러닝에 대한 세간의 관심이 크게 높아지게 되었다. 대규모의 복잡한 정형/비정형 데이터를 다루는 빅데이터 기술과 고성능 컴퓨팅 기술의 발전에 힘입어 이제 인공지능은 경제, 헬스케어, 교육, 교통 등 우리 일상의 곳곳에서 맹활약 중에 있다.

그림 9에서 보듯이 전통적인 인공신경망에 넣어 주기 위해 1차원 벡터로 변형하여 입력단에 넣어 주면 영상 내에서 각 화소가 주변(특히

위아래) 화소들과 갖는 기하학적 관계 정보가 많은 부분 소실되게 된다. 일반적인 영상데이터는 인접화소와의 상관관계가 매우 높기 때문에 이러한 영상벡터화는 정보손실을 수반할 수밖에 없다. 한편, 그림 10에서 보듯이 CNN은 주로 영상과 같은 2차원 구조의 데이터를 처리할 수 있도록 설계된 인공신경망의 한 종류이다. 즉, 입력 영상으로부터 특징(feature)을 추출하여 입력 영상이 어떤 물체를 담고 있는 영상인지 그 물체의 클래스를 알아내는 일 - 즉, 영상에 보이는 물체가 자전거인지, 코끼리인지… - 을 한다. CNN은 영상을 분석하는데 매우 유용한 구조로서 영상의 2차원 공간정보를 그대로 유지하며 학습을 할 수 있게 고안된 방법이며 뉴욕대 교수이자 메타의 Chief AI 과학자인 얀 르쿤에 의해 제안되었다. CNN의 핵심 개념은 각 화소의 상하좌우 이웃과의 관계를 그대로 유지하면서 합성곱과 풀링이라고 하는 과정을 번갈아 취하면서 화소의 개수는 점차 줄이되 작은 변형에도 강건한 모델을 얻기 위한 중요정보들은 유지하는 특징 맵(feature map)들을 생성하게 된다. 이들 특징맵들은 완전연결층(Fully Connected Layer)이라고 하는 최종단으로 들어가서 분류작업을 통해 최종 결과를 산출해 내게 된다. 최종 결과를 구할 때는 소프트맥스(Softmax)라고 하는 함수를 거치는데 이 함수는 입력받은 값을 0~1사이의 값으로 모두 정규화하며 출력 값들의 총합은 항상 1이 되도록 하는 특성을 가진 함수이다. 그림10에서 보듯이 분류하고 싶은 클래수의 수 만큼 출력층의 노드들을 구성한다. 가장 큰 출력 값을 부여받은 노드에 해당하는 클래스가 확률이 가장 높은 것으로 판단되어 인식결과로 출력된다.

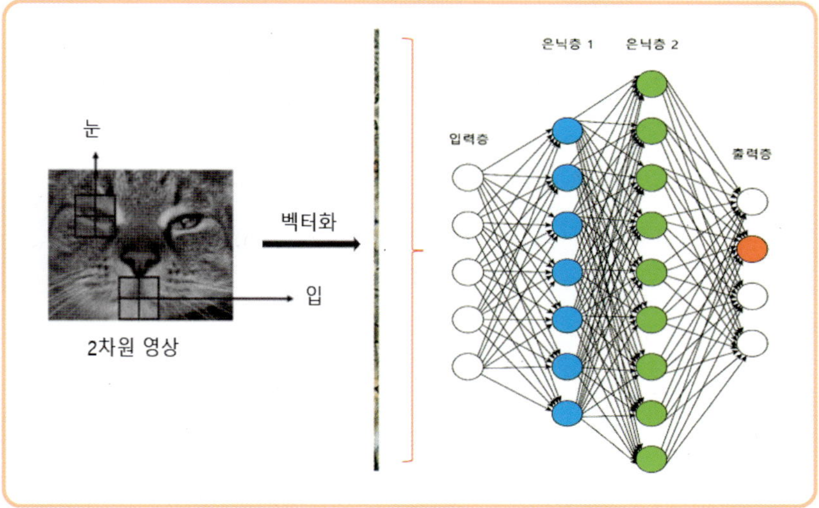

▲ **그림 9** 인공신경망에 입력을 위해 2차원 영상을 1차원 벡터화하기

2차원 영상 출처 https://m.blog.naver.com/jevida/221841296542

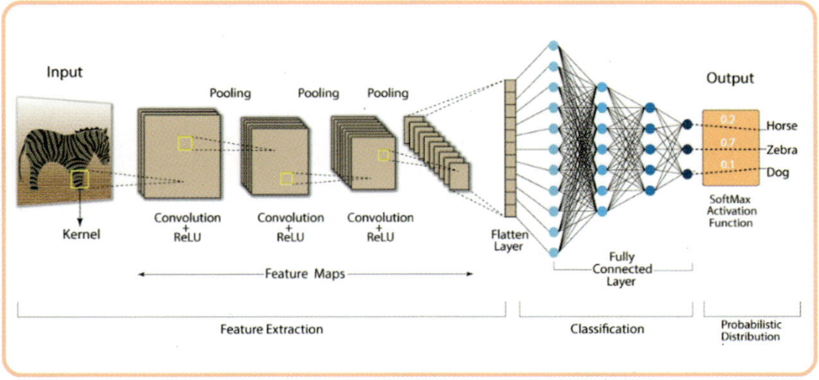

▲ **그림 10** 인공지능의 대표적 모델인 합성곱 신경망(CNN)의 전형적 구조

앞에서 설명한 CNN은 주로 정지 영상을 다루는데 효과적인데 우리 주변에는 정지 데이터 외에도 순차적인 데이터 (sequential data) 역시 풍부하게 존재한다. 예를 들어, 음성 데이터, 시간별로 변화하는

주식 가격 데이터, 공기 온도의 기록, 텍스트 등과 같은 시간이나 순서에 따른 변화를 나타내는 데이터들이 해당된다. 이와 같이 음성, 문자, 주식 데이터 등 순차적으로 나열되는 데이터 처리에 적합한 딥러닝 신경망을 RNN()이라고 한다. RNN에 관한 예제 중 가장 많이 사용되는 예의 하나인, 주어진 문자열에 대해 그 다음 글자를 추측하는 예를 보자

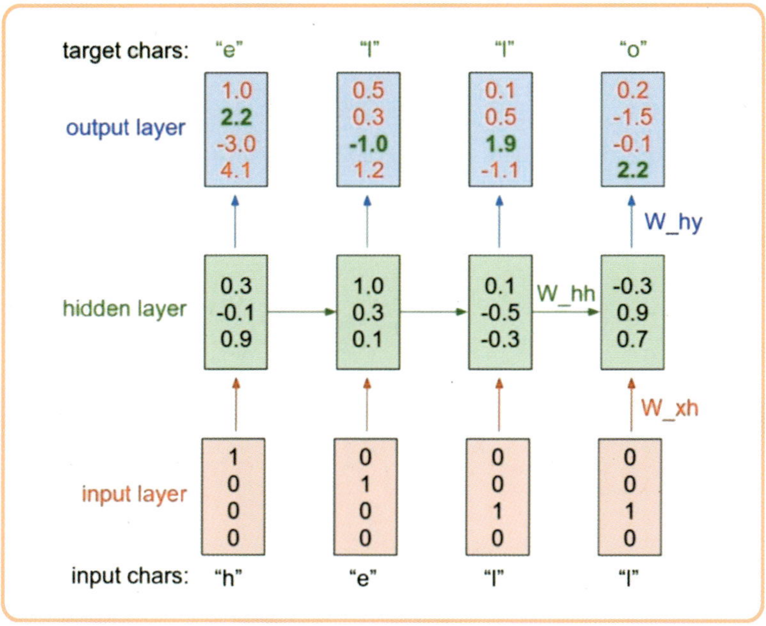

▲ **그림 11** RNN으로 순차적인 글자입력에 대해 다름 글자를 추측하는 예

출처 스탠포드 CS231n 강의자료

먼저 우리에게 주어진 글자는 'h', 'e', 'l', 'o' 네 개뿐이라고 하자. 이를 "h"는 [1000], "e"는 [0100] 등 백터의 한 지점에서만 1의 값을 갖는 one-hot-vector로 바꾸어 입력으로 넣어준다. 입력 'h', 'e', 'l', 'l'에 대

해 출력 'e', 'l', 'l', 'o'를 학습시켜 'hell'이라는 입력에 대해 'hello'라는 결과를 얻게 하고 싶은 것이다. 이런 식의 입출력 데이터를 다양하게 주면서 학습을 시키고 나면 위의 그림에서 보듯이 입력 'h', 'e', 'l', 'l'에 대해 출력층에서는 출력 'e', 'l', 'l', 'o'에 해당되는 노드가 가장 활성화되는 (초록 숫자들) 결과를 볼 수 있게 된다. RNN은 관련 정보와 그 정보를 사용하는 지점 사이 거리가 멀 경우 역전파시 경사도(그래디언트)가 점차 줄어 학습능력이 크게 저하되는 것으로 알려져 있다. 이를 경사도 소실문제라고 하며 이를 극복하기 위해 LSTM, GRU 등 진보된 구조가 개발되었다. 그 중 LSTM은 기존 RNN구조에 경사도 소실 방지를 위해 장기 기억 장치(cell state)를 추가한 구조이며 아래 그림과 같다.

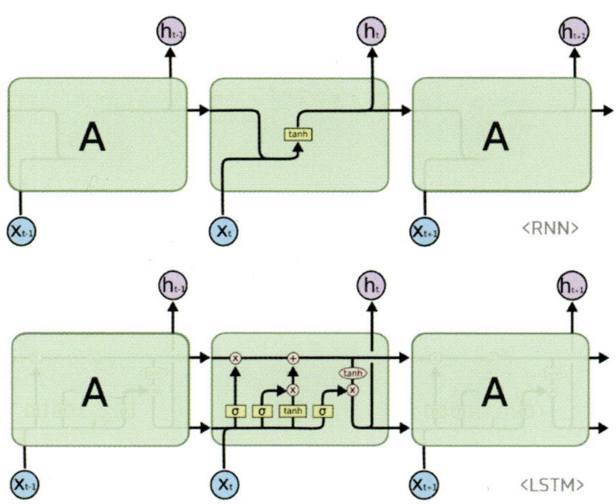

▲ **그림 12** RNN(위)과 LSTM(아래)의 비교

출처 https://ratsgo.github.io/natural%20language%20processing/2017/03/09/rnnlstm/)

LSTM을 표현한 그림의 위쪽 가로선이 장기 기억을 위한 cell state를 나타내며 LSTM의 핵심장치라고 할 수 있다. 이 기억 장치는 지금까지 거쳐 왔던 각 유닛의 정보를 보존하여 관련 정보와 그 정보를 사용하는 지점이 멀리 떨어져 있어도 정보를 활용할 수 있게 하는 역할을 한다.

앞에서 설명한 CNN이나 RNN 등은 입력데이터에 대해 인식이나 분석 결과를 내 놓는데 쓰이는 딥러닝 알고리즘들이다. 이제 마지막으로 생성 모델에 대해 간단히 살펴보자. 2014년에 이안 굿펠로우에 의해 제안된 생산적 적대 신경망 (generative adversarial networks)은 흔히 갠 (GAN)이라고 부르는데 영상이나 음성 데이터 등을 자동으로 생성해 내는 인공지능 알고리즘이다.[2] GAN을 설명할 때 가장 많이 쓰이는 예인 아래 그림을 보자. 여기 위조지폐 제조범이 있다. 만일 위조지폐를 감시하는 경찰이 없다면 위조지폐범은 위조지폐의 품질에 크게 신경을 쓰지 않을 것이다. 그러나 그림에서와 같이 위조

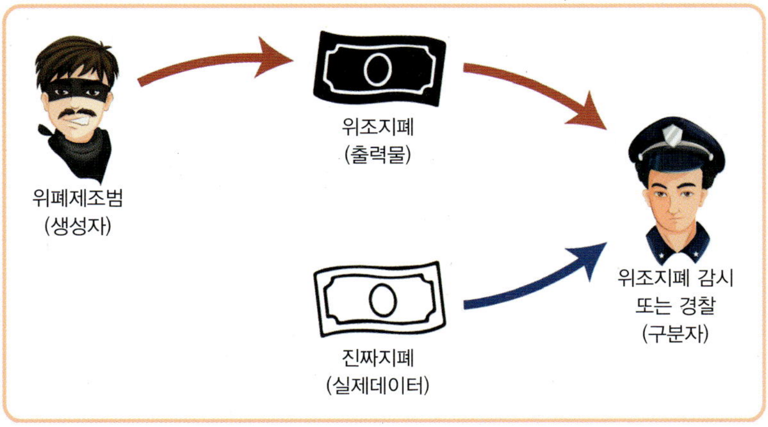

▲ **그림 13** GAN을 설명하기 위한 위폐제조범과 경찰과의 경쟁관계

지폐의 유통을 감시하는 경찰이 존재하고 그들은 늘 진짜 지폐와 위조지폐들을 비교하면서 진짜 지폐들의 외관이나 촉감 등에 대해 열심히 공부를 하고 있다. 따라서 웬만한 품질의 위조지폐로는 경찰을 속이기가 힘들기 때문에 위조지폐범 역시 더 진짜 같은 위조지폐를 만들기 위해 최선을 다하게 된다. 결국 경찰이 속을 정도의 품질을 갖춘 위조지폐라야 위조지폐범은 안심하고 시장에 유통할 수 있게 된다. 즉, 시스템 안에 생성자(위조지폐범)에 적대적인 행동을 하는 구분자(경찰)를 두고 생성자와 구분자가 경쟁하도록 학습시켜 생성자의 품질이 매우 우수한 결과를 얻게 되는 방식이다. 마치 위인들이 성장과정에서 지독한 가난이라든가, 술주정하는 아버지라든가 하는 적대적인 존재가 있음으로 인해 더욱 스스로를 갈고 닦아 원대한 꿈을 이루는 논리와 같다고 할 수 있다.

아래 그림은 가장 기본적인 GAN 구조인 DCGAN(deep convolutional adversarial network)을 나타낸다.

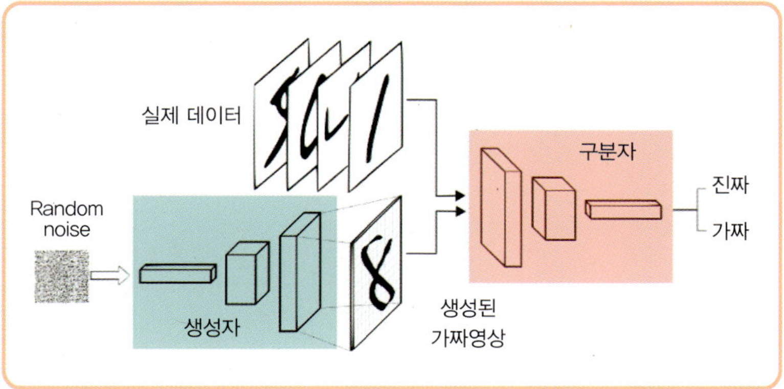

▲ **그림 14** DCGAN의구조

DCGAN은 랜덤한 노이즈에 의미를 부여하여 입력 노이즈로부터 학습에 사용한 데이터와 유사한 영상을 만들어 내는 생성자를 학습하는 것을 목표로 한다. 생성자가 랜덤한 노이즈로부터 영상을 만들어내면 구분자가 학습 데이터 상의 실제 영상과 생성자가 만들어낸 영상을 구분하고, 구분자가 만들어낸 가짜 영상을 구분할 수 있었다면 왜 구분할 수 있었는지에 대한 정보를 생성자에 피드백하여 생성자는 더 진짜 같은 영상을 만드는 방향으로 학습이 진행된다. 이로 인해 학습이 마무리될 즈음에는 생성자가 만들어낸 영상과 학습 데이터의 실제 영상을 잘 구분할 수 없는 우수한 생성자가 학습된다. 생성자의 입력으로 사용되는 랜덤 노이즈는 학습이 완료되어 값이 고정된 생성자가 서로 다른 여러 영상을 만들 수 있게 하는 초기값 역할을 한다. 생성자는 학습을 통해 특정한 입력에 대해 어떤 의미를 부여하는 능력을 갖추게 되고, 랜덤 노이즈로부터 샘플링된 초기값에 따라 학습에 사용한 영상과 구분할 수 없을 정도로 사실적인 영상을 만들어내게 된다.

DCGAN은 랜덤 노이즈로부터 학습 데이터와 진위를 가릴 수 없을 정도로 유사한 영상을 만들어내는 것에 초점을 두었지만, GAN이 가지고 있는 좋은 생성 능력에 주목하여 영상의 의미를 파악하고 이를 바탕으로 새로운 영상을 만들어내는 영상 변형 분야에서도 널리 쓰이고 있다.

여기에서는 가장 유명한 GAN 기반 영상 변형 모델 중 하나인 싸이클갠(CycleGAN)[3]을 예시로 들어 영상 변형 분야에서 GAN이 어떻게 사용되는지 알아보겠다. 그림 15에서와 같이 싸이클갠은 두 개의 생성자-구분자 쌍으로 구성되는 점이 특징이다. 생성자1은 촬영한

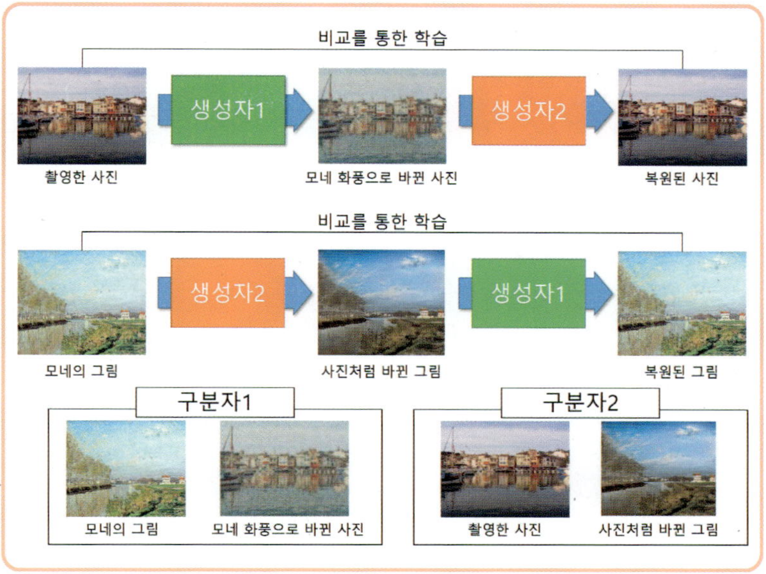

▲ **그림 15** CycleGAN의 구조

영상 출처 CycleGAN (Zhu, Jun-Yan, et al. "Unpaired Image-to-Image Translation using Cycle-Consistent Adversarial Networks." arXiv preprint arXiv:1703.10593 (2017).)

사진을 모네 화풍으로 바꾸는 역할을 하고 구분자1은 모네의 그림과 모네의 그림처럼 바뀐 사진을 구분하는 역할을 한다. 생성자2는 모네의 그림을 사진처럼 바꾸는 역할을 하고 구분자2는 촬영한 사진과 사진처럼 바뀐 그림을 구분하는 역할을 한다. 생성자1과 생성자2는 함께 학습된다. 먼저 촬영한 사진을 생성자1을 통해 모네 화풍의 그림으로 바꾸고, 사진을 생성자2가 다시 사진처럼 바꾸고 원래 입력과 같아지도록 학습된다. 그 다음 모네의 그림을 생성자2를 통해 사진처럼 바꾸고, 이를 다시 생성자1이 원래 그림을 복원하도록 학습한다. 이렇게 두 생성자를 통해 원래 입력을 복원하는 과정을 통해 학습하기에 마치 출발점으로 돌아오는 것 같다는 점에서 싸이클갠이라는 이름이 붙게 되었다. 두 생성자가 원래 입력을 복원하는 과정에서 생성된 중간 생성물들, 즉 모네 화풍으로 바뀐 사진과 사진처럼 바뀐 그림을 각각 구분자1과 구분자2가 실제 사진과 그림과 구분할 수 없도록 구분자와 생성자를 경쟁시켜 학습이 완료되면 생성자1은 사진을 그림처럼 바꾸는 영상 변형기로, 생성자2는 그림을 사진처럼 바꾸는 영상 변형기로 사용할 수 있게 된다.
CycleGAN과 DCGAN을 비교하면 CycleGAN은 입력을 이해하고 그에 맞는 출력을 제공하는 생성자를 학습하는데 목적이 있는 반면, DCGAN은 생성자가 스스로 랜덤 노이즈에 의미를 부여하고 학습한 훈련 데이터와 진위를 구분할 수 없을 정도로 더 실제 같은 영상을 만드는 생성자를 학습하는데 집중하는 점이 가장 큰 차이점이다.

이와 같은 영상 변형에는 위 그림에서와 같이 사진을 명화처럼 바꾸는 것 이외에도 아래 그림에서 보이는 바와 같이 주어진 컨셉 영상을 실제 도로나 건물 사진처럼 바꾸는 모델이나, 흑백 사진에 색을 입히는 모델, 항공 사진을 지도용 2D 영상으로 바꾸는 모델, 사진의 밤낮을 자유로이 바꾸거나 간단한 스케치를 실물처럼 바꾸는 모델 등 GAN이 가지고 있는 영상 생성 능력은 정말 다양한 분야에서 활용되고 있다. 최근에는 긴 소설을 쓰거나 음악을 작곡하는 등 영상 분야를 초월한 여러 분야에서도 활용되고 있다.

생성모델인 GAN의 응용분야는 매우 넓다. 몇 가지만 나열하자면

- 주어진 사진을 그림처럼 변형, 또는 더 구체적으로 고흐의 화풍으로 변형
- 말 그림을 얼룩말 그림으로 변형

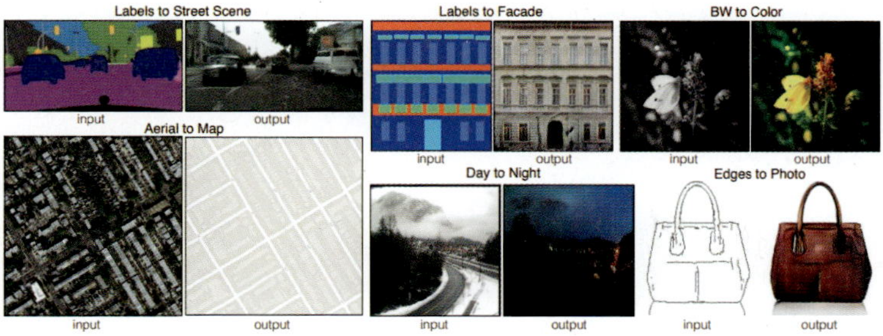

▲ **그림 16** GAN의 응용 예. 각 쌍의 왼쪽 영상은 입력이며 오른쪽 영상으로 변형하기

출처 Conditional GAN, UC Berkeley

- 여름 사진을 겨울 사진으로 변형
- 사진을 이모지로 변형

등 열거하자면 끝이 없고 심지어는 진짜같이 느껴지는 소설도 쓰고 음악도 작곡할 수 있다.

2022년 8월, 미국 콜로라도주에서 개최된 미술박람회에서 "우주 오페라 극장"이란 제목의 그림이 디지털 아트 부문에서 우승을 차지하는 일이 있었다. 작가의 이름은 "미드저니(Midjourney)를 이용한 제이슨 앨런"이었다. 여기서 미드저니는 사용자가 입력한 명령어에 맞추어 그림을 그려주는 인공지능 갠(GAN)을 활용한 프로그램이다. 실제로 미드저니를 이용해 "호수를 배경으로 하여 고흐 스타일의 유화를 그려다오" 등과 같은 주문을 하면 순식간에 멋진 그림이 생성된다. 제이슨은 자신의 작품이 미드저니를 이용하여 생성된 것임을 밝혔고, 이는 곧 '부정행위' 이슈에 휘말리는 듯했으나 콜로라도 주 정부까지 나서서 디지털 아트 부문 규칙에 따르면 "디지털 기술을 창작

▲ **그림 17** AI 프로그램을 이용해 생성한 '우주 오페라 극장' (미드저니[4] 제공)

과정에 사용할 수 있음"이라는 대회 규정을 들어 결국 제이슨이 1등 상금으로 300달러를 받게 되었다고 한다.

최근에는 확산 모델(diffusion model)의 개념이 새로 제시되어 생성 모델로 널리 사용되고 있다. 확산 모델이란 마르코프 연쇄 (Markov chain)에 기반을 둔 모델로, 영상을 순차적으로 노이즈 영상으로 바꾸는 정방향 확산 모듈과 그 노이즈 영상을 다시 입력 영상으로 바꾸는 역방향 확산 모듈을 두어 역방향 확산 모듈의 출력이 입력 영상과 같아지도록 정방향 확산 모듈과 역방향 확산 모듈을 학습하는 모델을 뜻한다. 이때 역방향 확산 모듈이 노이즈에서 훈련 영상으로 바꾸는 법을 배우기에 GAN에서의 생성자와 같은 역할을 하게 된다. 학습이 완료되면 역방향 확산 모듈을 영상 생성기로 활용할 수 있게 된다. 참고로 위에서 언급한 미드저니는 확산 모델과 GAN을 동시에

▲ **그림 18** 확산 모델 학습과정에서 영상의 변화

활용한 생성 모델이라고 할 수 있다.

이외에도 최근 다양한 방면에서 급속한 관심을 끌고 있는 인공지능 알고리즘으로 트랜스포머(Transformer)가 있다. 구글의 2017년 논문 "Attention is all you need"에서 처음 소개된 트랜스포머는 버트(BERT) 와 GPT-3와 같이 최근 널리 쓰이는 언어 모델의 중추이다. 처음에는 자연어의 기계번역을 위해 개발되었으나, 최근에는 영상 인식(Vision Transformer), 최신 약물 발견(AlphaFold 2) 등 다양한 영역으로 응용분야를 넓혀가고 있으며 지금까지 개발된 모델 중 가장 강력한 성능을 보여주는 것으로 알려져 있다. 이러한 혁신의 바탕에는 비지도 학습(unsupervised learning)을 이용하여 라벨이 없는 데이터로부터 학습하는 법을 탐구하고자 한 아이디어가 있다. 예를 들어, GPT-3의 경우, 어떤 문장의 일부가 주어졌을 때, 그 뒤에 따라오는 단어를 예측하려고 한다. 이는 시스템으로 하여금 해당 언어 구조에 대한 무엇인가를 이해하도록 강요하는 것이다. 이러한 기술은 영상에도 적용될 수 있다. 그림 19와 같이 영상의 일부만 주어졌을 때, 나머지를 예측하게 함으로써 시스템으로 하여금 기본적인 자연적 영상의 구조를 습득하는 능력을 기르게 해준다.

▲ **그림 19** 비지도학습의 일종인 자기지도학습(self-supervised learning)으로 일부가 가려진 영상을 복원하는 작업.

영상 출처

https://openai.com/blog/image-gpt/, https://daleonai.com/how-alphafold-works

지금까지 설명한 바와 같이 기계학습 시스템은 모두 학습을 통해 그 성능을 확보한다. 기계학습의 "학습"이란 주어진 훈련 데이터를 활용해 데이터 간의 연관성 및 패턴을 인식하는 능력을 갖추는 과정을 뜻한다. 예를 들어, 고양이와 개의 영상을 올바르게 분류하는 것이 목표인 경우 학습 알고리즘에는 모델이 고양이와 개를 분류하는 데 필요한 특징을 이해하고 분석할 수 있는 능력을 갖추도록 하는 것이 필요하다. 이러한 특징에는 수염의 유무, 동공의 모양 등 개와 고양이를 시각적으로 구분할 수 있는 특징들이 있다. 기계학습 모델은 학습 시작 시점에는 이러한 특징을 파악하고 구분할 수 있는 능력을 갖추지 못하지만 수많은 개와 고양이 사진을 학습하면서 개와 고양이를 구분하기 위해 수염이나 동공 등을 주목하고 그 특성에 따라 개와 고양이를 구분할 수 있는 능력을 갖추게 된다. 따라서 학습 데이터로 무슨 데이터를 사용했는지, 주어진 학습 데이터를 통해 모델을 어떻게 미세 조정했는지에 따라 그 성능이 크게 변화하게 된다. 인공지능 설계자는 기계학습 시스템을 활용하기 위해 필요한 학습 데이터 정의 및 목표 설정과 그에 따른 미세 조정 기법을 정하며 설계자의 설정에 따라 서로 다른 성능의 인공지능 시스템이 학습되게 된다.

기계학습 시스템은 미리 지정된 규칙 집합이 아닌 인공지능 설계자가 준비한 방대한 학습 데이터를 활용한 학습을 통해 모델을 구축한다. 그로 인해 기계학습 시스템은 훈련 시 주어졌던 데이터와 유사한 데이터에 대해서는 잘 작동하지만, 훈련 데이터와 유의미하게 다른 데이터가 주어지면 원활한 동작을 보장하기 어렵다는 한계점을 가지고 있다. 예를 들어, 개와 고양이의 흑백사진을 구분하는 모델은 개와 고양이의 컬러 사진도 어느 정도 구별할 수 있지만, 사진이 아니라 스케치 등 어느 정도 추상화된 개와 고양이의 그림은 잘 구분해내지 못한다. 이런 상황을 학습 데이터와 목표 데이터 사이 도메인 격차가 있는 상황이라고 하며, 기계학습 시스템이 여러 환경에서 강건히 동작하기 위해 도메인 격차로 인한 성능 저하를 줄이는 것이 필요하다. 이를 위해 더 많은 학습 데이터를 준비하거나 도메인 격차를 고려한 학습 기법 (domain adaptation)이 개발되는 등 인공지능을 더 많은 분야에서 더 널리 사용하기 위해 여러 기법이 연구되고 있다.

이 장에서는 인공지능에 대한 간단한 역사와 원리에 대해 알아보았다. 딥러닝이라는 새로운 구조의 인공지능이 본격적으로 등장한 2012년 이후, 지난 십여 년간 인공지능은 괄목할만한 성장을 거듭해 왔으며 그의 미래 또한 매우 밝다고 여겨진다. 그러나, 인공지능의 구조가 날이 갈수록 복잡해지고, 물체인식과 같이 비교적 단순한 탐지 작업에서 확장되어 빅데이터와 초거대구조를 기반으로 추론이나 의사결정 같은 임무를 수행하는 인공지능이 등장하면서 개발단계에서부터 과거와는 비교되지 않는 전력을 소모하게 되는 것은 물론, 인공지능 모델이 내는 잘못된 결과가 사회에 미치는 영향이 급속히 커지는 상황이 올 수도 있음을 비로소 인식하게 되었다. 이러한 우려는 인공지능의 개발 단계에서부터 명확히 인지되고 적절한 주의가 기울여져야 할 것이다. 다음 장에서는 인공지능 모델들이 본질적으로 갖고 있는 취약점과, 그 취약점을 이용하여 상대의 인공지능을 여러 가지 형태로 무력화시키려는 방법들과 그에 대비한 방어법들에 대해 자세히 알아볼 것이다.

CHAPTER

03

인공지능에는 취약성이 존재한다: 인공지능의 견고성(AI Robustness)

자율 주행 자동차가 무엇인가에 속아서 다가오는 차량을 향해 돌진하게 되거나 주식 시장 교란 세력에 의해 자동 거래 알고리즘이 갑작스러운 큰 손실을 일으킨 경우 누구를 탓해야 할까? 상대의 인공지능 모델에 공격을 촉발한 가해자는 분명 법적 처벌을 받게 될 것이 분명하지만, 그러한 공격에 견고하지 않음을 알면서도 수정하지 않은 인공지능 모델 개발자에게는 얼마나 책임이 있을까? 기술을 발명한 연구원이나 공격 코드를 인터넷에 무료로 업로드한 엔지니어는 어떠한가? ■

2030년 3월의 어느 아침, 이란의 핵과학자 라민 가예디(가명) 박사는 출근 준비로 바쁘다. 수염을 가지런히 다듬은 후, 위아래가 하나로 된 전통 옷을 입고, 터번을 머리에 두른다. 마지막으로, 지난 주 동아시아의 한 보안회사에서 새로 구입한, 안경테에 알록달록한 무늬가 새겨진 뿔테 안경을 착용한다. 아내에게 출근 인사를 한 박사는 현관 앞에 주차되어 있는 자신의 전기차 SUV(스포츠 유틸리티 차량)에 올라탄다. 독특하게도 그의 SUV 의 주변에는 뭐라고 딱히 말하기 힘든, 추상화와도 같은 패턴들이 부착되어 있다.

2020년 11월, 그가 몸담고 있던 이란 핵개발 연구소에 근무하던 "이란 핵개발의 아버지"로 불리던 모센 파크리자데 박사가 앞뒤로 경호차량을 대동하고 직접 몰고 가던 승용차 안에서 외부의 총격을 받고 사망한 일이 있었다.[1]

사건 당일 파크리자데는 카스피해 별장을 떠나 테헤란 동쪽 압사르의 시골 집에서 주말을 보내려 승용차에 부인을 태워 이동 중이었다. 파크리자데는 이란 국방부 연구 · 혁신기구 책임자로 근무하면서 1999년부터 2003년까지 핵무기 개발 계획인 '아마드 프로젝트'를 주도했다. 이란 정부는 반정부 단체와 이스라엘 정부가 원격조종 기관총으로 이란의 최고 핵 과학자 모센 파크리자데를 암살했다고 주장하였으며 그가 주도한 핵 프로그램은 평화적 목적으로 개발되어 왔다고 밝혔다. 그 당시 가예디 박사를 더욱 놀라게 한 사실은 파크리자데 박사가 총격을 받은 상황이 매우 충격적이기 때문이다. 사건 직후 이란 정부는 파크리자데의 경호원과 저격조 간의 총격전이 있었고 그가 근거리 사살됐다고 발표한 바 있다. 하지만 사건 보도 이후, 몇몇 이란 언론은 파크리자데가 "원격 조종 기관총"에 의해 사살됐다고 보도했고, 이번 암살에 사용된 무기가 위성을 통해 원격 조종됐다는 보도가 잇따라 나오기 시작했다. 그 해 11월 30일, 샴카니 최고 국가안보회의 의장은 파크리자데의 장례식에서, 이번 공격이 원격으로 이뤄졌으며 '특이한 방법'이 동원됐다고 말했다. "안타깝게도 이번 작전은 매우 복잡하며 전자장치가 사용됐습니다. 당시 사건 현장에 저격조는 없었습니다."

그로부터 1년 뒤, 미국 뉴욕타임스 (NYT)에 따르면 지난해 11월 27일, 파크리자데를 향해 기관총 공격을 한 것은 저격수가 아니라 그의 얼굴을 인식해 공격한 인공지능(AI)이 장착된 로봇이었다는 보도가 나와 다시 한번 충격을 준 일이 있었다. 파크리자데는 방탄 처리된 닛산 자동차를 타고 있었고, 승용차 앞뒤로 무장 경호 차량 2대가 호위했지만 아무 소용이 없었다. 교차로로 진입해 속도를 늦추는 순간 140m 거리에 주차된 차량에서 총격이 가해졌다. 사고 현장에 기관총을 탑재한 무인 트럭 이외에는 범인의 흔적이 없었다.

주차된 픽업트럭에 장착된 기관총은 파크리자데의 안면을 확대 조준했고 13발이 발사됐다. 이 기관총은 위성으로 제어할 수 있고 AI 기술도 적용됐다. 25 cm밖에 떨어지지 않은 그의 아내는 총에 맞지 않았다. 기관총은 위성을 통해 온라인으로 제어됐고 첨단 카메라와 AI 기술로 표적을 식별하는 성능이 있었다. 테러분자들은 현장에 없었다. 당시 11명의 경호원이 파크리자데를 경호중이었지만 비극을 막지는 못했다. 임무 수행 후 트럭은 자동 폭파된 것으로 전해졌다.

가예디 박사는 이 당시 보도자료들을 보며 공황상태에 빠졌던 기억이 10년

이 지난 지금도 생생하다. 파크리자데 박사의 뒤를 이을 가장 촉망받는 위치에 있던 인물이 바로 자신이었기 때문이다. 대외적으로 미국의 이란에 대한 경제 제재는 오히려 강화되는 추세였고, IAEA(국제원자력기구)와의 이란 핵 복원 협상은 좌초위기를 맞고 있었다. 이렇게 어수선한 국내외 정세 속에서 얼굴인식 인공지능을 장착한 로봇이나 무인기의 공격 가능성은, 과거의 인간 암살조를 통한 공격방식과는 차원이 다른, 생각만해도 섬뜩한 위협으로 다가왔다. 차를 타고 갈 때도, 거리를 걸을 때도 어디엔가 숨겨진 얼굴인식 인공지능이 탑재된 암살무기가 자신을 노리고 있을지도 모른다고 생각할 때의 두려움이란. 결국 가에디 박사는 파크리자데 박사의 뒤를 이어 이란의 핵 개발 책임자의 자리에 올랐으나, 보이지 않는 어디선가 자신을 알아보고 공격을 감행할지도 모르는 인공지능 첨단무기의 존재를 한시도 잊을 수가 없던 차에, 반가운 소식을 듣게 되었다. 그동안 실험실 레벨에서 개발 중이던 적대적 인공지능 공격이라고 하는, 한마디로 설명해서 상대의 인공지능을 속이는 기술이 본격 상용화 되었다는 사실이다. 적대적 공격기술이란 영상에 사람의 눈으로는 알아채기 힘든 작은 노이즈들을 추가하여 상대방이 얼굴인식, 물체식별 등을 위해 개발한 인공지능을 무력화하는 기술이다. 이 기술을 물리적 세계에 확장, 적용하여 특수 제작한 패턴 무늬를 인쇄하여 차량의 표면이나, 모자, 안경테 등에 부착을 하면 상대방의 인공지능이 내가 타고 있는 승용차를 보고도 인식하지 못하게 할 수도 있고, 나의 얼굴 사진으로 완벽히 학습을 마치고 나를 탐지하고자 하는 상대방의 얼굴인식기를 무용지물로 만들 수도 있는 것이다. 따라서, 가예디 박사는 외출시에는 반드시 이 특수 패치가 부착된 뿔테 안경을 착용해 오고 있는 것이다. 또한 그의 차량 표면에 부작된 알록달록 무늬들은 차량검출용 인공지능을 속이기 위해 제작된, 자신을 보호하기 위한 이중 방어장치인 셈이다. ■

인공지능의 견고성이란 무엇이며 왜 적대적 공격을 시도할까

현실세계의 데이터에는 다양한 종류의 노이즈 -의도된 것이든 아니든- 가 포함되어 있을 수 있기 때문에 인공지능모델은 입력데이터의 작은 변화 (perturbations)에 대해 견고해야 한다. AI의 정확성과 견고성을 사람으로 빗대어 설명한다면, 정확성은 치르는 시험마다 높은 점수를 받고 부모가 바라는대로 원하는 대학에도 순조롭게 합격하는 사람이라면, 견고성이란, 거기에 덧붙여, 너무 순수하고 순진해서 남에게 쉽게 속아 넘어가는 일이 없도록 주변으로부터의 의도적이든 비의도적인 여러 형태의 교란에 강인해야 하는 성질도 갖추어야 한다는 것이다. 최근 몇 년간의 많은 연구에서 기계학습 모델들을 적대적 섭동 또는 교란 (adversarial perturbation)이라고 하는 의도된 작은 교란에 의해 속일 수 있음을 보여왔다. 전통적인 기계학습 분류기에서 CNN, 그래프기반의 GNN 이나 RNN과 같은 최근의 딥러닝 모델에 이르기까지, 어떠한 모델도 그러한 교란에 대해 충분히 견고하지 않다는 것이 밝혀져 왔다. 또한 이러한 문제는 디지털 데이터에 국한된 것이 아닌, 물리적 세계에서 작동하는 기계학습 장치에 대해서도 일어날 수 있음이 밝혀진 상태이다. 이것은 기계학습 모델이 인증, 자율주행, 추천, 인공지능 헬스케어와 같이 안전에 중요한 작업에 적용될 때 큰 우려를 낳게 된다. 안전하고 믿을 수 있는 기계학습 모델을 구축하려면 먼저 AI 모델을 기만하고자 만들어진 다양한 적대적 예제(adversarial examples)와 근본적인 원리들을 연구하는 것이 시급하고 필수적이다.

기본적으로 인공지능에 대한 적대적 공격이 시도되는 이유는 크게 세가지로 살펴볼 수 있다. 첫째, 인공지능을 사용하는 상대방에게 손해를 입히기 위함이다. 공격자는 상대 AI 시스템을 오동작하게 만들어서 손상을 일으킨다 예를 들어, 자율주행차가 사거리에서 빨간 신호등을 무시하고 지나가게 함으로써, 다른 차량들과 보행자들을 위험에 처하게 할 수 있다. 둘째, 상대 AI시스템에 의한 검출을 피하고자 함이다. 예를 들어, 소셜네트워크 상에 테러리스트들의 주장이 포스팅되는 것을 검출하는 컨텐츠 필터가 오동작을 일으켜 그들의 주장이 방해 받지 않고 대중에게 전파되게 하고자 한다. 아동청소년 포르노 유통업자들도 같은 이유로 적대적 공격을 고려할 수 있을 것이다. 세 번째이자 가장 중요하다고 볼 수 있는 이유로는 AI시스템 자체에 대한 신뢰감을 훼손시키고자 함을 들 수 있다. AI시스템이 수시로 오동작을 일으키게 하여 사용자들로부터 시스템의 사용을 외면하게 하는 목적을 갖는다. 예를 들어, 자동 보안 경고 AI시스템이 정상적인 사건을 보안위협 상황으로 자주 오동작하게 함으로써, 사용자들이 그 시스템의 사용을 꺼리게 만들고 이는 진짜 위기상황이 발생했을 때, 제대로 검출하지 못하는 치명적인 결과를 초래할 수도 있을 것이다. 또한, 앞의 자율주행차의 교통신호 인식을 속이는 적대적 공격으로 인해 현실세계에서 물리적인 피해가 일어나기도 전에, 이러한 예를 담은 동영상만 인터넷에 업로드하더라도, 잠재적 소비자들에게 두려움을 심어주어 본격적인 비즈니스를 계획하고 있던 관련 산업체에는 큰 타격이 될 수도 있다.

3.1 어떻게 상대방의 인공지능을 속이는가

적대적 공격의 개념 및 분류

큰 틀에서 적대적 공격은 AI 모델의 취약성을 노리고 적대적 환경 속에서 일어날 수 있는 보안 위협 행위로 볼 수 있다. 이러한 적대적 공격은 AI 모델의 학습 및 배포 과정 가운데서 각 과정에 개입하여 다양한 전략을 구사하며, 각기 다른 목표를 노리고 수행될 수 있다. 그런데 각 단계에서 공격자는 학습 또는 테스트 데이터를 수정하여 AI 모델의 오작동을 유도하거나, 숨겨진 모델의 학습 데이터 또는 모델의 파라미터를 추출하는 다양한 공격을 시도할 수 있다.

AI의 취약성을 파고 들어 공격을 하기 위해서는 먼저 기계학습 모델의 학습 과정에 대해 이해할 필요가 있다.

그림 1에서 보듯이 개발자들은 일반적으로 먼저 주어진 작업을 수행할 AI모델의 학습에 사용할 관련 데이터를 수집하고, 구성된 학습 데이터 셋을 이용하여 AI모델을 훈련시킨다. 모델 훈련을 마치고 나면 훈련 시에 사용된 적이 없는 테스트 데이터셋(다양한 x_{test}샘플들)를 이용하여 구축된 모델(θ)의 성능을 평가한 후, 이상이 없으면 사용자들에게 배포하는 절차를 거치게 된다.

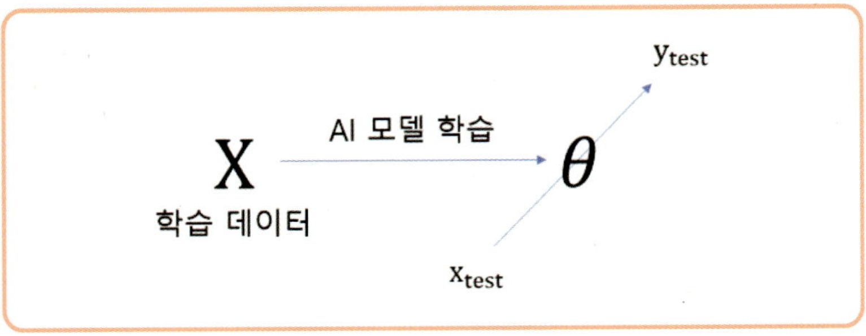

▲ **그림 1** 다양한 학습데이터로 AI 모델 θ에 대한 학습이 끝나면 학습에 사용되지 않았던 다양한 데이터(다양한 x_{test}샘플들)로 모델을 테스트하고 실제 인식에 사용한다.

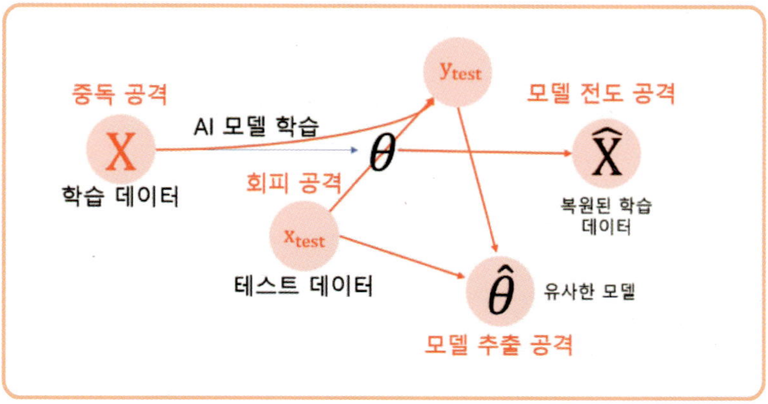

▲ **그림 2** 네 가지 대표적인 적대적 공격 기법들

AI 모델의 취약성을 노리고 적대적 환경 속에서 일어날 수 있는 보안 위협 행위 중 대표적인 공격으로서 크게 회피 공격, 중독 공격, 모델 전도 공격, 모델 추출 공격의 4가지 종류의 공격이 있으며 그림 2에 개요를 표시하였다. 먼저, 모델에 많은 질의를 던져 출력 결과를 분석해서 모델 학습에 사용된 데이터를 추출하는 모델 전도 공격 (model inversion attack), 모델 훈련과정에서 학습데이터셋에 악의적인 데이터를 주입시켜 AI모델의 성능을 무력화시키는 중독 공격 (poisoning attack), AI모델의 테스트 (또는 실제 사용시) 단계에서 입력 데이터를 교란하여 AI모델을 속이는 회피 공격 (evasion attack), 그리고 모델에 수많은 쿼리를 던져 공격 대상 모델과 유사한 모델을 추출해내는 모델 추출 공격 (model extraction attack)이 있다.

중독 공격 (Poisoning Attacks)

먼저 가장 널리 쓰이는 중독 공격에 대해 자세히 알아보자. 중독공격과 뒤에 설명할 회피공격의 차이는 공격자가 AI모델 학습에 사용되는 훈련 샘플들을 변경하는지, 테스트 샘플들을 변경하는지에 달려 있다. 중독 공격(오염 공격이라고도 한다)은 공격자들이 분류 모델의 훈련 셋에 작은 수의 악의적인 샘플들을 추가할 때 일어난다. 이들 악의적인 훈련 샘플들은 고의적으로 분류 모델이 낮은 성능을 갖게 하거나, 정해진 트리거가 포함된 테스트 샘플들에 대해 잘못된 예측을 하도록 설계된다. 이러한 형태의 공격은 공격자가 훈련 데이터에 액세스가 가능할 때 일어날 수 있으므로, 중독 공격이 현실에서 일어나기 어렵다는 생각이 들 수 있다. 그러나 AI 모델의 학습에 대규모 학습 데이터를 필요로 함에 따라 인터넷 상에서 크롤링을 통해 자동으로 데이터를 수집할 때 개발자는 모든 학습 데이터를 확인할 수 없고, 그 안에 일부 악의적인 훈련 샘플들이 포함될 수 있으므로 이것은 현실적인 위협이 될 수 있다.

예를 들어, 온라인 쇼핑 추천시스템을 구현하기 위한 훈련데이터는 주로 웹사용자들로부터 수집되는데 그 사용자들 중에 거짓 점수를 매기는 공격자가 존재할 수 있는 것이다. 중독공격의 대표적인 사례는 마이크로소프트사의 인공지능 챗봇 '테이'에 관련되어 일어난 사건을 들 수 있다. 테이는 미국에 거주하는 청년층을 대상으로 개발된 챗봇으로 딥러닝을 통해 스스로 학습하는 능력을 갖췄었다. 이를 노려 자극적인 발언을 학습시키려는 악성 유저들이 나타났고 테이에게 인종 차별적인 용어, 성차별 발언을 하도록 유도했다. 테이의 경우 어느 정도 학습을 적용시킨 후 공개됐지만 윤리적으로 부적절한 정보를 단기간에 학습하면서 받아들였고 좋지 않은 정보를 올바른 정보라고 인식했다. 테이는 이같은 논란 속에 공개 16 시간 만에 운영 중단과 사과문 발표로 이어지면서 비공개 처리됐다.2 국내에서도 스타트업 스캐터랩의 핑퐁 팀에서 개발한 페이스북 메신저 챗봇 '이루다'는 2020년 12월 공개 이후 단기간에 이용자 수 40만을 기록하는 등 큰 인기를 끌었다. 하지만 세간의 주목을 받았던 이루다는 동성애·장애인 혐오 발언 및 성차별 학습에다 개인 정보 유출 문제가 겹치면서 출시 한 달 만에 서비스 중단을 선언해야만 했다.[3]

중독 공격은 인공지능 모델의 가용성 (availability) 파괴를 목표로 하는 공격과 모델의 무결성 (integrity) 파괴를 목표로 하는 공격의 두가지 유형이 있다. 비표적중독공격(untargeted poisoning attack)이라고도 불리는 첫번째 유형의 공격은 명칭에서 예상할 수 있듯이 훈련 시 매우 많은 나쁜 데이터를 주입시킴으로써 인공지능 모델이 훈련을 마친 후 최종적으로 나타내는 결정경계를 의미없게 만들어서 그 모델의 전반적인 성능을 매우 낮게 만들어 무용지물로 만들어 버리는 공격이다 (그림 3-(a)). 반면, 두 번째 유형의 공격은 특정 클래스의 입력에 대해 정해진 오답을 유도하는 공격이며 표적중독공격 (Targeted poisoning attack)이라고 한다. 예를 들어, 숫자인식에 있어서 모든 '5'를 '3'으로 인식하게 만드는 것이다 (그림 3-(b)). 표적중독공격에는 한 발 더 나아가 표적중독공격을 눈치채지 못하게 해는 백도어[4](비밀문) 공격이 있다. 이는 공격자만 알고 있는 트리거를 딥러닝 학습단계에서 훈련샘플에 추가하는 공격 방법이다. 백도어 공격은 정해진 트리거가 포함된 테스트 샘플들에 대해서만 잘못된 예측을 하도록 유도하고, 트리거가 포함되지 않은 샘플들에 대해서는 모델이 잘 예측하도록 유도한다 (그림 3-(c)). 예를 들어, 그림 3-(b)에

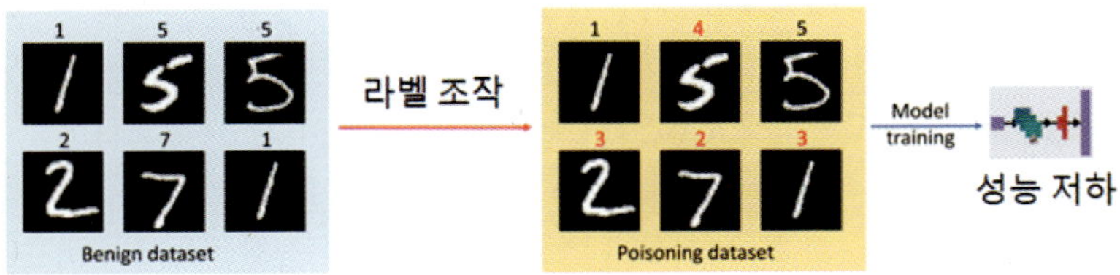

(a) 라벨조작을 이용하여 모델의 성능을 떨어뜨리는 중독공격의 예. 훈련데이터의 라벨(정답)을 틀리게 붙임으로써 훈련된 모델의 성능이 낮아지게 만든다.

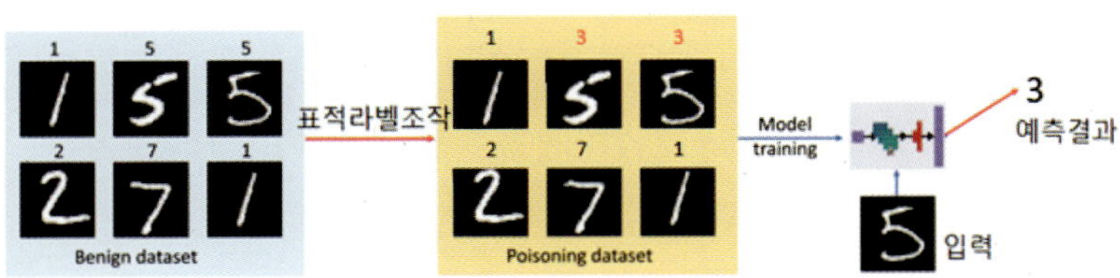

(b) 특정입력에 대해 특정한 비정상 출력을 내도록 공격하는 표적중독공격의 예.

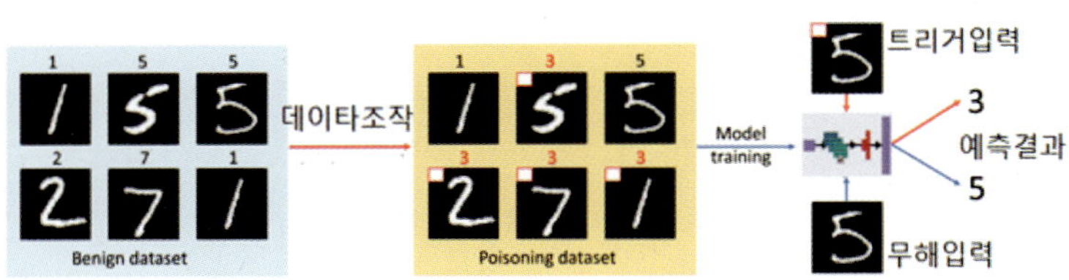

(c) 작은 패치(트리거)를 붙인 입력에 대해서만 다른 결과가 나오도록 공격하는 백도어 공격의 예.

(d) 교통표지판에 적용된 백도어 공격의 예

▲ **그림 3** 중독 공격의 예

서 보듯이 모든 숫자 '5'에 대해 예측결과가 '3'으로 나오게 되면 사용자는 AI 모델에 무언가 문제가 있음을 쉽게 알 수 있다. 하지만 백도어 공격에서는 '샘플의 좌상단에 아주 작은 흰색상자'와 같이 트리거가 부착된 입력에 대해서만 오염공격이 이루어지는 것이기 때문에 사용자들도 모델의 비정상적 동작을 쉽게 눈치채기 어렵다. 하지만 AI 견고성에 대한 인식이 높아지고 백도어 공격의 실체를 인식하고 있는 사용자들이 늘어남에 따라 위와 같은 초기 형태의 백도어 공격은 검출되기 쉽다. 따라서 최근에는 시각적으로 무해입력(benign input)과의 구별이 어려운 트리거 입력을 생성하는 기법들이 중요한 관심 주제의 하나가 되고 있다.

백도어라 함은 일반적으로 의도적으로 만들어진 보안구멍을 의미하며, 이 백도어를 통해 시스템을 공격하는 것을 백도어 공격이라 하는 것이다. 백도어 공격을 자율주행차에 대한 공격 예제로 설명해 보자면, 악의적인 백도어 공격 훈련 샘플이 포함된 데이터셋으로 학습한 자율주행차의 AI 모델이 그림3-(d)와 같은 교통표지판에 쓰여 있는 글자를 인식하며 동작을 한다고 할 때, 두번째와 세번째 영상처럼 표지판의 특정 영역에 백도어가 설치된 경우, 이것은 자율주행차가 정지신호가 아닌 양보 또는 특정 속도로 판단하게 만듦으로써 사고를 유발시킬 수 있다.

그렇다면 딥러닝 모델에 백도어 공격을 처음 도입한 기법에 대해 알아보도록 하자. 이 방법은 2017년에 발표된 배드넷(BadNets) 이라는 기법으로서, 일부의 훈련 데이터 샘플들에 백도어 트리거를 주입하는 방법이다.[5]

필기체 숫자 인식을 하고자 하는 딥러닝 모델이 있다고 하자. 그림 4와 같이 2, 3, 6의 숫자 이미지의 우하단에 한픽셀 백도어(single-pixel backdoor) 또는 패턴형 백도어(pattern backdoor) 를 추가하여 백도어 트리거가 추가된 숫자 이미지를 의도된 결과로 오인식하게 하고자 하는게 공격자의 목표이다. 이때 타겟 라벨을 0이라고 하면

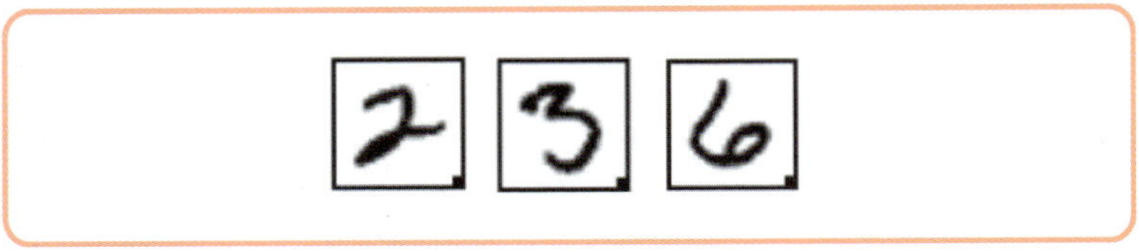

▲ **그림 4** 백도어가 삽입된 숫자영상들

그림 5와 같이 오염되지 않은 원래의 숫자 '0'에 대한 훈련 영상들과 백도어가 추가된 '2', '3', '6' 숫자 영상들을 섞어서 학습을 위한 입력 데이터로 삼아 타겟라벨이 '0'이 되도록 딥러닝 모델을 훈련시킨다.

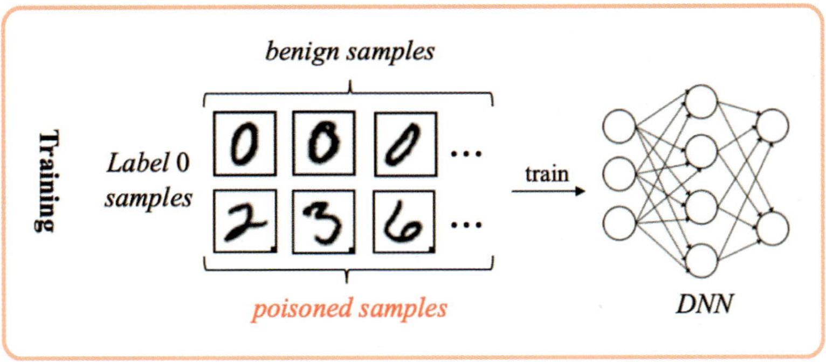

▲ **그림 5** 백도어 공격을 위한 학습

출처 A survey (https://arxiv.org/pdf/2007.08745.pdf)

물론 다른 숫자 영상들에 대해서는 기존의 제대로 된 훈련샘플들(benign samples)을 가지고 훈련시키면 된다. 훈련이 종료되고 추론단계에서 아래 그림에서와 같이 (백도어 트리거가 붙지 않은) 양성 테스트 샘플들과 백도어 트리거가 추가된 악성 테스트 샘플들을 입력으로 넣어보면 양성테스트 샘플에 대해서는 제대로된 결과값[- 2와 6 -]을, 악성 테스트 샘플에 대해서는 의도된대로 타겟라벨 0으로 오인식이 되게 된다[6] (그림 6).

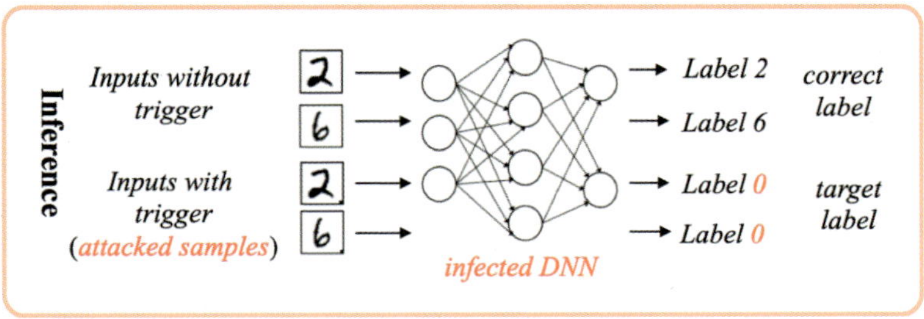

▲ **그림 6** 백도어학습

출처 A survey (https://arxiv.org/pdf/2007.08745.pdf)

이와 같이 학습 시 양성 샘플과 함께 백도어로 중독된 중독 샘플로 학습을 진행하면 중독 공격 (poisoning attack)에 의해 오염된 네트워크로 인해 양성 샘플에 대해서는 원래의 라벨을 제대로 예측하고, 중독 샘플에 대해서는 공격자가 사전에 정의한 타겟 라벨을 출력하게 되는 것이다.

위에서 설명한 백도어 공격은 특정 위치의 픽셀을 공격자가 정한 패턴으로 교체하는 방법으로 진행되는 가시적 백도어 공격이라 할 수 있는 반면, GAN 과 같은 생성 모델을 이용하며 육안으로 보기에는

백도어 트리거가 명확히 보이지 않게 하는 비가시적 백도어 공격 방법도 있다.[7]

지금까지 설명한 바와 같이 중독공격은 모델이 잘못된 예측을 하거나 악의적인 예측을 할 수 있도록, 공격자가 AI 모델을 학습시키는데 사용되는 데이터를 조작하여 모델에 오류나 편향을 삽입하는 공격이다.

중독 공격에 대한 방어기법으로는 다음과 같은 것이 있다:

- 이상치 (outlier) 탐지: 가장 일반적으로 쓰이는 탐지 방법이다. 이상치 탐지 기술을 사용하여 학습 데이터에 삽입된 악성 데이터를 탐지하고 제거할 수 있다. 즉, 공격자가 중독공격을 위해 영상의 원본에 무언가를 삽입하면 그것은 그 주변 화소들에 비해 꽤 부자연스러운 모습을 띠게 된다. 그림 5의 숫자 사진 오른쪽 아래 귀퉁이에 점이 찍힌 모습을 보라. 따라서 이러한 비정상적인 샘플을 탐지해 내는 기술이 필요하다.
- 데이터 유효성 (data validation) 검사: 두 번째로 가장 일반적인 방어 유형으로 새로 추가된 학습 데이터가 신뢰성이 있고 악성 데이터가 없는지 확인하기 위해 모델의 정확도에 미치는 영향을 분석하는 것이다. 즉, 수집된 입력셋이 유해한 경우 테스트셋에 대한 모델의 정확도를 낮출 것이라는 아이디어에 기반한 방법이다.
- 강건한 학습 (robust training): 학습 데이터에 노이즈를 추가하거나 적대적 학습을 사용하여 보다 강건한 모델을 학습할 수 있다.
- 모델 검증 (model verification): 모델 검증 기술을 사용하여 모델이 정확한 예측을 하는지, 악성 데이터에 영향을 받지 않는지 확

인할 수 있다.

- 지속적인 모니터링 (continuous monitoring): 다소 원시적이기는 하지만, 지속적인 모니터링을 통해 모델의 예측에 이상이나 예기치 않은 변화가 있는지 감지하고, 중독공격을 방어할 수 있다.

효과적인 중독 공격에 대한 방어를 위해서는 위에서 열거한 방법들을 조합한 다층적인 접근 방식이 필요하다. 당연한 말이지만, AI 모델을 잠재적인 공격으로부터 보호하기 위해서는 지속적으로 주의하고 예방적인 대책을 취해야 한다. 중독공격에 대한 방어 기술의 상세한 사항은 Defenses against data poisoning[8]를 참고 바란다.

회피 공격 (Evasion Attacks)

한편, 회피 공격 (우회 공격, evasion attack)은 학습 시에 시도되는 중독 공격과 달리 테스트 단계에서 시도되며 입력의 원본에 수정을 가하는 공격이기에 입력 공격이라고도 불리우며 적대적 예제를 이용하여 모델을 속이려고 시도한다는 의미에서 모델 기만(model fooling)이라고도 한다. 잘 훈련된 분류기가 주어졌을 때, 공격자는 피해자 모델에서 잘못된 추론을 끌어내기 위해 테스트 샘플에 작은 교란을 넣고자 시도한다. 이러한 회피 공격은 육안으로 인지하기 힘든 공격 (invisible attack)과 인지할 수 있는 공격 (visible attack)으로 다시 나눌 수 있다.

❖ 눈으로 인지하기 힘든 공격 (invisible attack)

눈으로 인지하기 힘든 회피공격의 예로는 잘 알려진 그림 7에서 보듯이 판다를 인식하는 AI 모델이 있을 때, 판다 이미지에 육안으로는 거의 인지하기 힘든 적대적 노이즈를 추가해 주면 사람은 이미지에서의 변화를 느끼기 힘듦에도 불구하고 AI 모델은 긴팔원숭이(Gibbon)라는 동물로 오인식하게 만드는 경우이다. 참고로 그림7에서 노이즈를 추가하여 긴팔원숭이로 분류되도록 만든 오른쪽 영상을 적대적 예제 (adversarial example)라고 한다. 예를 들어, 이러한 공격이 불법 포르노 업자들에 의해 사용된다면 AI기반 콘텐츠필터(유해 영상물 검출 시스템)의 검출을 피하면서도 시각적인 변형없이

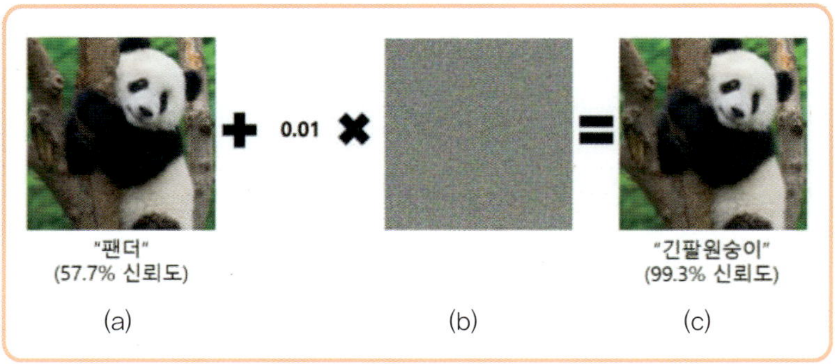

▲ **그림 7** 눈으로 인지하기 힘든 회피공격의 예

그러한 유해물의 유통을 가능하게 할 수 있다. 즉, 업로드 이전에 필터링되어야 할 유해한 사진을 AI 판독기가 정상적인 내용을 담은 사진으로 판단하게 만들어 악용할 수 있다는 위험이 있다.

잘 알려진 회피공격 알고리즘으로는 Fast Gradient Sign Method (FGSM), Basic Iterative Method (BIM), Projected Gradient Descent (PGD), 및 C&W attack 등이 있다. 자세한 수학적 설명은 생략하지만, 이러한 알고리즘 들의 기본 아이디어는 최적화 기법을 이용하여

원본 영상 (a)의 클래스를 다른 클래스로 변화시키면서도 (즉, "panda"에서 "gibbon"으로) 사람들 눈에는 가능한 한 눈에 띄지 않는 노이즈 영상(b) ⁻즉 적대적 교란 또는 적대적 섭동⁻ 을 만들어 내는 것이다. 이와 같이 생성된 적대적 교란을 원본 영상에 더한 것을 적대적 예제(c)라고 한다.

이러한 인지하기 힘든 회피공격이 음성분야에서 사용되는 예로는, 사람에게는 들리지 않는 매우 높은 주파수의 소리를 추가하여 음성기반 가상비서 서비스의 음성인식을 방해하는 것을 들 수 있다. 반대로, 백색소음처럼 들리는 소리로 스마트폰의 음성인식 기능을 활성화시켜 악성코드가 깔린 웹사이트로 접속하게 만들 수도 있다.

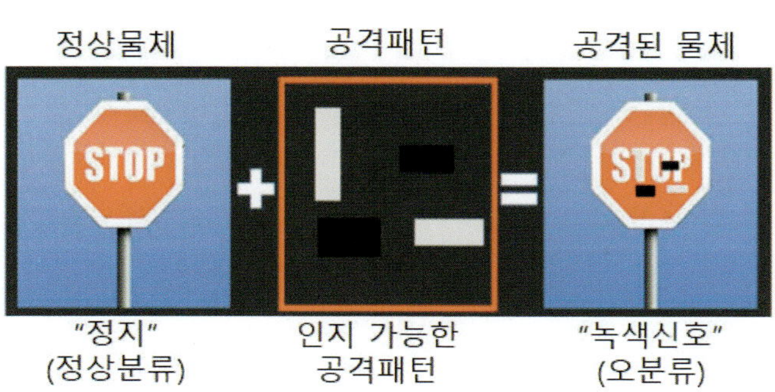

▲ **그림 8** 눈으로 인지할 수 있는 공격. 표지판 인식용 AI시스템을 오인식시킬 수 있는 '적대적 스티커'의 부착 위치를 최적화기법을 이용하여 계산해 낸다.

❖ 눈으로 인지할 수 있는 공격 (visible attack)

한편, 그림 8은 육안으로 인지할 수 있는 공격이 도로표지판에 적용된 사례이다. Eykholt 등은 왼쪽의 정상적인 정지 표지판에 육안으로도 관측이 쉬운 공격패턴의 스티커를 부착하여 오른 쪽 그림과 같이 변조된 패턴을 만들면 객체인식기를 부탁한 자율주행차는 이렇게 변형된 표지판을 정지가 아닌 '초록 신호'를 의미하는 표지판으로 인식하게 할 수 있음을 보인 것이다.[9] 사람들은 주위환경에서 흔히 볼 수 있는 낙서, 반달리즘, 자연적 마모나 찢어짐 등에 별 관심을 두지 않는 성향이 있으므로 사람들 눈에 보이기는 하나 특별히 의도된 공격으로 인지되지는 않는 형태로 적대적공격이 가능하다는 것이다. 특히 이러한 공격 방식은 자율주행 서비스에 악의적 공격이 가능하다는 점에서 안전성 문제를 야기하기도 한다. 이러한 방법은 인지할 수 있는 공격이자 동시에 물리적 공격에 속한다고 할 수 있다.

또 다른 인지가능한 공격 기술을 살펴보자, 입력 데이터에 전체 이미지가 아닌 일부 이미지를 수정함으로써 공격이 가능하다는 연구가 구글에서 발표되면서, 이를 이용한 많은 예제가 소개됐다. 그림 9를 보면 공격을 위해 생성된 패치를 추가하여 바나나(Banana)가 아닌 토스터(Toaster)로 오인식시킬 수 있음을 보여준다. 인공지능 모델이 바나나를 인식하기 힘들 정도로 강력한 반응을 주는 영상 패치를 생성하여 삽입하는 것이다. 이는 위에서 설명한, 표지판에 부착하는 작은 스티커들의 모양이나 위치를 최적화하는 방법과 다르게, 공격을 위해 ^{-즉, 상대방의 AI 모델을 속이기 위해-} 패치의 내부 텍스쳐를 공격에 최적화되도록 생성하는 '적대적 패치'라고 불리우는 방법이다.[10] 참고로 아래 그림에서 적대적 공격 기술이 생성해 낸 물리적 패치를 보면 매우 흥미로운 사실을 알게 된다. 첫째, 이 논문의 저자들이 업로드한 실험 동영상을 보면 일반적인 토스터 사진으로 만든 패치를 테이블에 놓아도 객체 인식 AI는 여전히 바나나를 높은 확률로 인식한다. 이는 분류기의 입장에서 다양한 제품 모델을 갖고 다양한 각도의 모습으로 보여질 수 있는 토스터 보다는 상대적으로 정체성이 단순한 바나나를 보다 쉽고 강하게 인식하고 있는 것으로 보인다 (그림 10). 둘째, 적대적 공격 기술에 의해 생성된 패치를 보면 식빵이 들어가는 입구로 여겨지는 부분이 시점을 달리하여 세 군데(가로방향 하나와 세로방향 둘)나 생성되어 있다는 것이다. 이는 객체 인식기 입장에서 '토스터'를 인식하기 위해서는 식빵이 들어가고 나가는 입구가 가장 중요한 단서가 되며, 이를 다른 시점으로 세 개씩이나 표현하여 더욱 강력하게 인식기의 눈길을 토스터로 끌고자 함이 아닌가 하는 생각을 하게 한다.

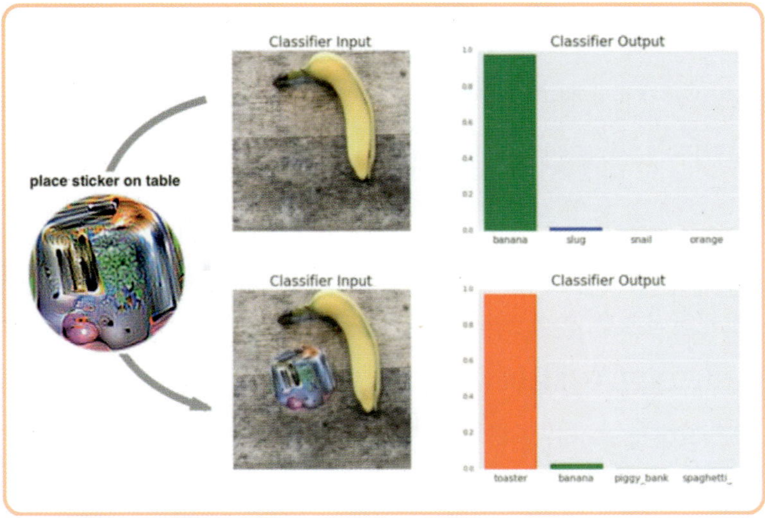

▲ **그림 9** 적대적 패치(Adversarial Patch)의 예

출처 https://arxiv.org/pdf/1712.09665.pdf

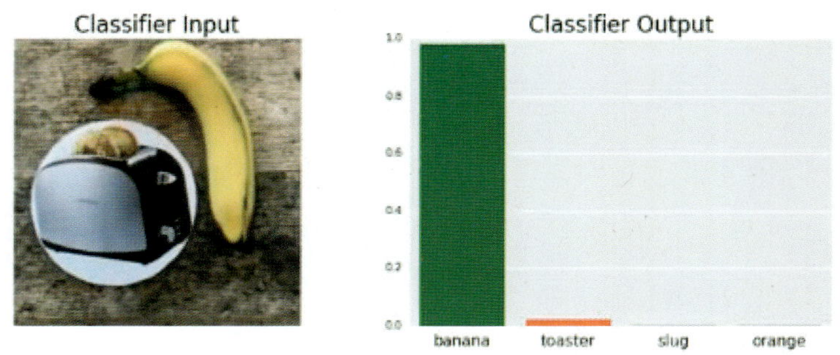

▲ **그림 10** 물리적 공격 패치가 아닌 일반적인 토스터 사진을 놓으면 여전히 높은 확률로 바나나를 인식한다.

출처 유튜브 캡처

❖ 화이트박스공격 Vs. 블랙박스공격

지금까지 설명한 회피 공격은 공격자가 속이고자 하는 인공지능 모델에 대한 지식에 따라 화이트박스 공격과 블랙박스 공격으로 나뉠 수 있다. 먼저, 화이트박스 공격이란 공격자가 타겟 모델에 대한 정보를 이용할 수 있는 환경에서의 공격을 말한다. 여기서 모델에 대한 정보란 모델의 구조, 파라미터들, 결과값들의 확률 값 등을 들 수 있다. 일반적으로, 화이트박스 공격 과정은 최적화 과정으로 공식화될 수 있으므로 FGSM, BIM, PGD 및 C&W 등과 같은 잘 알려진 방법으로 적대적 교란을 만든다. 이러한 최적화 과정은 계산 과정에 시간을 요하므로, 원본 영상에 대해 적대적 예제를 바로 생성해 낼 수 있게 설계된 생성모델을 이용하기도 하며 적대적변환네트워크 (ATN)라고 한다.[11] 딥러닝 모델의 마지막 단계인 softmax layer에서 다른 클래스에 대한 확률이 크게 나오도록 gradient 손실함수값을 극대화 하는 노이즈를 원본에 추가하여 수행을 하며 모델이 공격에 대비되어 있지 않은 경우 이러한 화이트박스의 공격성공률은 100%에 육박한다. 하지만 상대방 인공지능 모델에 대한 정보를 알기가 힘들기 때문에 현실적으로 화이트 박스 공격은 쓸모가 매우 적다. 화이트박스 공격을 사람의 경우로 말해보자면, 평소에 숨김없이 많은 고민을 주고받고 자기의 약점도 스스럼없이 이야기해 주는 아주 가까운 친구를 속이는 것과 비슷하다. 속속들이 모든 것을 알고 지내는 친구를 속이기는 쉬우나 쓰임새가 너무 한정되는 것이다.

이와 달리, 블랙박스 공격의 경우에는 속이고자 하는 상대방 인공지능 모델, 혹은 타겟 모델에 대한 어떤 정보도 참고할 수가 없다. 속이고자 하는 인공지능 모델에 대한 어떠한 정보도 참고할 수가 없는데 어떻게 속일 수 있다는 걸까? 블랙박스 공격은 크게 질의 기반 공격과 전이성 기반 공격으로 나눌 수 있다. 이제부터 각각에 대해 알아보도록 하자.

먼저, 공격자가 입력 영상 (query)을 넣고 타겟 모델의 출력, 즉 예측결과를 지켜보는 과정을 반복하면서 적대적 예제를 생성해 낼 수 있는 상황 - 그림 11과 12와 같은 웹 서비스 환경 등 - 에서 시도할 수 있는 질의(쿼리)기반 방법이 있다. 이것을 탐침이 있는 블랙박스 (black box with probing)라고도 한다. 이렇게 쿼리 또는 질의라고 불리우는 탐침을 이용하여 대체모델이라고 부르는 공격자 자신이 갖고 있는 모델을 훈련시킨다. 이러한 질의들은 타겟 모델의 결정 경계를 알아낼 수 있게 한다. 이 방법은 탐침으로 사용되는 입력이 실제 훈련데이터에 속할 필요가 없고, 대신 타겟 모델의 결정 경계를 알아내기 위해 공격자가 선택하는 것이므로 매우 효과적이다. 이러한 탐침 행위를 통해서 공격자는 타겟 모델의 결정 경계를 유추해 낼 수 있으며 공격자는 자신이 가지고 있는 대체모델을 타겟 모델과 유사한 결정 경계를 갖도록 일종의 역공학 (reverse engineering)을 하여 공격을 하는 것이다. 이러한 탐침 방식의 공격을 쿼리기반 블랙박스 공격이라 하는데 이는 주로 공공 API (public API)를 통해 인공지능 서비스를 제공하는 응용에 사용될 수 있다.

▲ **그림 11** Azure Face API

예를 들어, Azure Face API는 마이크로소프트에서 제공하는 안면인식 서비스이다 (그림 11). 얼굴 검출과 인식 두 기능을 다 제공하며 두 개의 얼굴 이미지가 주어졌을 때, 두 얼굴이 같은 사람의 얼굴인지 아닌지 여부를 판별해 준다.

아마존에서 제공하는 아마존 레코그니션 역시 얼굴비교 등의 기능을 제공한다 (그림 12).

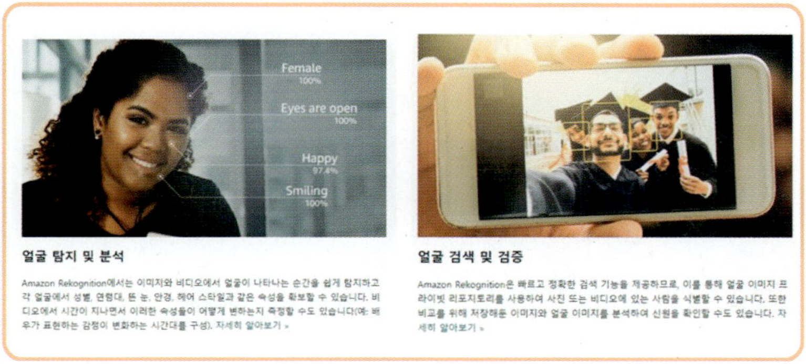

▲ **그림 12** 아마존 레코그니션 (Amazon Rekognition)

이러한 쿼리기반 블랙박스 공격에는 두 가지 방식이 있다. 불특정 인물로 오인식을 유도하는 기피 공격 (dodging attack)(evasion 공격을 회피공격이라 번역하였으므로 번역의 중첩을 막기 위해 기피공격이라 부르기로 함) 및 특정 인물로 오인식을 유도하는 사칭공격 (impersonation attack)이 그것이다. 여기서 쿼리 기반이라고 함은 입력영상을 조금씩 변화시켜 가면서 얼굴인식 시스템의 반응(즉, 인식 결과)을 알아보는 것을 말한다.

그림 13은 기피공격을 나타낸다. 먼저 잘 학습된 딥러닝 모델이라면 왼쪽의 사진 A와 사진 B는 높은 확률로 같은 사람으로 판단하게 된다. 이제 A와 B를 다른 사람으로 판단하게 하는 기피공격에 대해 알아보자. 먼저 맨 왼쪽의 사진 A는 서버에 저장되어 있는 길동이라는 사람의 얼굴 사진이라고 하자. 길동의 다른 사진 B에 적대적 교란을 추가하여 얼굴인식 인공지능이 입력으로 들어오는 영상(즉, B에 교란이 들어간 D)를 서버에 있는 A와 동일인의 것임을 인식하지 못하게 하고자 한다. 먼저 영상 B에 대해 심층신경망 모델이 옳게 분류하

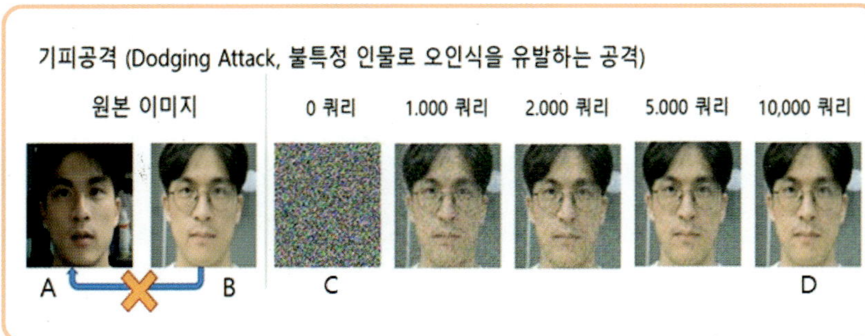

▲ **그림 13** 기피공격(Dodging Attack): 불특정 인물로 오인식을 유발하는 공격

지 못할 정도의 과도한 노이즈를 추가하여 이것을 초기 공격 예제(그림 C)로 삼는다. 두 번째, 초기공격 예제로부터 추정한 기울기 (모델의 파라미터들이 어떻게 변하는지를 알 수 있게 해주는 지표)를 이용하여 공격 예제를 심층신경망의 결정경계 주변에서 입력 영상과 최대한 유사하게 최적화시킨다 (그림 14참조). 아래 그림은 특징공간에서 이 쿼리 과정을 수차례 반복하여 원본영상 B와 가장 가까우면서도 B의 얼굴로 인식되는 결정경계의 바깥에 위치하는 영상인 그림 D를 만드는 과정을 보여준다. 즉, C에서 D를 향해 변화해 가면서

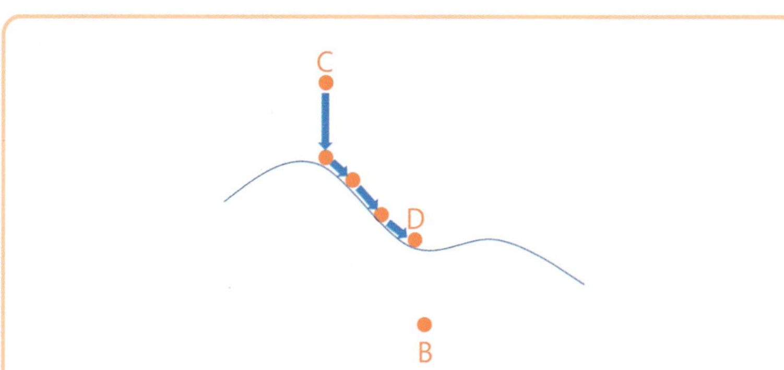

▲ **그림 14** 그림 13의 영상들을 특징 공간상에서 표현한 그림

시각적으로는 B와 가깝게 변화해가지만 길동이로 인식될 수 있는 결정경계 안으로는 들어오지 못하게 막음으로써, 사람의 눈으로 보기에는 길동이와 닮았으나 길동이로는 인식되지 않는 영상을 만들 수 있는 것이다. 결국 얼굴인식기는 적대적 교란된 D를 서버에 저장된 A와 다른 사람이라고 판단하게 된다.

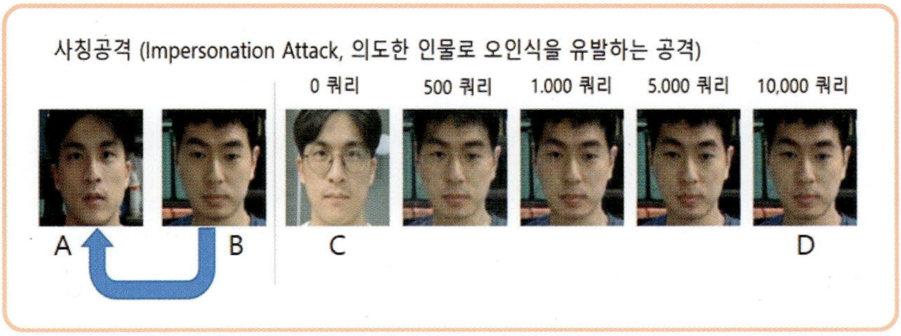

▲ **그림 15** 사칭공격(impersonation attack): 의도한 인물로 오인식을 유발하는 공격

이번에는 의도한 인물로 오인식을 유도하는 사칭공격을 생각해 보자. 즉, 그림 15에서 서로 다른 사람인 B를 A로 오인식하게 하고자 하는 것이다. 먼저 A에 보이는 길동의 다른 사진인 C로부터 시작을 하자. 둘(A와 C)은 같은 사람의 얼굴 사진이므로 특징 공간 상에서 가까이에 위치하고 있다 (그림 16). 우리는 쿼리를 업데이트할 때마다 길동의 얼굴을 사진 B의 수영의 얼굴에 가깝게 변형시키면서 동시에 길동으로 인식되는 결정경계를 벗어나지는 않게 하고자 한다. 쿼리가 증가할수록 그림 C는 특징공간상에서 B에 가까이 다가가므로 우리 눈에는 C가 B와 유사하게 보이기 시작한다 (그림 16참조). 하지만 결정경계를 벗어나기 전에 D의 위치에서 쿼리를 멈추게 되면 C는 아직도 길동으로 인식되면서 사람들의 눈에는 수영이인 B와 유사하게 보

이는 상태가 된다. 즉, 구해진 적대적 사례 D는 눈으로 보기에는 B(수영)이지만 얼굴인식기에는 A(길동)와 같은 사람으로 오인식되는 것이다.

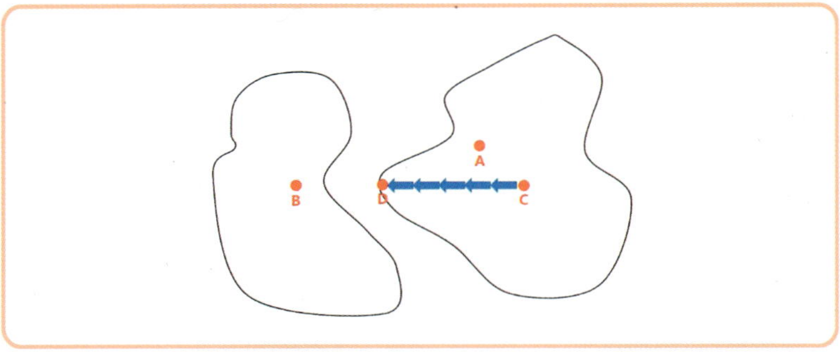

▲ **그림 16** 그림 15의 영상들을 특징 공간상에서 표현한 그림

이러한 탐침 공격, 혹은 질의 기반 공격은 앞서 설명하였듯이 그림 11이나 12와 같은 공공 API 에 공격이 활용될 수 있다. 공격자의 입장에서는 질의가 가능한 서비스를 속일 수 있게 되는 것이므로, 자신의 목적에 맞게 질의 기반 공격을 활용할 수 있다. 예를 들어, 공격자가 자신의 신원을 속이고 싶을 때 질의 기반 공격 알고리즘이 응용될 수도 있는 것이다. 한편 방어자의 입장 혹은 API 제공자의 입장에서는, 자신의 서비스가 질의 기반 공격에 대해 얼마나 잘 작동하는지 수시로 판단함으로써 서비스의 견고함, 신뢰성에 대해 평가할 수 있다.

한편, 특정 입력에 대한 추론 결과 외에는 아무것도 알 수 없는 블랙박스 시나리오이면서 위의 경우와 같이 탐침(query)도 사용할 수 없는 경우에는 어떻게 공격을 시도할까. 이런 경우에는 적대적 예제의 흥미로운 특성 중에 하나인 전이성(transferability)을 이용하는데, 이것은 한 모델에 대해 생성된 적대적 예제가 다른 모델에 대해서도 유효할 수 있다는 가정을 기반으로 한다. 전이성을 이용한 블랙박스 공격 시나리오의 전형적인 과정은 다음과 같다. 공격자는 먼저 적대적 예제 생성에 쓰일 타겟 모델과 유사한 기능을 수행하는 대체모델을 필요로 하는데, 이를 사전 학습된 오픈소스 모델 중에서 구하거나, 자체적인 데이터셋으로 모델을 학습시켜서 구한다. 공격자는 분명 속이고자 하는 타겟 모델의 내부를 알지 못하고 적대적 예제를 만드는 데 있어서 쿼리도 보낼 수 없지만, 대체모델을 가지고 화이트박스 적대적 공격 예제 -즉, 적대적 교란이 들어간 영상- 를 만들어서, 이것을 최종적으로 타겟 모델에 보내 교란을 시도할 수 있다.

적대적 예제가 반드시 다른 타겟 모델에서도 효과적인 것(즉, 전이 가능한 것)은 아니며, 소스-타겟 모델간 네트워크 구조 차이, 학습 데이터셋 차이 등 다양한 요인에 따라 전이 성공률이 달라진다. 적대적 예제의 전이성을 향상한다는 것은 적대적 예제가 더 많은 다른 모델들에 대해서 효과적으로 작용할 가능성을 높인다는 의미이며, 많은 연구들이 이러한 적대적 예제의 전이성을 지속적으로 향상하여, 다가오는 AI 보편화 사회에서 전이성을 이용한 블랙 박스 공격이 실제적인 위협이 될 수 있음을 실험을 통해 보여주고 있다.

그림 17을 통해 전이성 공격이 어떻게 가능한지에 대해 좀 더 자세하게 설명을 해보자.

딥러닝 모델의 훈련이 끝나면 하나의 입력 영상으로부터 하나의 특징 점이 특징공간 상에 추출된다. 여러 장의 길동이 사진을 넣어보면

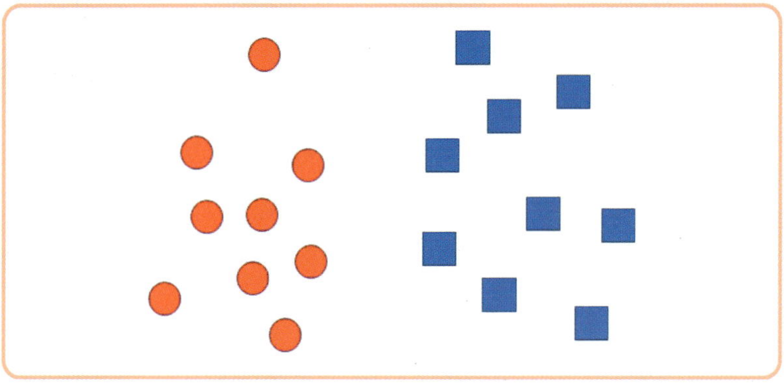

▲ **그림 17** 길동과 수영의 다양한 사진(각각 9장씩)을 나타내는 특징공간상의 각 9개의 특징점들

서 그들의 특징점의 위치들을 살펴본다. 마찬가지로 여러 장의 수영이 사진을 넣어보면서 그들의 특징점의 위치를 살펴본다. 그림에서 동그란 점들은 아홉 장의 길동이 사진들 각각을 나타내는 아홉 개의 특징점들이고, 사각형들은 아홉 장의 수영이 사진 각각을 나타내는 아홉 개의 특징점들이라고 생각하자. 그림에서는 매우 단순하게 2차원 평면으로 특징공간을 나타내고 있지만, 실제로는 수십, 수백 차원이 넘는, 사람의 머리로는 상상하기 어려운 고차원 공간이 될 것이다. 특징공간 안에 동그라미와 네모들이 위와 같이 위치해 있을 때, 그들을 두 부류로 나누어 보라고 한다면 여러분은 어떤 식으로 두 그룹을 나누겠는가?

정상적인 사람이라면 누구나 왼쪽 그림과 같이 둘 사이를 가로지르는 직선을 그어 두 부류를 나눌 것이다. 즉, 오른쪽 그림과 같이 빨간 동그라미 그룹에 바짝 붙여서 구불구불한 (동그라미 그룹에 과적합된 것 같은) 선을 그어 두 부류를 나누는 사람은 정상적인 경우 찾아

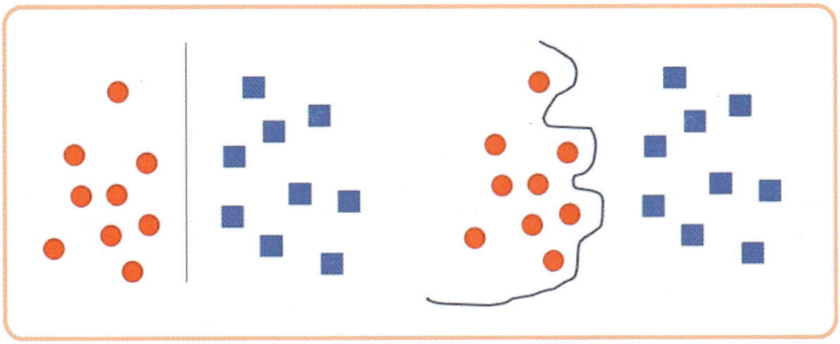

▲ **그림 18** 특징공간에서 두 부류를 가르는 결정 경계면

보기 힘들 것이다. 마찬가지로 인공지능의 경우에도 정상적인 학습을 마친 경우라면, 그래서 결정공간에 과적합이 일어나지 않은 경우, 같은 작업(task)을 하도록 학습된 모델들은 누가 개발하였든지 서로 유사한 결정경계를 보이게 된다는 것이다. 즉, A라는 사람이 개발한 모델도, B라는 사람이 개발한 모델도, 길동과 수영을 구분하는 동일한 목적을 갖는 모델들이라면, 그 둘이 나타내는 결정경계는 매우 유사할 것이라는 가정이다. 이와 같이 내가 접근 가능한 모델 -즉, 대체모델- 을 이용하여 내가 실제로 속이고자 하는 접근이 불가능한 모델을 속이기 위한 특성이나 행동을 찾아 낼 수 있다는 것이 전이성 공격의 기본 철학이다.

이번에는 현실에서의 예를 들어 전이성 공격의 예를 간단히 알아보도록 하자. 그림 19의 왼쪽에 사람들을 속이고자 하는 사기꾼이 있고, 현재 그의 목표는 강 건너에 있는 파란 옷을 입은 20대 남자이다. 그 둘 사이에는 강물이 존재하므로 파란 옷 남자에 가까이 접근하여 이런저런 정보를 빼내기가 어려운 상황이다 (블랙박스 상황). 이때, 사기꾼은 자기 주변의 접근 가능한 20대 남성들을 통해 그들이 갖는

▲ **그림 19** 강건너에 있는 저 젊은이를 어찌 속일 것인가.

이런 저런 성향이나 정보를 뽑아내어 속일 방법을 알아낸다. 이렇게 알아낸 방법으로 강 건너의 접근이 불가능하지만 같은 20대 남성도 속이고자 하는 것이 전이성 공격의 기본 개념이다. 실제 현실에서도 이러한 전이성 공격의 예는 적지 않게 존재한다. 적은 수의 젊은 여성들을 대상으로 여러가지 성향을 알아보고 비슷한 또래의 불특정 여성들을 상대로 벌이는 화장품 광고, 더 나아가 보이스 피싱도 일반인들의 공통적인 심리적 취약점을 공격하는 전형적인 전이성 공격의 예라고 할 수 있다. 당연히 보이스피싱이 늘 성공하는 것은 아니듯이 전이성 공격은 아직은 성공률이 매우 높지는 않은 기술이며 전이성 향상을 위한 많은 연구가 이루어지고 있다.

물리적 공격 Vs. 디지털 공격

이미 설명했듯이 회피 공격은 공격대상이 물리적 세상에 존재하는가 여부에 따라 물리적공격과 디지털공격으로 구분할 수도 있다. 앞서 말한 정지 신호판에 테이프를 붙여서 AI시스템이 오인식하게 만드는 공격이라든가, 음성기반 제어 시스템에서 작은 교란 신호를 추가하여 AI시스템의 동작을 방해하는 공격 등이 대표적인 물리적공격의 예라 할 수 있다. 가령, 아래 그림 20과 같이 실제 안경에 패턴을 부착하여 안면 인식을 방해하는 것이 물리적 공격의 예시가 되겠다. 물리적 공격은 말 그대로 공격 패턴이 실제 세상에 존재하는 것이기 때문에, 색깔이나 패턴의 모양이 다소 눈에 띈다는 특징이 있다.

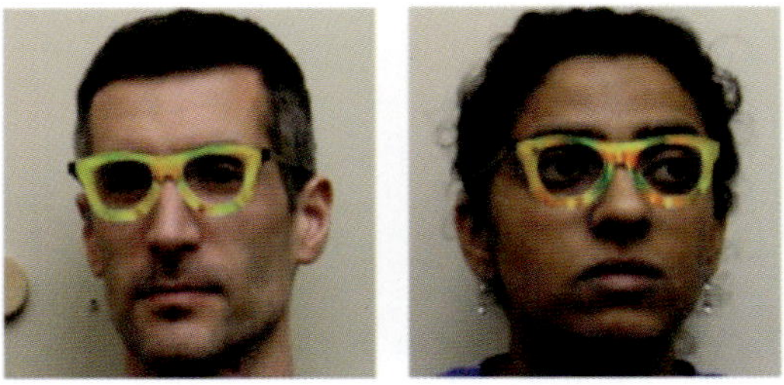

▲ **그림 20** 물리적 공격의 예. 실제 안경에 최적화를 진행한 적대적 패턴을 부착하여, 특정 사람이 자신으로 인식되지 않게 한다.[12]

반면, 적대적 공격이 디지털 도메인 안에서만 이루어지는 것을 디지털 공격이라 부른다. 일단 카메라나 마이크로폰에 의해 캡쳐된 후 디지털화되어야 하는 물리적 타겟과 달리 디지털 타겟은 오로지 디지털 도메인 안에서만 공격이 진행되므로 센싱 과정에서 생기는 왜곡 - 조명 반사, 캡쳐 기기와 센싱 대상과의 거리 및 각도 등 - 을 고려해야하는 물리적공격에 비해 성공률이 높다. 당연히 이 방식은 앞에서 설명한 인지하기 힘든 공격 방식에 더 적합하다. 위에서 팬더 그림을 가지고 설명한 예가 인지하기 힘든 공격이면서 동시에 디지털공격에 해당된다. 이러한 디지털공격은 디지털 입력을 이용하는 다양한 웹서비스 AI 모델에 주로 시도된다.

(a)

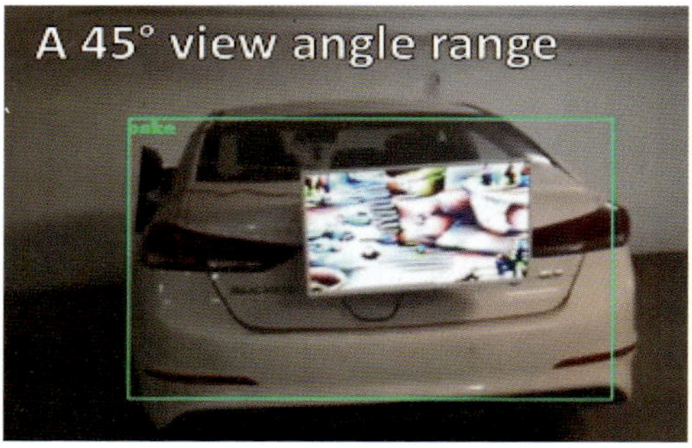

(b)

▲ **그림 21** 물리적 공격의 예. (a) 교통표지판을 물리적으로 교란하여 객체 인식 인공지능이 정지사인대신 스포츠 볼로 인식하도록 만든 장면.

출처 https://www.youtube.com/watch?v=qHFjYWDUW3U

(b) 차량 뒤편에 LCD모니터를 달아 적대적 패턴을 디스플레이하여 자동차를 인식하게 못하게 하는 장면. Cake로 인식되고 있다.

출처 https://www.youtube.com/watch?v=51wa4s2bJz8

❖ 비표적공격 (non-targeted attack) Vs. 표적공격 (targeted attack)

이것은 공격자가 원하는 결과의 유형에 따른 분류이다. 먼저 비표적 공격은 공격자의 목표가 인공지능 모델의 출력이 옳지 않은 라벨이

기를 의도하는 것이다. 어떤 특정한 라벨로의 오인식은 상관하지 않는다. 반면, 표적 공격이란, 공격자가 인공지능 모델의 출력을 의도한 목표부류(target class)로 변경시키고자 하는 것이다. 이 두가지 공격에 대한 설명은 앞서 기피공격과 사칭공격의 설명에서 자세하게 다루었다. 기피공격은 비표적공격에, 사칭공격은 표적공격에 해당되는 개념으로서 혼용해서 사용할 수도 있으나 기피공격과 사칭공격은 주로 얼굴인식에 국한하여 사용하고, 일반적인 인식문제에 있어서는 비표적공격과 표적공격이라는 용어를 사용하는 것이 일반적이다.

모델전도 공격 (Model Inversion Attack)

오늘 당신은 평소에 바라고 바라던 회사에 면접을 보고 왔다. 면접시의 분위기는 나쁘지 않았던 것 같다. 그런데 문득, 면접관 중의 누군가가 당신의 SNS의 과거 사진들을 훑어 볼지도 모른다는 생각을 하니 갑자기 불안해진다. 대학 신입생 시절, 머리를 금발로 염색하고 다닌 적이 있는데, 혹시라도 보수적인 성향을 가진 면접관이 그 사진을 보고 좋지 않은 인상을 가지지는 않을까 하는 두려움이 갑자기 들었기 때문이다. 당신은 바로 당신의 SNS에 로그인하여 찜찜한 사진들을 지운다. 이제 꺼림칙한 사진들을 다 찾아서 지웠다는 생각에 당신은 안심을 한다. 그런데 SNS는 당신의 그 사진들에 대해 완전히 잊은 걸까? ■

❖ SNS에서 과거의 찜찜한 사진들을 지우면 안심일까

모델 전도 공격이란 AI 모델의 학습에 사용된 데이터를 추출하는 공격 기법이다. 주어진 입력에 대해 출력되는 분류 결과와 신뢰도(Confidence)를 분석하여 역으로 데이터를 추출하여 그림 22와 같이 AI모델의 학습에 사용되었던 이미지를 추출해낼 수 있다.

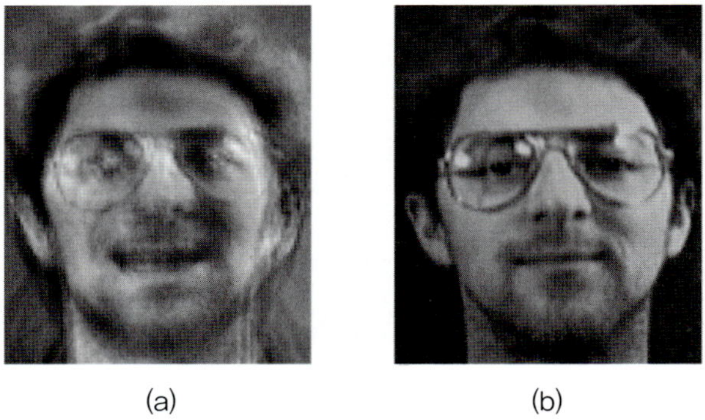

▲ **그림 22** (a) 모델전도 공격으로 얼굴인식 AI 모델의 학습에 사용된 데이터를 추출한 사진, (b) 실제로 AI 모델의 학습에 사용되었던 사진 10장 중의 하나

출처 Gab41 블로그

모델전도공격의 개념을 이해하기 위해 얼굴을 인식하는 간단한 인공신경망을 생각해 보자 (그림 23).

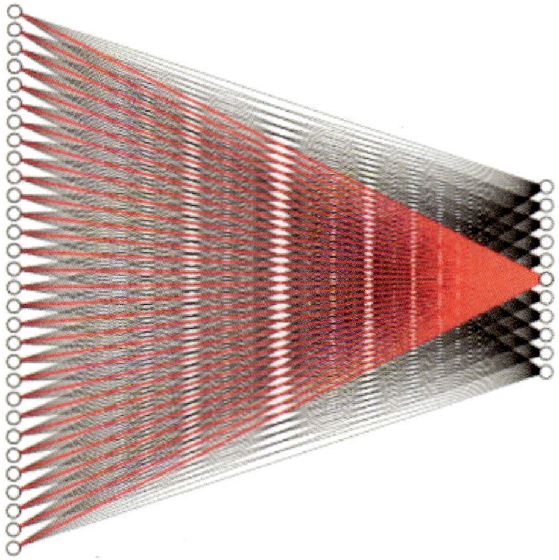

▲ **그림 23** 매우 단순한 영상 분류 모델

출처 Gab41 블로그[13]

학습데이터로는 40명의 다른 사람, 그리고 한 사람당 10장의 얼굴 사진이 포함된 총 400장의 얼굴 사진 데이터 셋을 이용하여 얼굴인식, 즉 얼굴분류를 한다고 하자. 각 얼굴영상의 크기는 128x128이라 하자. 그림에서 입력층의 노드수는 30개이지만 실제로는 16,384(=128x128)개의 입력 노드가 필요하다는 뜻이다. 40명의 다른 사람이 있으므로 출력층의 노드수는 40개가 필요하다. 첫 번째 사람의 경우에는 타겟 출력이 (100000………00000), 두 번째 사람의 경우에는 (0100000…….0000000)과 같이 세팅되어 (또는 라벨링되어) 학습에 이용된다. 400장의 얼굴 사진과 각각에 맞는 출력 값들을 제공하면서 학습을 마치고 나면 40명의 다른 사람들을 분류할 수 있는 가중치들이 얻어질 것이다. 우리는 언뜻, 학습이 끝나고 나면 학습된 얼굴인식 모델은 더 이상 학습에 사용된 얼굴 데이터셋을 기억하지 못할 것이라고 여기고 학습데이터와 학습된 모델의 가중치들은 서로 독립적일 것이라고 생각하기 쉽다. 하지만 그림에서 보듯이 여섯 번째 출력노드에 연결된 빨간 색 선들을 따라가보면 그 빨간색 선들에 해당되는 가중치들은 모두 여섯 번째 사람의 얼굴을 표현하는데 필요한 값들(즉, 여섯 번째 출력노드를 위한 가중치들)이라는 것을 알 수 있다.(여섯 번째 사람의 사진이 입력될 때만 출력이 (000001000…)으로 주어졌음을 기억하자.)

학습이 완료되면, 여기서 만일 역으로, 학습완료된 가중치들을 가지고 여러 (우리의 경우는 40개의) 출력값에 대해 입력값들을 구하면 입력단에서는 어떤 값들을 보게 될까. (예를 들어, 그림 23의 매우 간단한 시스템에서는 첫 번째 사람에 대한 출력을 $y_1 = Wx_1$이라 표현할 수 있으니, 학습 완료 후 y_1과 W가 주어진 상황에서는 $x_1 = W^{-1}y_1$에 의해 첫 번째 사람의 사진을 구할 수 있을 것이다. 여기서 *W*란 시스템 내의 모든 가중치들을 담은 2차원 행렬이다.)

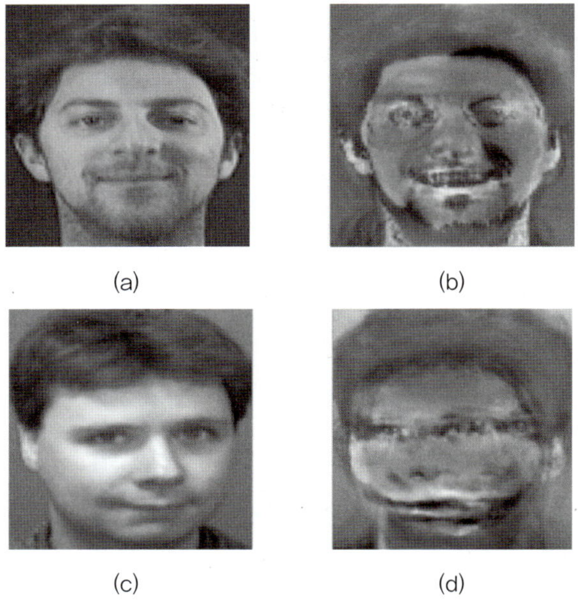

▲ **그림 24** (a) 얼굴학습을 위해 사용된 사람 A의 10장의 사진들 중 하나. (b) 모델전도공격으로 추출해 낸 학습에 사용된 A의 얼굴 사진, (c) 얼굴학습을 위해 사용된 사람 B의 10장의 사진들 중 하나. (d) 모델전도공격으로 추출해 낸 학습에 사용된 B의 얼굴 사진

출처 Gab41 블로그

그림 24에서 첫 번째와 세 번째 사진은 실제 훈련에 사용된 두 사람의 얼굴 사진들 중의 하나씩이고, 둘째, 넷째 사진들은 출력값과 해당 가중치들로부터 재창조된 얼굴영상들이다. 즉, 학습된 모델은 부류별로 입력 얼굴들의 평균 얼굴들을 어느 정도 기억하고 있다는 것이다 (열 장의 평균 얼굴 사진이기에 흐릿하게 나타난 것이다). 위 그림

의 두 쌍의 영상들 중에서도 왼쪽 사람 영상의 재구성 결과가 오른쪽 사람에 비해 상대적으로 좋은 이유는 왼쪽 사람에 대한 10장의 사진들은 얼굴의 포즈와 위치 변화가 오른쪽 사람의 사진 10장에 비해 덜한 사진들이었다는 것을 쉽게 이해할 수 있을 것이다.

❖ 딥러닝기반 모델전도 공격

지금까지 설명한 간단한 예로부터 모델전도공격의 기본 메커니즘을 이해할 수 있었을 것이다. 그렇다면 은닉층과 노드수가 훨씬 많고 비선형함수를 포함하는 실제 딥러닝 기반 분류기의 경우에는 어떤 방법으로 모델 전도공격을 하는 것일까. 가장 기본적인 모델전도 공격 방법으로는 모델의 결과와 타겟 결과와의 오차를 최소화하는 가중치를 구하는 대신에 이미 학습된 가중치들을 고정시키고 랜덤노이즈로 생성한 입력영상을 조금씩 업데이트하는 것이다. (좀 더 수학적으로 말해 보자면, 원래 인공지능의 학습이란 '가중치를 업데이트'하기 위해 오차함수를 각 가중치에 대해 미분하여 경사도를 구하는데, 전도 공격에서는 '입력을 업데이트'하기 위해 오차함수를 입력에 대해 미분하여 경사도를 구해서 입력을 업데이트 시켜 나아간다)

그림 25는 이러한 방식으로 입력영상을 업데이트하면서 구하는 과정을 보여준다. 여기서 알아야할 것은 데이터셋이 소규모이고 한 부류의 입력들간에 큰 변화가 없는 경우에는 훈련 샘플의 복원이 어느 정도 가능하나 그렇지 않은 경우에는 결과가 썩 좋지 못할 수도 있다는 것이다. 이러한 모델전도공격에서의 한계를 극복하고 훈련 샘플의 복원성능을 높이기 위해 많은 방법들이 제시되고 있다.[14] 그 중 하

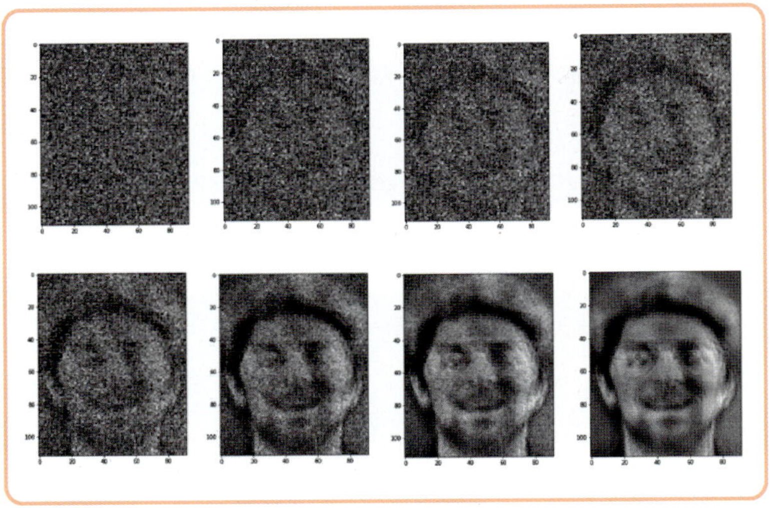

▲ **그림 25** 학습을 통해 얻어진 가중치와 출력값들을 가지고 입력을 서서히 업데이트 해가며 구해낸다. (왼쪽 위에서 오른쪽 아래쪽으로 업데이트되어 가는 영상)

나로 모델전도에 GAN 방법을 이용하는 것이 있다 (그림 26). 주된 아이디어는 GAN을 이용하여 모델 전도로 재건되는 영상이 더욱 현실에서 볼 수 있는 영상에 가깝도록 제한을 두어 알아보기 어려운 의미 없는 영상이 만들어지는 것을 방지하는 것이다.

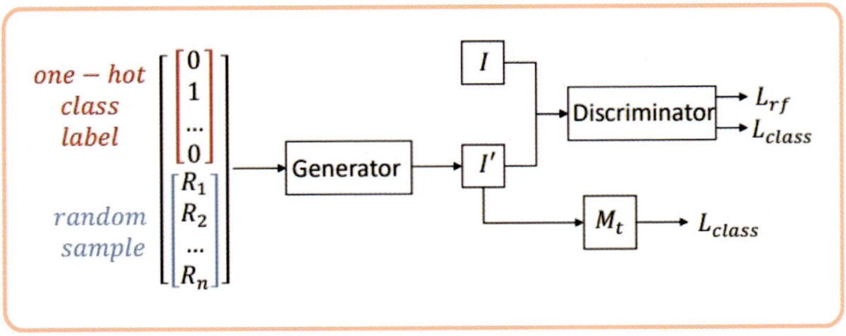

▲ **그림 26** 모델 전도에 GAN을 이용하는 방식

출처 https://arxiv.org/pdf/1906.06449.pdf

이러한 모델전도공격은 학습데이터의 보안을 위협한다. 만약 기업이나 군의 기밀 정보를 기반으로 만들어진 AI 모델인 경우에 공격자는 모델전도공격을 통해서 학습 데이터로 사용된 기밀 정보를 유출할 가능성이 존재한다. 얼굴인식 AI의 경우에는 학습에 사용된 얼굴 사진들이 유출될 수도 있는 것이다. 만일 학습데이터에 주민번호와 같은 사적 데이터가 사용되었다면 모델전도공격을 통해 학습에 사용된 주민번호들이 유출될 가능성도 있다.

모델 추출 공격 (Model extraction via APIs)

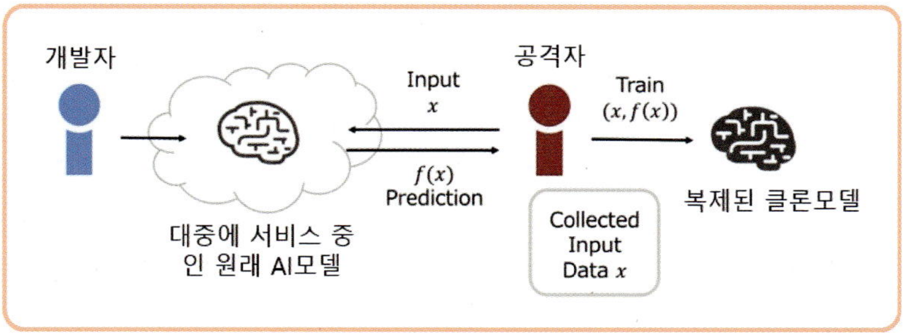

▲ **그림 27** 모델추출공격

출처 https://arxiv.org/pdf/2107.08909.pdf

모델 탈취라고도 부르는 모델 추출 공격은 공격자가 모델을 재구축하기 위해 블랙박스 AI 모델을 탐지하는 기술이다. 이 기술은 모델 자체가 민감하거나 보안성이 요구될 때 특히 중요하다. 예를 들어 공격자가 금전적 이득을 위해 주가예측 모델을 추출하기 위해 이 기술을 이용할 수 있다. 그림 27을 보면 이미 대중에 서비스 중인 AI 모델에 대해 공격자가 자신이 수집한 입력데이타를 넣어가며 예측값들을 알아낸다. 지도학습(supervised learning)을 위해서는 수많은 입력과 그에 해당하는 라벨이 필요한데 공격자가 자체적으로 수집한 입력값과 그에 해당하는 기존 모델의 예측값 f(x)들을 입력과 라벨 쌍 (x, f(x))으로 삼아 지도학습을 하게 되면 복제된 클론 모델을 얻을 수 있는 것이다. 이를 모델 추출 공격이라 한다.

API를 통한 모델 추출 프로세스에는 일반적으로 API에 쿼리를 보내고 응답을 관찰하는 과정이 포함 된다. 그런 다음 공격자는 응답을 사용하여 훈련에 사용된 기능 유형, 사용된 알고리즘 및 모델 조정에 사용된 하이퍼파라미터와 같은 모델에 대한 세부 정보를 추론할 수 있다.

API를 통한 모델 추출은 기계 학습 모델을 개발한 회사로부터 지적 재산 또는 영업 비밀과 같은 독점 정보를 훔치는 데 사용될 수 있다. 또한 피싱이나 악성코드 유포와 같은 사이버 공격에 사용될 수 있는 악성 모델을 생성하는 데 사용될 수도 있다.

API를 통한 모델 추출을 방어하기 위해 개발자는 API에 대한 속도 제한 및 액세스 제어와 같은 보안 조치를 구현하여 공격자가 지속적으로 대량의 쿼리를 제출하는 것을 제한하는 등의 조치를 취할 수 있다. 또한 회사는 부가적인 노이즈를 데이터셋에 추가하거나 일부 데이터를 조작하는 차등 프라이버시 기술(differential privacy techniques)을 사용하여 모델의 입력 및 출력이 대리 모델을 구성하는데 사용되는 것을 막는 것을 고려할 수 있다.

3.2 견고한 AI가 특히 요구되는 분야를 알아보자

여기서 어떤 시스템과 우리사회의 어떤 부분이 AI 공격의 영향을 받을 가능성이 가장 높은지 살펴보자. AI시스템은 이미 사회의 여러 분야에 통합되어 있으며, 점점 더 그렇게 되고 있다. 업계 및 정책입안자들에게 가장 시급한 여덟가지 취약영역은 콘텐츠필터, 국방 분야, 자율주행 분야, 법 집행 분야, 의료 분야, 금융 분야, AI로 대체되고 있는 전통적인 사람기반 작업 분야, 그리고 시민 사회이다.

콘텐츠 필터링 분야

콘텐츠필터는 콘텐츠 이용 과정에서 위험하거나, 저작권을 침해하거나, 특정 응용의 서비스 약관에 위배되는 내용들을 제거하여 플랫폼을 건강하게 유지하고 악성 코드 감염을 방지한다. 매일 30억개 이상의 영상이 인터넷에서 공유되고 있을 정도로 1분마다 인터넷에 업로드되는 콘텐츠의 양은 엄청난 속도로 증가하고 있으며 이러한 스케일에서 콘텐츠를 감시할 수 있어야 한다. AI기반 콘텐츠 필터는 이러한 요구를 만족시킬 수 있어서 이미 업계에서 널리 채택되고 있는 추세이다. 예를 들어 페이스북(현 메타)은 2018년 1분기에만 2,100만 개의 음란물을 제거했으며 그 중 96%가 이러한 필터에 의한 것이었다. 콘텐츠 필터링은 지난 몇 년간 더욱 많은 일을 수행해야 했다. ISIS는 소셜미디어를 주요 모집수단으로 사용하였으며 미얀마의 30명의 민족주의자들은 페이스북을 대변자로 사용하여 로힝야족 학살 캠페인을 진행했다. 또한 민주선거에 영향을 미치기 위해 소셜네트워크상에 가짜 콘텐츠를 퍼뜨리는 일은 꽤 흔한 사회 현상이 되어버렸다. 따라서 AI기반 콘텐츠 필터링의 효능은 국가 안보를 위해, 그리고 가짜 정보로 피해를 보게 될 민중의 보호를 위해 광범위한 의미를 갖게 되었다. 또한 아동포르노 탐지와 같은 이미 전통적인 검열작업들에 대해서도 지속적으로 효과적이어야 한다. 이러한 필터링을 제대로 수행하지 못하는 경우, 해당 플랫폼은 비즈니스의 위축을 겪기도 한다. 예를 들어 유튜브는 어린이가 등장하는 동영상에 시청자가 남긴 성적인 댓글을 제대로 필터링하지 못하여, AT&T, 디즈니, 네슬레 등 광고주들의 보이콧에 직면하기도 했다. 이와 같이 콘텐츠 필터링의 중요성이 강조됨에 따라, 이러한 필터링을 무력화시키고자 하는 단체도 증가할 수밖에 없게 되며 적대적 공격 기법은 그들에게 구미를 당기는 관심기술이 될 것이다. 콘텐츠필터를 무력화시키기 위해 적대적 AI공격이 사용되면 콘텐츠의 악의적 사용자들에 의해 소셜 플랫폼들은 무방비로 방치될 수밖에 없을 것이다. 심지어 공격을 받고 있다는 사실조차 인지되지 못할 수도 있다.

따라서 유해한 콘텐츠로부터 사용자를 보호하고 오히려 합법적인 콘텐츠가 검열되는 일이 없도록 콘텐츠 필터링 영역에서 견고하고 정확한 AI 시스템을 개발하는 것이 중요하다. 견고한 AI 시스템은 콘텐츠 플랫폼이 안전하고 건전한 온라인 환경을 유지하도록 지원하여 궁극적으로 플랫폼에 대한 사용자의 신뢰와 충성도를 유지하는데 큰 도움이 된다.

국방 분야

AI공격의 두 번째 중요 관심분야는 국방 분야이다. 국방 분야에 관련된 인공지능은 미래 전쟁의 핵심기술로 자리할 것이다. 미 국방부는 국방 윤리와 AI 안전성에 있어서의 리더가 되겠다는 전략과 함께 2018년 JAIC(Joint Artificial Intelligence Center)을 설립하였으며 인공지능을 군에 통합하는 것을 최우선 과제로 삼았다.[15] JAIC는 AI기반 기능의 제공을 가속화하고, AI의 부서 전체에 미치는 영향을 확장하는 것을 목표로 하고 있다. 펜타곤의 메이븐(Maven) 프로젝트는 풀 모션 비디오(FMV) 분석에 AI를 적용한다. AI를 사용하여 풀 모션 비디오에서 지상 자산을 식별하려는 군의 요구를 만족시키고자 한다. DARPA(Defense Advanced Research Projects Agency) 및 AFRL(Air Force Research Laboratory)의 이동 및 고정 표적 획득 및 인식 용 데이터 세트는 관심 대상을 분류하고 인식하는 AI 기술을 구축하는 것을 목표로 한다. 이러한 국방 AI 시스템의 경쟁적인 도입은 공격자들로 하여금 이들 군사시스템들에 대한 공격을 감행할 수 있는 수많은 방법을 고안할 수 있게 한다.

가능한 위협을 좀 더 구체적으로 살펴보자면 첫째, AI 시스템이 탑재된 드론과 무기 시스템을 포함한 물리적 장비들이 적에게 탈취되는 경우, - 이 장비의 분실 및 포획은 미래의 분쟁에서 일상적인 일이 될 것이며 - AI 기반 시스템이 적에게 노획됨에 따라 발생하는 위협은 더욱 커질 것이다. 둘째, 극도의 보안이 요구되는 군대의 특성상, 여러 가지 용도의 인공지능 모델들을 구축하기 위해 필요한 데이터의 부족 문제는 늘 중요한 이슈로 자리잡고 있다. 이러한 충분하지 않은 데이터를 여러 모델들이 공유하는 경우, 데이터가 해킹되거나 손상되면 이 데이터를 사용하여 개발된 모든 연관 시스템에 대한 공격으로 연결될 수 있으며 이는 군대 전체에 광범위한 취약점이 발생할 수 있음을 의미한다. 회피(입력)공격의 경우 공격자는 데이터 세트를 사용하여 훈련된 모든 시스템에 대한 공격을 설계하기 위한 공격 패턴을 쉽게 찾을 수 있으며, 중독 공격의 경우 공격자는 추후 이 중독된 데이터 세트를 사용하여 훈련되는 다운스트림 모델을 중독시키기 위해 하나의 데이터 세트만 손상시키면 될 것이다. 또한, 이러한 고유한 데이터 생성과 관련된 프로세스로 인해 악용될 수 있는 취약점이 발생할 수 있다. AI 지원 무기 및 방어 시스템을 구축할 때 자체적으로 모델을 훈련하는데 사용되는 개별 데이터 샘플은 보호해야 하는 비밀 유지 대상이 됨에도 불구하고 이러한 준비 작업은 시간이 많이 걸리기 때문에 많은 수의 비전문가 라벨러 또는 심지어 아웃소싱 데이터 라벨링 및 준비 서비스에 의존해야 하는 경우도 생긴다. 이러한 경향은 초창기 국방 AI 구축시는 물론이고 Facebook 과 같은 기업이 아웃소싱 콘텐츠 중재자로 참여한 민간 부문에서 이미 나타났다. 여기서 예상되는 유사한 경향은 데이터 액세스 제한 및 감독, 적절한 데이터 취급, 라벨링 및 준비 등이 쉽지가 않다는 사실이다. 이러한 유형의 절차적 감독 문제가 원자력과 같은 다른 분야에서는 이미 새로운 이슈는 아니지만 아직 초기 단계인 AI 분야에서는 이러한 모범 사례가 부족하다. 이러한 모범 사례를 형성하려면 데이터 수집 및 준비를 관리하는 새로운 정책이 필요할 것이다.

데이터 세트 공유로 인한 위협 외에도 군대는 모델과 이를 생성하는

데 사용된 도구를 재사용하고 공유한다. 이러한 모델과 도구 자체도 해킹이나 방첩 작전을 통해 적의 표적이 될 수 있으며 공격자는 AI모델이 입력에 대한 분류 결과와 신뢰도를 함께 출력한다는 점을 이용하여 출력값으로부터 학습데이터를 복원해 내는 기법인 모델전도공격 (model inversion attack) 을 통해 시스템을 속일 수 있는 공격 패턴을 역으로 생성해 낼 수 있다.

마지막으로, 국방분야는 AI에 대한 공격이 전투 상황에서 탐지하기가 불가능하지는 않더라도 매우 어려울 것이라는 도전에 직면해 있다. 이는 적대적 공격 예제를 구성하기 위한 정보를 얻기 위해 시스템을 해킹하더라도 전투 상황에서 상대에게 쉽게 노출되는 것은 아니기 때문이다. 특히 공격자 측에서 전이성 기반 블랙박스 방식의 공격을 꾀하는 경우에는 AI모델을 운용하는 측에서는 전혀 그러한 사실을 인지하기가 어렵다. 또한 공격자는 개발된 공격이 의심을 불러일으키지 않고 상대방에게 시스템이 손상되었다는 사실을 알리지 않기 위해 공격을 적용할 때 극도의 주의를 기울일 것이므로 공격은 극히 중요 한 상황에만 제한되어 시도될 것이다. 따라서 적의 AI 공격을 감지할 수 있는 방어기법의 개발은 필수적이다. 주로 시스템에 대한 침입감지와 시스템의 성능저하 감시를 기반으로 감지가 이루어지며 적대적 공격에 대비한 적대적 방어기술도 준비되어야 한다.

자율주행 분야

자율주행 분야에서는 인공지능이 자동차를 안전하게 운전하게 만드는 것이 중요하다. 운전상황이란 실로 예측 불가한 다양한 상황이 펼쳐질 수 있으므로 최대한 다양한 상황을 예비하고 학습해야 한다. 2020년 6월, 대만에서 대낮에 자율주행 중이던 테슬라 전기자동차가 고속도로에서 넘어진 화물차를 추돌하는 사고가 일어났다. 테슬라 운전자는 당시 '오토파일럿(자율주행기능)'을 작동하고 있어서 차량이 장애물을 발견하면 감속이나 정지할 줄 알았는데 계속 정속주행 했다고 주장했다고 한다.

▲ **그림 28** 고속도로 상에서 전복된 트럭을 향해 돌진하는 자율주행차(노란 원). 넘어진 화물차의 운전자(빨간 원)가 후방 10m 위치에서 후방차량에 수신호로 사고 상황을 알리는 중에 속도를 줄이지 않고 달려오는 흰색 테슬라를 발견해 손을 흔들며 소리쳤으나 차는 멈추지 않았다.

2021년 1월 현재 테슬라에 축적된 주행데이터가 무려 82억km에 달한다고 알려졌음에도 이 사건은 왜 일어난걸까? 먼저 가장 기본적인 속성인 AI 정확성이 만족되지 않은 이유가 크다. 즉 대부분의 주행 환경이 정상적 상황일 수밖에 없는 현실 상황에서 그림에서 보듯이 전복된 트럭의 하얀뚜껑은 자율주행차의 물체인식 AI 모델에게 전복된 트럭의 뚜껑이라고 인식되기 보다는 밝은 대낮의 하얀 하늘로 인식되었을 확률이 크다. 이러한 돌발적이고 희소한 상황에 대비하기 위해서는 충분한 데이터를 의도적으로 생성하여 학습에 이용해야 한다. 예를 들어 차들이 질주하는 고속도로의 1차 선상에 사람이 누워 있다든가, 동물이 서 있다든가 하는, 운전자들이 실제로는 거의 목격하기 힘든 상황조차도 가공의 데이터를 생성시켜 인공지능 학습에 추가시킬 필요가 있다. 말이 나온 김에, 차들이 질주하는 고속도로상에서 그런 위험한 장면을 어떻게 찍을 수 있다는 말인가? 지난 몇 년간 많은 연구가 이루어지고 있는 도메인적응(domain adaptation)이라고 하는 기술을 이용하면 컴퓨터 그래픽을 이용하여 위와 같은 희귀 돌발 상황을 담은 비디오를 충분히 만들어 학습에 이용하고 도메인적응 기법을 이용하여 컴퓨터 그래픽 도메인에서 학습된 AI모델을 실제 세계를 찍은 실사 도메인으로 적응 - 좀더 구체적으로 말해서 두 도메인의 특징 공간을 정렬 - 시켜서 인공지능의 돌발 대처 능력을 높일 수 있다.

이러한 기본적인 정확성의 문제외에도 실제 자율주행 환경은 흐리거나 안개낀 날씨, 눈이나 비가 오는 날씨, 그리고 어두운 상황에서도 잘 작동할 수 있는 저시정 상황에 대한 견고성을 갖추어야 한다. 이러한 저 시정 상황에서도 물체 인식 성능을 최대한 높이는 연구도 활발히 진행되고 있다.

마지막으로, 자율주행차량 업체들은 앞서 설명한바 있는 의도적인 교란 - 적대적 공격 - 에 대해서도 철저한 대비가 필요하다. 도로상의 정지 표지판에 붙여진 테이프나 낙서들로 인해 자율주행차의 물체 인식이 혼란을 겪을 수 있다는 사실이 수많은 잠재 고객에게 알려지고 전파되는 순간, 자율주행차를 길에서 흔하게 보게 되는 날은 훨씬 뒤로 미루어질 수밖에 없을 것이다.

법 집행 (Law Enforcement) 분야

AI 공격의 네 번째 중요 관심분야는 법 집행 분야이다. AI가 법 집행 및 치안유지를 위해 사용되는 예는 이미 여러 곳에서 목격되고 있다. 2018년 5월 19일, '세기의 결혼식'이라 불리며 많은 사람들의 관심을 모은 영국 해리 왕자와 할리우드 여배우 메건 마클의 결혼식이 영국 윈저성에 있는 세인트 조지 교회에서 열렸다. 영국 왕위 계승 서열 6위의 해리 왕자가 연상에다가 이혼 경력이 있는 할리우드 여배우, 마클을 만날 때부터 큰 화제를 모은 결혼식이었다. 세계 매스컴의 이목이 이곳에 쏠렸고 많은 방문객들이 이 로열 웨딩 현장을 찾았다.[16] 그리고 약 한 달 후 'ABC' 등 주요 언론들은 이 세기의 결혼식장에 아마존의 안면인식을 위한 기계학습 플랫폼(machine-learning platform)이 설치돼 있었다고 보도했다. 결혼식에 참석한 하객들의 신원을 일일이 다 확인하기 위해서다. 아마존 레코그니션이라고하는 기술에 탑재된, 2개의 얼굴 이미지를 이용해 동일인 여부를 분석해주는 얼굴 비교 기능, 여러 명의 사람 얼굴 이미지 중 같은 이미지만 뽑아낼 수 있는 얼굴 인식 기능이 '세기의 결혼식'에 이용된 것이다. 이후, 이러한 기술이 각계각층에서 많은 사람들의 우려를 불러일으키고 있다는 기사가 쏟아지고 있지만 한편으로는 이러한 첨단 안면인식 기술이 가져다줄 수 있는 효용성 역시 쉽게 무시되기 힘든 형국이다. 예를 들어, 공원이나 행사장에서 어린 아이를 잃어버렸을 경우 손쉽게 아이를 찾아낼 수 있으며 군중 안에서 수배자를 찾아낼 수도 있다. 그럼에도 2020년 6월 마이크로소프트사의 브래드 스미스 대표 겸 최고법률책임자(CLO)는 블룸버그 인터뷰에서 "우리는 인권에 기반을 두고 이 인공지능(AI) 얼굴인식 기술을 통제할 국가적 법률이 시행될 때까지 미국 경찰에 얼굴인식 기술을 공급하지 않기로 결정했다"고 했으며, 바로 전날 아마존도 앞으로 1년 동안 미국 경찰에 얼굴 인식 기술을 제공하지 않기로 결정하였다. 이와 같이 그 당시 미국 전역에서 시위를 촉발시킨 '조지 플로이드 사건'등 여러 인권 문제와 맞물려서 AI 시스템이 법 집행에 본격적으로 사용되는 것은 난항 중에 있기는 하나 방화 현장에서 방화용의자의 신원을 확인하는 등 제한된 인원으로 범죄 경고 신호를 조기에 감지하고 용의자를 더 빨리 검거하기 위해 인공지능 기술을 적극적으로 도입하는 사례가 늘어나고 있음을 부인하기는 어렵다.[17]

이러한 AI기반의 법 집행 도구들이 늘어남에 따라 사람들이 원치 않게 동선이 노출되는 등 범죄자들의 공격 타겟이 될 확률은 높아만 갈 것이다. 얼굴인식의 경우, 과거에는 용의자들이 머리카락을 자르거나 염색하는 등의 방법으로 법 집행기관의 눈을 피하고자 했다면 이제는 AI기반의 적대적 공격을 시도하게 될 것이다. 이미 여러 기관의 연구원들은 특수 제작된 패턴을 담은 안경이나, 마스크, 모자 등을 이용하여 AI기반 얼굴인식 시스템의 성능을 크게 저하시킬 수 있음을 보이고 있으며 얼굴인식 시스템이 경찰은 물론, 공항검색, CCTV 등으로 확장 보급됨에 따라 AI 공격의 대상 또한 급속히 증가하고 있음은 자명한 사실이다. 이와 같이 법 집행을 위해 필요한 대부분의 AI기반 시스템들은 민간회사의 제품으로 이루어질 수 있으므로, 보안 취약성을 해결하기 위한 책임감 있는 시스템 업그레이드라든가, AI공격과 같은 새로운 문제에 적절히 대응할 것이라 기대하기는 매우 어렵다. 법 집행기관만으로는 민간기업들이 열심히 대응할만한 충분한 시장 수요가 형성되기 힘들기 때문이기도 하다. 항상 '적'의 공격을 상정하고 움직이는 군사분야와는 달리, 법 집행분야에서의 AI공격 대응은 보안 환경 및 의식이 아무래도 높게 유지되기가 힘들 것이며 이는 이 분야에서의 AI공격 문턱을 상당히 낮추는 결과로 나타난다. 늘어나고 있는 테러리즘과 싸우는 주체가 군대라기 보다는 법 집행기관인 경찰임을 생각하면 이는 매우 우려스러운 상황이라 하지 않을 수가 없다.

의료분야

딥러닝 학습모델 성능의 비약적인 발전으로 인해 의료분야에서도 영상의학을 중심으로 하여 AI 모델들이 실제 임상현장에서 의사를 보조하여 진단능력을 높이고 작업의 효율성을 증대 시켜줄 것이라는 기대가 많다. 실제로 AI는 방대한 양의 의료 데이터를 분석하고 의사의 임상적 결정을 지원하는데 사용된다. 이미 많은 병원과 민간기업 등에서 의학 영상을 이용한 자동 진단 AI모델을 개발 중에 있으며 가까운 미래에 많은 딥러닝 기반의 자동 진단 프로그램들이 의료 환경에서 사용될 것으로 예상된다. 예를 들어, 안저영상으로부터 당뇨성 망막병증 (diabetic retinopathy) 을 진단하는 구글의 기계학습 기술이 안과전문의에 앞서거나 동등한 수준을 성능을 보이기도 하였으며[18] 영상의학이나 병리학 분야에서 딥러닝을 이용한 많은 연구가 이루어지고 있다.

그러나, 딥러닝 알고리즘이 내재적으로 가진 취약성으로 인해 의료진단 AI모델에 대한 적대적 공격(adversarial attack)의 가능성은 특히 생사를 다루는 의료분야에 딥러닝 알고리즘을 적용하는 데에 큰 걸림돌이 될 수 있다. 2018년 하바드 의대의 사무엘 핀레이슨 등은 안저영상, 흉부X레이영상, 피부영상 등 세가지의 의료영상 분석 기계학습 모델에 적대적 공격을 시도한 결과를 제시하였다.[19]

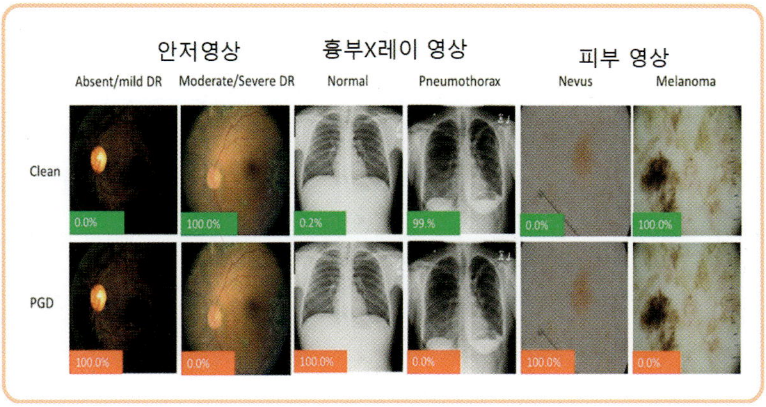

▲ **그림 29** 적대적 공격을 통해 AI기반 의료영상 인식 결과를 바꿀 수 있다.

출처 https://arxiv.org/pdf/1804.05296.pdf

그림 29에서 보듯이, 안저영상의 경우, 적대적 공격을 시도하지 않은 원래영상에 대해 이상이 없거나 가벼운 당뇨성 망막병증과 중등도 이상의 당뇨성 망막병증을 확실하게 구분해 내었으나 PGD라고 하는 기본적인 적대적공격 기술 적용시, 오히려 왼쪽 안저영상에 당뇨성 망막병증이 있는 것으로 반대되는 결과를 보이는 것을 알 수 있다.

즉, 적대적 공격 기술이 안저영상으로부터 당뇨성 망막병증을 진단하는 AI모델을 속이게 된 것이다. 뒤이은 흉부X레이영상과 피부 영상에 대해서도 적대적 공격 시도시 각각 기흉과 흑생종의 진단을 반대로 하는 것을 볼 수 있다. 그렇다면 이와 같은 적대적 공격 기술이 실제 의료환경에서 악용될 가능성이 있는 시나리오를 생각해보자. 먼저 의료보험의 부정 수급 문제가 있을 수 있다. 미래의 의료보험을 취급하는 기관이나 회사에서는 특정 의료행위의 정당성을 판정하기 위해 병원에서 보내오는 의료 영상을 인공지능으로 판독하는 시스템을 운용하게 될 것이고, 이때, 부정 수급을 꾀하는 측에서는 적대적 교란이 들어간 영상 (즉, 적대적 예제)을 보험회사에 보내서 보험회사의 AI 진단기가 질병이 있는 경우로 오인식하게 유도할 수 있다. 이 외에도 임상시험 참가자가 임상시험의 참여 조건에 적합하게 보이도록 참가자의 의료영상에 적대적 교란을 가할 수도 있으며, 임상시험 참가자를 선별하는 인공지능 모델에 적대적 공격을 시도할 수도 있을 것이다. 특히, 다양한 조도 상태와 햇빛 반사 등을 갖는 일반영상과 달리 의료영상은 영상의 조도, 대비, 찍히는 부위의 위치 등이 의료영상의 종류별로 거의 동일하므로 일반 영상에 비해 상대적으로 쉽게 적대적 예제의 생성이 가능하다는 점도 알아야 한다. 또한 의료영상분야는, 분야의 특성 상, 데이터가 풍부한 일반적인 영상에 대해 개발된 우수한 성능을 보이는 딥러닝 모델 구조를 이용하여 미세조정을 하거나 전이학습 등을 이용하여 개발되는 경우가 많으므로, 사용된 학습모델이 다양하지 못하고, 이는 화이트박스 공격을 당할 확률이 더 높아질 수 있음을 의미한다.

따라서 환자의 생명을 다루는 의료분야에서 견고하고 신뢰할 수 있으며 정확한 AI 시스템을 개발해야하는 당위성은 두말 할 나위가 없다. 견고한 AI 시스템은 의료진이 정보에 입각한 결정을 내리고 환자의 상태를 개선하며 궁극적으로는 생명을 구하는데 큰 도움이 된다.

금융분야

금융분야에서는 기존의 보안체계와 함께 인공지능을 이용하여 보안을 강화하고, 부정거래나 사기를 예방하고자 노력하고 있다. 또한 리스크 관리, 신용도 평가, 거래 분석 등 다양한 분야에서 인공지능이 이용되고 있다. 리스크 관리 분야에서는 인공지능을 이용하여 금융기관이 투자하는 자산의 위험을 예측하고 모니터링할 수 있으며 이를 통해 기관은 미리 위험요소를 파악하여 적절한 대응책을 마련할 수 있다. 신용도 평가 분야에서는 인공지능을 이용하여 고객의 신용등급을 예측하고 대출 승인 여부를 결정 할 수 있다. 거래 분석에서는 금융 빅데이터를 분석하고 금융 거래 패턴을 파악하여 부정 거래를 예측하거나 탐지하는데 인공지능을 사용할 수 있다. 뿐만 아니라 기계학습 모델을 이용하여 주가를 예측하고 시장 추세를 모니터링하며 위험관리를 할 수 있다. 이러한 주식투자에 사용되는 인공지능 기술로는 신경망, 자연어처리 모델, 강화학습 기술을 들 수 있다

AI 시스템이 내린 결정은 금융 시장, 기관 및 개인 투자자에게 상당한 영향을 미칠 수 있기 때문에 금융 분야에서 AI 견고성은 매우 중요하다. 금융 분야에서 AI는 사기 탐지, 위험 평가, 투자 분석 및 거래 전략과 같은 다양한 작업에 사용된다. 그러나 AI 시스템이 견고하지

않으면 잘못된 결정을 내려 재정적 손실이나 시장의 불안정으로 이어질 수 있다.

예를 들어 고속 알고리즘 거래(고주파 거래, High Frequency Trading)에 사용되는 AI 시스템은 충분히 강력하지 않으면 잘못된 예측을 하거나 예측할 수 없는 방식으로 시장 변화에 대응할 것이다. 또한 견고하지 않은 AI 시스템은 공격자가 시스템을 조작하여 부정확한 결과를 생성하고 시장 불안정에서 이익을 얻는 적대적 공격에 취약할 수도 있다.

AI 알고리즘이 실패하면 그 결과는 걷잡을 수 없이 커질 수 있다. 2013년 4월 23일, 시리아 해커들은 AP통신 트위터 피드를 해킹하고 "브레이킹: 백악관에서 두 차례 폭발이 있었고 버락 오바마가 부상당했다"는 트윗을 올렸다. 이러한 간단한 트윗에 대한 응답으로 다우존스 산업평균지수는 1,360억 달러 하락했다(이 하락은 3분 후에 반전되었지만). 하락에 대한 전체 이야기는 확실히 모르지만, 한 가지 원인은 트윗을 신뢰할 수 있는 것으로 평가하여 많은 사람들이 그 내용을 기반으로 거래를 하게 만든 분석 알고리즘이었다. AI 기반 자동화된 신용평가, 대출심사, 보험심사가 머지않아 본격화 될 것이다. 금융소비자의 권익 보호(설명과 알 권리, 차별 금지, 프라이버시, 이해충돌의 방지 등)와 이를 통한 금융 시장에 대한 신뢰성 유지를 위해 금융분야에서의 적대적 공격에 대한 방어 기술의 확보가 매우 시급하다.

견고한 AI 시스템은 금융 기관이 정보에 입각한 결정을 내리고, 사기를 감지 및 방지하고, 효과적인 투자 전략을 개발하여 보다 안정적인 금융 시장과 투자자에게 더 나은 결과를 제공하도록 도울 수 있다.

전통적인 사람기반 작업 분야

일곱 번째 공격 취약 분야는 운전이나 택배, 공장 생산직 등, 전통적인 사람기반 작업이 인공지능으로 대체가 이루어지고 있는 분야이다. 관련된 모든 응용이 그러한 것은 아니지만, 예를 들어, 안전을 위해 AI에 크게 의존하도록 만들어지고 있는 자율주행 차량이 AI 공격을 받는다면 오히려 수백만 명이 위험에 노출될 수도 있다. 민간기업이 구축하여 운영하고 있는 공항의 자동 신원조회 및 세관 키오스크 역시 인공지능에 의존하며 이에 대한 적대적 공격은 하늘과 국경의 안전을 위협할 수 있다. 비록 AI적대적 공격에 의한 것은 아니었지만 우버의 자율주행차가 아리조나주 탬퍼에서 보행자를 치어 사망하게 한 사고에서 보듯이 자율주행차가 AI공격을 받는 경우에 일어날 피해의 범위를 상상하기는 그리 어렵지 않다.

그럼에도 불구하고, 민간회사의 사이버 보안에 대한 해결능력이나 의지는 매우 보잘것없고 필요한 보안 문제에 거의 주의를 기울이지 못하는 것으로 드러나고 있다. 이는 정책입안자들이 인공지능 시스템들의 상업적 발전에 대한 기술 동향을 잘 파악하고 이해해야 함을 의미하기도 한다. 더욱이, 일반기업들이 자신이 잘하는 분야에 더욱 집중하게 되어 분야별 독점이 이루어지는 경우도 적지 않은데, 이 경우 제3자에 의해 제공되는 공유기술이 장착된 많은 인공지능 시스템들이 AI공격을 받을 때 일어날 피해의 범위는 더욱 증폭될 수 있는 것이다. 따라서 이제 독점의 문제는 경제적 측면만이 아니라 사회안전의 측면에서도 고려되어야 할 주제가 된다.

시민사회 분야

인공지능에 대한 적대적 공격이 무조건 나쁜 것이라고 생각할 수는 없다. 상황에 따라, 적대적 공격을 실행하는 주체에 따라 이 기술은 시민사회에 도움이 되기도, 해가 되기도 하는 것임을 쉽게 알 수 있다. 예를 들어, AI를 시민을 추적하고, 통제 및 위협하는 방법으로 사용하는 억압적인 정권하에서 AI에 대한 적대적 공격은 이러한 억압적인 AI 시스템에 맞서 안전과 자유를 증진시킬 수 있는 보호의 원천이 된다. 반면에 행동이 의심스러운 용의자를 찾기 위해 AI를 적용한 경찰의 탐지를 피하기 위해 용의자가 AI공격용 안경을 쓰는 것은 사회 안전에 위협이 되는 것이다. 이는 적대적 방어에 있어서도 같은 문제를 일으킨다. 억압적 정권에 의해 운용되는 AI에 대한 적대적 공격은 시민들을 억압에서 해방시켜 줄 수 있지만, 억압적 정권은 적대적 방어 능력을 향상시켜 계속 압제적 상황을 유지할 수 있을 것이다. 이러한 적대적 공격의 이중적 본질을 시민사회가 제대로 이해할 수 있도록 지속적인 교육과 논의가 이루어져야 할 것이다.

3.3
적대적 공격에 대한 방어 기법들

앞에서 소개한 바와 같이 인공지능에 대한 적대적공격에 대한 대비가 이루어지지 않는다면 자동차들이 사거리에서 빨간 신호등을 무시하고 달리거나, 정찰 임무에서 적의 활동을 감시하는 드론이 제 기능을 못하거나, 소셜 네크워크에서 테러리스트 모집 선전을 게시하기 위해 콘텐츠 필터를 무력화하는 모습을 지켜보고만 있어야 할 것이다. 이러한 위험은 이미 우리 곁에 매우 가까이에 와있는 상태이다. 물론 모든 인공지능이 선한 용도로만 구축된다고 말할 수 없기 때문에 적대적 공격 자체를 무조건 '나쁜 기술'로 단정해서 말 할 수는 없다. 예를 들어, 아군의 주요 인물을 암살하기 위하여 적군이 얼굴인식 인공지능을 탑재한 드론을 보낸 경우, 상대의 얼굴인식 인공지능을 속이기 위해, 즉 우리 측을 보호하기 위해 적대적공격 기술이 사용될 수도 있는 것이다.

적대적 공격 기법들 중 현재 가장 많은 연구가 진행 중인 회피공격에 대한 방어 기법들은 크게 세 가지 접근 방식으로 나누어 볼 수 있다. 지금부터 어떻게 적대적 공격을 방어할 수 있는지 알아보도록 하자.

데이터 전처리 방법

❖ 입력 이미지 전처리를 통한 적대적 교란 노이즈의 영향 줄이기 (Pre-processing-based adversarial defense)

이미지에 더해진 적대적 교란 노이즈는 이미지에 대한 노이즈 제거 처리 (디노이징) 또는 임의 크기로의 이미지 축소와 같은 이미지 전처리를 거치면 적대적 교란 능력을 상실할 수 있다. 디노이징을 우선으로 하는 전처리 방어 기법들은 초기에는 JPEG과 같은 압축기법을 적용하다가 이후 GAN과 같은 생성 모델을 사용하여 적대적 이미지를 깨끗한 이미지 분포를 따르는 이미지로 바꾸어 디노이징하는 기법들이 제안되었다. 또한 교란 노이즈를 줄이는 것을 주요 목표로 하기보단 이미지의 크기 변환 등 임의로 다양하게 변형시킨 이미지들에 대한 모델의 예측값들을 종합하여 결과를 내는 기법도 나왔는데

이것은 적대적 노이즈가 이러한 다양한 입력 이미지 변형으로 인해 무력화되는 것을 전제로 한다. 이러한 이미지 전처리를 통한 방어 기법들은 대개 방어 성능의 추가적인 향상을 위해 적대적 모델 학습과 같은 다른 종류의 방어 기법들과 함께 적용될 수 있다는 장점이 있다.

그러나 입력 이미지의 변형 정도가 커지면 적대적 예제가 아닌 일반적인 이미지들에 대한 정확도도 낮아질 수 있다. 또한 이미지 변형을 기반으로 하는 많은 적대적 방어 기법들은 사용된 이미지 변형이 무엇인지 공격자가 사전에 아는 경우를 가정할 때, 해당 방어를 뚫기 위한 강력한 적응형 공격에 의해 쉽게 우회될 우려가 있다. 실제로 다수의 이미지 전처리 기반 방어 기법들은 이후에 제안된 강력한 적대적 공격 기법 또는 적응형 공격에 의해 우회된 사례가 다수 존재한다.[20]

방어 기법은 공격자에게 그 기법이 알려져도 여전히 그것을 우회하지 못할 때만 강건하다고 말할 수 있기에 최근의 이미지 전처리 기반 방어 기법들은 이러한 적응형 공격에 대한 실험을 통해 방어 성능을 입증하고 있다.

❖ 적대적 공격이 들어간 이미지 탐지하기 (Adversarial Detection)

모델을 적대적 예제로부터 강인하게 만드는 것 대신에 본래의 학습된 모델에 추가적인 매커니즘이나 모듈들을 도입하여 주어진 이미지가 적대적 예제인지 탐지하는 기법들도 있다. Feature Squeezing은 그 방법 중 하나로 Xu 등이 제안하였다.[21] 그들은 딥러닝 학습모델에 별도로 다음과 같은 두 개의 기능을 추가하였다. 1) 영상의 인코딩을 단순화하여 표현 색상의 깊이(depth)를 축소하고, 2) 영상에 대해 공간적 평활화(smoothing) 필터를 적용하였다. 이로써 주어진 원본 영상과 위의 과정으로 표현이 압축된 영상에 대한 학습 네트워크의 추론 결과를 비교하여 두 결과 간에 큰 차이가 발견되면 주어진 영상이 적대적인 예시라고 간주하는 방식이다. 다른 한 편으로 적대적 예제가 일반적인 이미지와 구분되는 특이한 통계적 특성을 발견하여 이를 활용해서 탐지하고자 하는 기법도 제안되었다.[22] 그러나 이와 같은 적대적 공격 탐지 기법들은 전처리에 기반한 적대적 방어 기법과 마찬가지로, 이들을 아는 공격자를 가정한 적응형 공격에 대해서 쉽게 우회되는 경우가 많아 적응형 공격에도 변함없이 강건한 탐지 기법에 대한 연구 개발을 필요로 하고 있다.

모델 학습방법 변경

◆ 적대적 공격 이미지를 훈련 데이터로 사용하는 방법 (Adversarial Training)

적대적 공격을 고려하지 않은 일반적인 딥러닝 모델의 학습과정은 훈련 데이터를 크게 수정하지 않지만, 적대적 공격을 대비하기 위해서 훈련 데이터를 수정하여 사용하는 방법을 떠올릴 수 있다. 이를 위해 생각해볼 수 있는 가장 간단한 방법은 적대적 공격이 된 이미지를 훈련 이미지로 활용하는 것이다(그림 30). 다시 말하자면, 모델을 속이게끔 최적화된 이미지를 다시 제대로 판단하도록 유도하는 것이다. 이렇게 학습하면 모델 입장에서는 잘못 판단하도록 최적화된 데이터를 제대로 판단하게끔 훈련이 되며 가장 최악의 경우(worst case)를 대비하는 방법이라고 할 수 있겠다. 이 방법은 현재까지 적

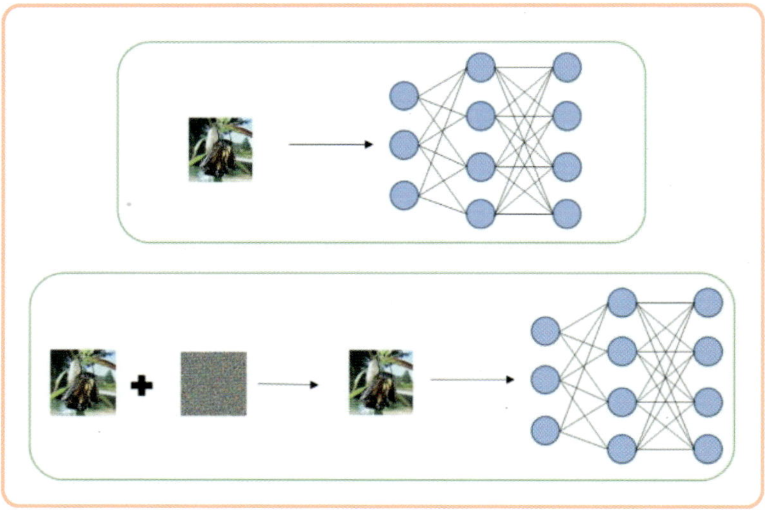

▲ **그림 30** 적대적 예제를 훈련데이터로 삼아 학습을 하면 적대적예제에 강인한 모델을 만들 수 있다.

대적 공격을 방어하는 방법 중 성능이 가장 우수하게 나오는 방법이다. 하지만 이 방법들은 모델이 학습하는 과정 내내 적대적 이미지를 생성하고 이를 다시 학습에 사용해야 하므로, 적대적 공격을 고려하지 않은 일반적 모델의 학습과정보다 시간이 오래 소요되는 단점도 존재한다. 최근 연구에서는 적대적 이미지를 생성하는 시간을 단축하여 전체적인 학습시간을 줄이는 방안들이 제안되고 있으며, 더욱 강건한 모델을 만들기 위해 훈련 과정에 적대적 이미지를 이용하는 것에 더해 모델의 구조 등을 수정하는 방안도 제안되고 있다.

❖ 방어를 위해 한 가지 모델이 아닌 여러가지 모델을 사용하는 앙상블 기법 (Ensemble)

주어진 하나의 모델을 적대적 공격에 강인하게 만드는 방법들이었다. 그러나, 둘 이상의 모델을 서브 모델로 사용하는 앙상블 모델을 만들어 방어 성능을 높일 수 있다. 예를 들어, 세 종류의 서브 모델을 사용해서 다수결로 판단을 내리는 앙상블 모델이 있다고 하자. 공격자의 입장에서는 세 서브모델 중에 둘 이상의 서브모델에 공격을 성공해야 최종 판단을 뒤집을 수 있다. 따라서, 이 앙상블 모델은 하나의 서브모델만 가지고 판단을 내리는 모델에 비해 적대적 공격에 덜 취약하다.

그렇다면, 어떠한 서브모델을 사용해서 앙상블 모델을 구축하는 것이 방어 성능 측면에서 이득일까? 만약, 여러 서브모델을 사용하지만 모든 서브모델들의 추론 과정이 똑같아서 모두가 항상 같은 판단만 내린다면, 하나의 서브모델을 사용하여 판단을 하는 것과 다를 것이 없다. 그러므로 서브모델들 간의 추론 과정은 서로 다른 것이 좋다. 그렇다고 해서 공격에 취약한 낮은 성능의 서브모델은 오히려 잘못된 판단에 기여할 수 있으므로 좋지 못하다. 이런 앙상블 모델은 공격에 강인한 하나의 서브모델만으로 이루어진 모델보다 안 좋을 수 있다. 그러므로 앙상블 모델을 만들 때에는, 각각의 서브모델의 방어 성능은 높이되 서로의 추론 방식은 다르게 하는 것이 좋다.

여기서, 서로의 추론 방식을 다르게 하기 위해서는 어떻게 하는 것이 좋을까? 가장 손쉬운 방식으로는, 서브모델의 네트워크 구조를 다르게 하는 방법이 있다. 같은 학습 과정을 사용해도, 네트워크 구조가 다른 모델은 순전파와 역전파 연산이 서로 다르므로, 자연스럽게 서로 다른 추론 방식을 사용하여 판단을 내리게 된다.

이러한 간단한 방식 외에 학습 과정 자체에서 추론 방식을 다르게 하여 강한 앙상블 모델을 만드는 방법이 계속 연구되고 있다. 이를 위해서는 보통 학습 과정에서 각 서브모델간의 교류를 통해 추론 방식을 다르게 한다. 구체적으로는, 서브모델간의 적대적 부분 공간의 교집합을 줄이는 정규화 항을 추가하여 학습함으로써, 서브모델끼리 공유하는 적대적 부분 공간의 차원을 낮춰 서브모델의 다양성을 높이는 방법이 있다.[23] 서브모델들이 서로 다른 특성 집합을 사용하여 예측하도록 학습을 진행하여, 서브모델 간에 특성 레벨에서 다른 추론 근거를 갖도록 하는 방법도 있다.[24] 서브모델간 손실 함수 그래디언트 유사도를 줄이고 모델의 매끄러운 정도를 증가시켜 서브모델 간의 전이성을 줄여서 추론 방식을 다르게 하는 방법도 있다.[25]

보증된 적대적 방어 (Certified Adversarial Defense)

만약 입력에 작은 노이즈가 더해졌을 때의 AI 모델의 결과(즉, 출력값)와 노이즈가 없었을 때 AI모델의 결과가 서로 다르다면 적대적 공격이 성공하였다고 볼 수 있다. 그렇다면 입력에 노이즈가 더해졌을 때 결과값이 달라지지 않도록 유도한다면 어떻게 될까? 이것이 성공하기만 한다면 어떠한 공격을 당하더라도 우리는 AI 모델이 결과 값을 다르게 출력하지 않도록 유도했기 때문에 방어에 언제나 성공할 것이다.

보증된 적대적 방어(Certified Adversarial Defense)는 주어진 이미지에 대해 특정 미리 정의된 입력 변화 범위 내에서 모델이 적대적 예제에도 모델의 출력값이 변하지 않는다는 것을 수학적으로 보장할 수 있다. 즉, 보증된 적대적 방어는 특정 범위의 입력 변경 내에서 모델이 적대적 공격으로 인해 잘못된 예측을 내놓지 않는다는 것을 보장한다.

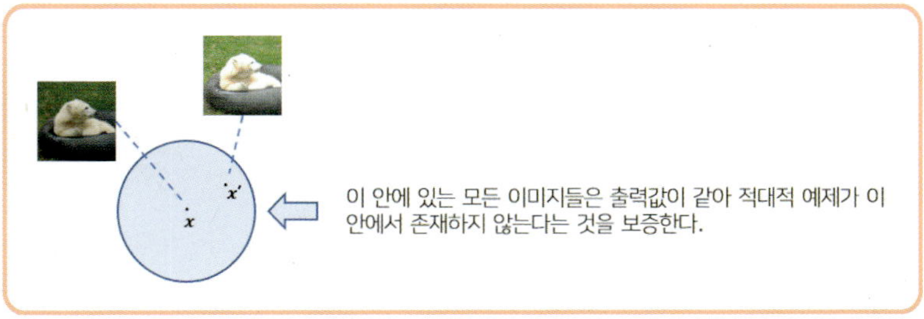

▲ **그림 31** 영상의 모든 화소값들을 표현하는 벡터공간, 그림에서는 이해를 돕기 위해 2차원으로 그려졌으나 실제로는 영상 내의 화소 수만큼의 차원을 갖는다

즉, 위 그림과 같이 영상의 모든 화소값들을 표현하는 벡터공간 내에서 영상 x의 주변 변화 범위 내에서는 모델이 적대적 예제에도 출력값이 변하지 않는다. 따라서 모델이 이미지를 제대로 분류한다면 어떠한 공격 노이즈에 대해서도 출력이 동일하여 적대적 공격이 방어된다.

이때, 노이즈를 엄청나게 크게 가하면 이미지가 시각적으로 크게 변화될 수 있기 때문에 노이즈의 크기, 즉, 각각의 화소값이 변할 수 있는 정도는 상한이 정해져 있다는 것을 기억하자. 이러한 제한은 일반적으로 원본과 변형된 입력 데이터 간의 최대 절대 차이를 측정하는 l_∞ 노름(L-infinity norm)과 같은 척도를 사용하여 정의된다. 즉 두 영상을 같은 위치에 있는 화소별로 비교할 때 가장 큰 차이가 나는 값을 l_∞ 노름이라 한다. 다음으로는 앞에서 정의된 변동 범위 내에서 적대적 공격에 견고하도록 기계 학습 모델을 추가 제약 조건과 함께 학습시킨다. 이것은 후술할 무작위 스무딩이나 내부 경계 전파를 통한 방어와 같은 기술을 사용하여 이를 달성할 수 있다. 그 다음에는 훈련된 모델에 대해 지정된 변동 범위 내에서 적대적 공격에 대한 견고함을 수학적으로 확인하는 작업이 수행된다. 이것은 다시 말해 입력 데이터가 최대 허용량만큼 변형되었을 때 모델의 예측이 정확하게 유지되는지 확인하는 작업이다. 이러한 보증된 적대적 방어기법을 좀 더 자세히 알아보도록 하자.

무작위 스무딩 기법 (Randomized smoothing)

무작위 스무딩 기법은 어떠한 입력이 주어졌을 때, 이에 대한 결과를 바로 판단하지 않으며 이 입력에 대해 노이즈를 더해 만들어지는 여러 개의 입력에 대한 판단을 한다. 예를 들어 AI 모델에 한 개의 이미지가 주어졌다고 가정해보자. 그러면 무작위 스무딩 기법은 이 한 개의 이미지에 대해 무작위의 노이즈를 더해 여러 개의 노이지 이미지(noisy images)를 만들어 내며, 이 여러 개의 이미지에 대한 결과를 통합하여 최종적인 결과를 낸다. 좀 더 쉽게 이해를 하기 위해 예시로 100개의 노이지 이미지가 만들어졌다고 가정해보자. 이 100개의 이미지는 원래 1개의 이미지로부터 파생된 것으로 모두 비슷한 모습을 하고 있을 것이다. 이 100개의 이미지에 대해 AI 모델이 80 개는 곰, 15개는 판다, 5개는 개라고 판단한다면, 원래 1개 이미지에 대한 결과는 곰이라고 최종 결정을 내리게 된다. 즉, 어떠한 이미지가 주어졌을 때 이를 바로 곰이라고 확신하기보다 주변에 있는 이미지들로부터 결과를 통합하여 좀 더 보수적인 결정을 내리는 것이다.

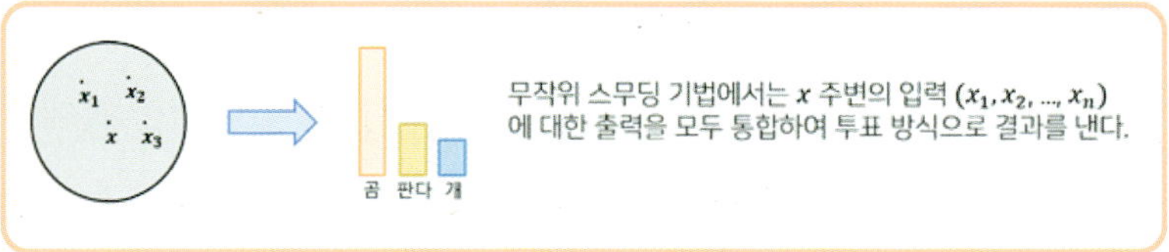

▲ **그림 32** 무작위 스무딩 기법

이러한 방식이 잘 작동하려면 위의 예시에서 노이즈가 더해진 이미지들에 대해서도 모델이 잘 학습되어야 할 것이다. 따라서 무작위 스무딩 기법을 위해서는 모델을 학습시킬 때 이미지에 노이즈를 더해 추가적인 이미지들을 만들고, 이러한 이미지들을 다시 제대로 분류하게끔 하는 과정이 추가된다. 연구자들은 이런 방식으로 노이즈를 더하면서 모델을 학습을 하며, 결과를 통합하는 방식은 입력 주변의 노이즈가 더해진 데이터에 대해서도 모두 동일한 결과를 낸다는 것을 증명하였다. 따라서 입력 주변에 공격 노이즈를 더해도 공격이 통하지 않게 되는 것이다. 하지만 이때, 입력 주변의 상한값이 무작위 스무딩 기법으로 학습된 AI 모델의 확신 정도와 관계가 있기 때문에 적대적 방어가 완벽해진 것은 아니다. 가령, AI 모델이 곰이라고 확신하는 정도가 60%정도에 불과하다면, 동일한 결과를 내게 되는 보증된 상한값이 그에 따라 작아지기 때문에 공격 노이즈가 더 커지게 되면 방어를 보증할 수 없다. 또한, 예측을 위해 각 입력에 대해 여러 노이즈 샘플을 평가해야 하기 때문에 계산 비용이 더 커지게 된다는 단점도 존재한다.

❖ 내부 경계 전파를 통한 방어

내부 경계 전파(Interval Bound Propagation (IBP))은 적대적 공격에

대한 특히 딥 러닝 모델의 견고성을 보장하기 위해 보증된 적대적 방어에 사용되는 방법이다. 내부 경계 전파의 기본 아이디어는 적대적 공격으로 인한 입력 교란을 고려하여 신경망의 각 계층에서 가능한 출력 값의 범위를 추적하는 것이다. 그렇게 함으로써 내부 경계 전파는 모델의 출력에 대한 상한과 하한을 제공하여 특정 범위 내에서 적대적인 예에 대한 모델의 견고성을 인증할 수 있다.

가령, 그림 33과 같이 네트워크는 입력의 변화에 따른 모델의 출력의 변화를 측정하고, 이를 제한하여 상한과 하한을 결정하게 된다. 아래 그림에서 이러한 출력의 변화에 대한 상한과 하한을 다각형으로 표현하였다. 내부 경계 전파방법은 이러한 상한과 하한을 계산하여 출력 값의 범위를 추적하고, 이 범위 내에서 최종 출력값이 변하지 않도록 모델을 학습시킨다.

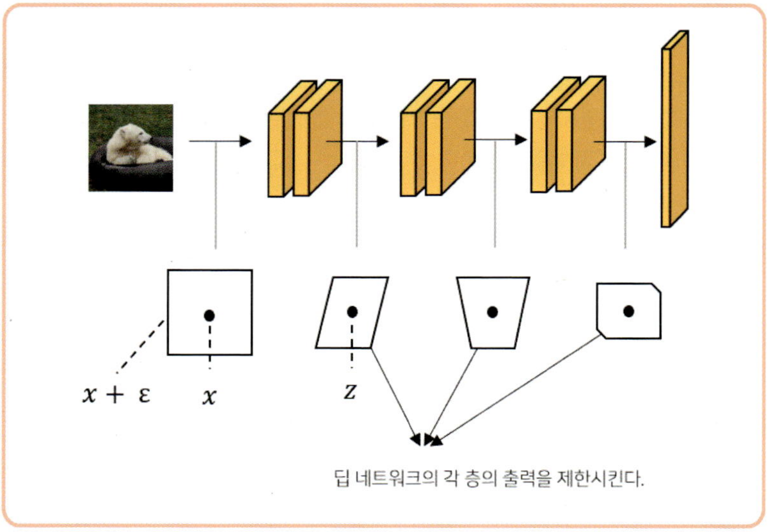

▲ **그림 33** 내부경계 전파를 통한 방어

내부 경계 전파 방법은 다음과 같은 단계로 모델의 견고성을 인증할 수 있다.

1) 각 계층의 출력 경계 계산: 신경망의 각 계층에 대해 입력 섭동 범위를 기반으로 출력 값의 상한 및 하한을 계산한다. 이는 각 계층의 활성화 함수와 가중치를 고려하여 네트워크 계층을 통해 입력 섭동 범위를 전파함으로써 수행된다.
2) 최종 레이어의 출력 경계 결정: 모든 레이어의 출력 경계를 계산한 후 최종 출력(즉, 모델의 예측)의 상한 및 하한을 결정한다. 이러한 범위는 입력 섭동 범위가 주어진 가능한 예측 범위를 나타낸다.
3) 모델의 견고성 인증: 최종 계층의 출력 경계가 다른 클래스 간에 겹치지 않는 경우 모델은 지정된 입력 섭동 범위 내에서 적대적 공격에 대해 강력한 것으로 간주된다. 즉, 입력 데이터에 적대적인 노이즈가 추가되더라도 노이즈가 미리 정의된 범위 내에 있는 한, 모델이 올바른 예측을 수행할 것이 보장된다.

내부 경계 전파 기법은 신경망 전체에서 가능한 출력 값의 범위를 추적하여 보증된 적대적 방어를 제공하는 강력한 방법이다. 그러나 내부 경계 전파 기법 또한 딥 네트워크에 대한 출력 경계 계산 과정에서의 복잡성이 계산 비용 증가로 이어지는 것이 주요 단점으로 꼽힌다.

3.4 최근 연구 동향

적대적 견고성을 다루는 적대적 공격과 방어 모두 학계에서 활발히 연구되고 있다. 블랙 박스 공격에서는 크게 1) 쿼리 기반 적대적 공격에서 필요한 쿼리 수를 더 줄이는 방향 2) 적대적 예제의 전이성을 향상하여 다른 모델로의 공격 성공률을 더 향상하는 방향으로 연구되고 있다. 또한 이미지 생성 모델을 활용해서 작은 노이즈로 제한된 크기의 변형을 주는 것이 아니라 눈으로 보기엔 자연스럽지만 더 큰 변형, 예를 들어, 화장, 포즈 변화 등을 주어 적대적 예제를 찾는 쪽으로의 연구도 활발하다. 디지털 세계를 넘어서 적대적 위장 패턴 등을 활용한 물리적 세계의 적대적 공격에서는 부착되는 패턴이 더 자연스럽고, 어떤 환경 변화에서도 더 강건하게 공격할 수 있도록 하는 쪽으로 연구가 많이 진행되고 있다.

적대적 방어는 적대적 학습에 필요한 시간을 줄이기 위한 효율성 향상과 더불어 정확도를 잃지 않으면서 방어 능력을 더 높이기 위한 노력으로 조금씩 발전하고 있다. 또한 적대적 방어 기법은 l_∞-norm과 같이 한 가지 종류의 제한된 입력 노이즈에 대해서만 강인한 것이 아니라 모델이 더 일반적인 입력 이미지 변형에 대해서 강인해 질 수 있도록 하는 연구가 많이 진행되고 있다. 이와 같이 적대적 공격과 방어 기법들은 더 일반적인 경우를 효과적 그리고 효율적으로 다룰 수 있도록 하는 방향으로 연구가 많이 진행되고 있으며 이들의 경쟁적인 향상은 궁극적으로 AI 모델의 견고성을 향상하여 더 신뢰할 수 있는 AI 모델을 만드는데 기여하고 있다.

CHAPTER
04

결과에 대한 이유를 알고 싶다: 설명가능한 인공지능(AI Explainability)

정 판사는 지금 군사법정의 판사석에 근엄한 표정으로 앉아있다. 얼마전 DMZ 부근의 민북지역에서 일어난 민간인 피해 사건으로 인함이다. 아군의 무인 정찰기가 수풀속에서 갑자기 나타난 트랙터를 적의 장갑차로 오인한 탓에 대응 발포한 아군의 포격에 트랙터를 몰던 민간인이 희생을 당하고 말았다. 정 판사는 머리가 복잡하다. 부대본부에서 무인기가 보내온 물체 인식 결과를 믿고 곧바로 발포 명령을 내린 사단장에게 책임이 있는 걸까. 트랙터를 적의 장갑차로 오인한 무인기에게 책임을 물을 수는 없으니, 무인기 개발회사에 책임을 물어야할까. 어쩌면 무인기의 영상인식 기술 수준을 제대로 파악하지도 못하고 무인기를 들여온 군 장비 보급 관계자에게 책임을 물어야할까. 사단장의 성급함이 문제인가 무인기에 장착된 인공지능의 판단 오류가 문제인가. 후자라면 트랙터의 식별이 어려울 정도로 주변 환경이 열악했던 것일까, 아니면 탑재된 AI모델에 근본적인 결함이 있는 것일까. 정 판사는 과거에는 겪어보지 못했던 어려운 상황에 직면하게 되어 참으로 아리송한 상태이다. ■

설명가능 인공지능이 필요한 이유

최근 인공지능 기술은 얼굴 인식, 영상 내 객체 검출, 자연어 처리를 통한 자동 번역 등과 같은 문제에 대하여 사람이 해결하는 것과 비슷하거나 더욱 뛰어난 성능을 보여주고 있다. 이처럼, 인공지능 기술이 많은 연구 분야에서 탁월한 성능을 보여주고 있기 때문에 자율 주행 자동차나 자동 번역 시스템 등 다양한 산업 분야에서 이를 응용하고자 하는 기대가 사회 전반적으로 크다. 하지만 이러한 기대에도 불구하고 인공지능 기술을 실제로 응용하는데 큰 한계가 있는데, 이는 최근의 뛰어난 성능을 보여주는 방법들은 대부분 내부에서 일어나는 의사 결정 과정이 불투명하다는 것이다. 인공지능의 결정 과정에 대한 설명이 부족하면, 인공지능을 통해 생성된 결과 또는 예측에 대하여 분석을 할 수 없으며, 그에 따라 인공지능을 안전하게 여기고 사용하기가 어렵게 된다. 설명 가능한 인공지능(Explainable AI, XAI) 이란 인공지능 모델의 판단에 대한 이유를 사용자가 이해할 수 있는 방식으로 변화시켜서, 인공지능 기술의 신뢰성을 높이는 연구 분야이며 해석 가능한 인공지능(Interpretable AI)이라고도 부른다. 설명가

▲ **그림 1** 설명가능 AI는 블랙박스라고도 불리우는 AI를 행동을 이해하는데 도움을 준다

출처 NVIDIA 블로그 홈페이지

능 인공지능이란 용어는 2004년에 마이클 밴 렌트 등이 처음 사용하였다고 한다. 굳이 미묘한 차이를 들어서 설명가능성의 정의가 해석가능성을 포함한다고 보기도 하지만 대부분의 경우 두 용어를 구분없이 사용하고 있다.[1] 이와 같이 설명 가능한 인공지능을 이용하여 사용자들은 시스템이 의도대로 동작하고 있는지 확인하고, 의외의 동작에 대한 해석을 받을 수도 있게 된다. 이를 통해 더 안전하고 신뢰성 높은 모델을 개발할 수 있다.

최신 인공지능 시스템이 개인 및 공공 영역의 다양한 응용분야에서 자동화된 의사 결정에 널리 사용됨에 따라 인공지능 시스템은 시스템의 결과가 사람들의 삶에 중대한 영향을 미칠 수 있는 영역을 포함하여 이제는 자동화된 신용 평가, 의료 진단, 고용 및 자율 주행 등 미치지 않는 영역을 뽑기 힘들 정도로 실세계에 사용되고 있다. 동시에 인공지능 시스템도 점점 더 복잡해지고 있어 결론에 도달하는 방법을 분석하고 이해하기가 점점 더 어려워지고 있다. 복잡성의 증가와 그에 따른 해석 가능성의 부족은 특히 안전이 요구되는 환경에서 인공지능 시스템을 사용하는 데 근본적인 신뢰의 문제를 제기한다. 예를 들어, 국방 분야의 경우, 인공지능의 잘못된 인식이나 판정은 수많은 사람의 억울한 희생을 가져올 수도 있으며, 이러한 예기치 않은 결과에 대한 책임 소재를 가리기 역시 매우 어렵다. 잘못된 결과에 대해 인공지능 개발자에게 책임을 물을 것인가 최종 공격 결정을 내린 작전지휘관에게 책임을 지울 것인가, 아니면 직접적으로 공격을 가한 병사에게 책임이 있는가. 군 지휘관이 군법정 재판관 앞에서 자신의 행동을 설명하는 경우, 그 결정이 어떻게 내려졌고 그것이 우리가 설정한 기준에 부합하는지 평가하는 과정을 필요로 하게 된다. 만일 그러한 해석을 제공할 수 없는 인공지능 시스템의 경우 결정에 대한 책임 소재를 가리는 일은 가능하지 않을 수도 있다. 금융분야의 경우, 최근 은행들은 고객의 신용을 확대할 지의 여부와 대출한도를 결정하는데 AI를 사용한다. 병원의 영상의학과에서는 체내의 건강한 조직과 종양을 구분하는데 AI를 활용하고 있으며 기업내 인사 부서에서는 AI를 사용해 수백 개의 이력서를 정리해 1차 심사를 마친다. 위와 같은 일들은 업계 전반에서 AI가 쓰이는 현황을 보여주는 몇 가지 사례에 불과하다. AI를 사용하는 기업과 정부의 AI에 대한 의존도가 점차 늘면서, 최종 결과에 대한 확신을 얻기 위해, 좋지 않은 결과를 받아 든 환자나 채용 과정에서 차별을 이유로 소송을 제기하는 지원자에게, 낮은 신용 한도를 받은 은행고객에게, 결정에 대한 제대로 된 이해를 주기 위해, 베일에 가려진 AI 모델이 어떻게 의사결정을 내렸는가를 이해할 필요성이 점차 커져가고 있다.

인공지능 모델들의 의사 결정을 이해하기 힘든 이유가 무얼까. 데이터에 의존하는 기계학습 이전에 사용되던 AI 시스템의 대표적인 예로는 룰 기반 시스템을 들 수 있다. If-else문을 이용하여, 예를 들어 만일 실내에 설치된 조도센서의 측정치가 설정값 아래이면 실내 조명을 켜고 그렇지 않으면 조명을 끄는 식이다. 이 경우 이러한 자동화된 장치의 동작에 대한 분명한 이해가 가능하다. 또 다른 예로는, 매우 단순한 선형 모델이 있다. 영업사원의 월급여를 책정하는 단순한 기계학습 모델을 생각해 보자. 매달 일한 시간과 제품 판매량을 입력변수로 하고 각각에 가중치를 곱해서 최종 더한 값으로 월급을 정한다고 하면 누구든 그의 월급이 책정된 원리를 쉽게 이해할 수 있다. 경영진에서 중요하게 고려하는 사항이 업무시간과 판매량이라는 것과 만일 업무시간에 대한 가중치가 더 크다면 경영진은 판매 갯수에 연연하기 보다는 영업사원의 성실함에 더 큰 가치를 두고 있다는 것도 이해할 수 있을 것이다. 반면, 데이터에 의존하는 기계학습 모델들은 많은 수의 데이터를 받아 데이터의 특성을 나타낼 수 있는 통계 모델을 사용한다. 특히 최근 유행하는 딥러닝이라고 하는 모델은 심층신경망이라는 여러 계층과 노드들로 구성된 매우 복잡한 형태를 띠는 통계 모델이다. 이는 과거와는 달리, 훨씬 더 많은 매개변수가 있으며 각 매개 변수는 모델이 예측하려는 결과에 설명 변수 (위의 예에서 일한시간이나 판매량)를 직접 연결하는 대신 다른 여러 매개 변수와 복잡한 방식으로 연결된다는 것을 의미한다. 이러한 복잡성은 바로 양날의 검이 되어, 한편으로 모델은 영상인식, 음성인식, 자연어번역, 자율주행, 바둑게임을 포함하여 이전에 컴퓨터로는 불가능하다고 생각했던 문제를 해결할 수 있게 된 반면 구형 또는 단순한 과거의 AI 시스템과 달리 각 모델의 내부 기능은 이해하기가 매우 어렵게 되었다 (그림 2 참조). 여기서 우리는 흔히 인공지능을 블랙박스와 같다고 표현하는 것을 떠올릴 수 있을 것이다. 하지만 딥러닝 개발자들은 딥러닝 모델의 각 은닉층의 노드와 노드간의 가중치들을 쉽게 들여다 볼 수 있다는 사실도 우리는 알고 있다. 이것이 인공지능에 요구되는 또 하나의 속성인 투명성(transparency)이다. 이것은 마치 우리가 X-ray나 CT 사진을 통해 사람의 심장이나 뼈 등 내부를 들여다 볼 수 있는 것과 같다. 그렇다면 적어도 개발자들은 딥러닝 모델의 내부를 완벽히 들여다 볼 수 있는데 대체 무엇이 이해하기가 힘들

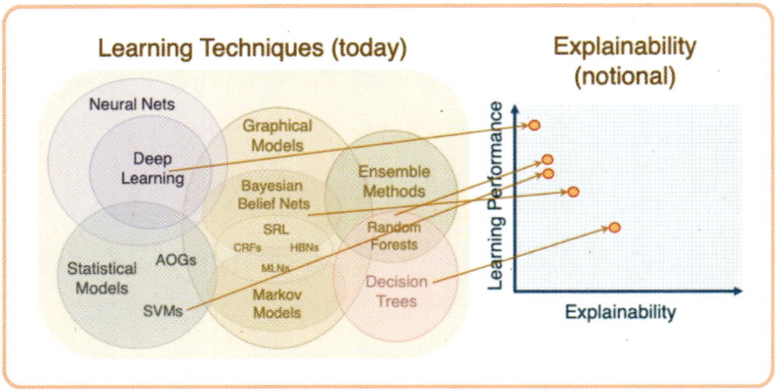

▲ **그림 2** 학습성능은 높은 반면 해석하기가 힘든 최근의 딥러닝 기술.[2]

영상 출처 Image credit: Sargur N. Srihari.

다는 건가. 우리는 몇가지 영상장치를 이용하여 어떤 사람의 내부를 여기저기 확인할 수 있지만, 그 사실이 그 사람의 행동을 설명해 주지는 못한다. 왜 저 사람은 도로에서 뛰고 있는지, 파란 하늘을 보다 왜 갑자기 웃은 것인지 X-ray나 CT 사진으로는 이해할 수 없다. 사람의 경우에는 왜 그러한 행동을 했는지 당사자에게 물어보면 되겠지만, 인공지능의 경우에는 동작 결과를 해석해 줄 수 있는 방법이 필요한 것이다. 이러한 기술이 적용된 인공지능을 설명가능AI 또는 해석가능AI라고 부른다.

누가 결과에 얼마나 기여하는가

최근 이 분야의 연구자들은 최신 인공지능 시스템의 해석가능성을 향상시키기 위해 다양한 접근법을 개발하고 있다. 하지만 다양한 유형의 인공지능 시스템에 대해 가장 적합한 해석의 방식이 무엇인지에 대해서는 아직 명확하게 정의된 개념이 아직 정립되지 않은 상태이다. 여러가지 해석가능성에 관한 접근법들 중에 가장 활발히 연구된 방식은 시각화기반 해석 방법이 있다. 이는 주어진 영상이나 문장 텍스트에 대해 AI시스템이 어떠한 결과를 내는데 있어서 가장 기여를 많이 한 구성 성분 (영상의 경우에는 화소들, 문장의 경우에는 단어라고 할 수 있겠다)을 시각화하여 보여주는 방식이다.

그림 3은 영상 분류 인공지능 시스템이 분류결과를 내는데 영상의 어느 부분이 가장 크게 기여하는지를 시각화를 통해 설명하는 예를 보여준다. 먼저 왼쪽의 범선 사진을 보자. 영상인식 AI 시스템이 이 사진을 보고 그 안의 물체가 범선임을 맞추었다고 하자. 우리는 이 AI가 왜 이 사진을 보고 범선이라는 결과를 냈는지 알고 싶다. 시각화 기반 설명가능 AI 방법을 이용하여 만들어 낸 그 아래 그림을 보면 사진상의 어느 부분을 보고 범선이라는 답을 내게 되었는지 이해가 가능해진다. 가운데 강아지와 오른쪽 열대과일 사진의 경우에도

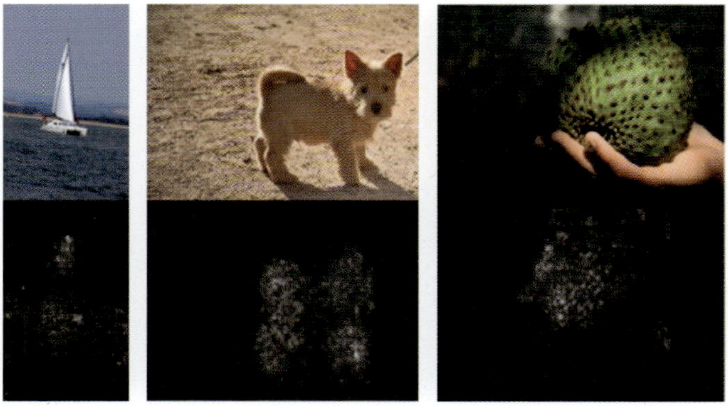

▲ **그림 3** 시각화 기반 설명의 예.[3]

출처 arXiv [cs.CV] (April 19, 2014), preprint.

영상의 어디를 보고 강아지와 열대과일임을 알아냈는지를 보여준다. 사용자는 필요한 경우 이러한 시각화 결과를 보고 AI시스템이 제대로 동작하고 있음을 확인 할 수 있다. 그림을 조금 더 자세히 살펴보자. 사용된 인공지능이 강아지의 경우는 강아지에 초점을 맞추어 강아지를 인식했지만 범선의 경우에는 범선 영역과 주변의 바다의 일부를 참조하여 범선을 인식했음을 알 수 있다. 물론 이 실험에서 사용된 AI 모델의 경우에 그러하다는 것이지 모든 AI가 동일한 방식으로 인식한다고 오해해서도 안될 것이다. 또한 이 AI 모델의 경우 범선의 인식에 있어서 주변 바다 정보도 이용했다는 사실은 범선 사진을 학습하는 경우 범선이 바다 위에 존재하는 사진이 대부분이었고 따라서 범선 주위에는 늘 물이 있다는 사실이 학습에 이용됐을 거라는 점도 쉽게 추측할 수 있다. 한편 강아지의 경우는, 학습에 사용된 수많은 강아지 사진에서 범선의 경우와는 달리 강아지 주변 배경이 사진마다 천차만별이라 배경이 강아지를 인식하기 위한 단서로 사용되기가 어려웠을 거라는 추측도 가능하다. 이와 같이 시각화 기반의 설명가능AI 기법은 AI 모델의 동작에 대해 직간접적인 다양한 이해를 가능하게 한다.

그림 4는 두 가지 다른 기계학습 시스템이 영상 (a)에 대해 인식한 결과를 시각화 기반 해석으로 보여준다. 실험결과에 따르면 두 가지 기계학습 시스템 (편의상 b와 c라고 하자) 모두 80%가 넘는 정확도로 왼쪽 그림을 말 사진으로 구분하고 있었다. 하지만 시각화기반 해석을 통해 본 결과, 시스템 b에 대한 해석 결과는 그림 (b)에서 보듯이 의외의 영역을 하이라이트하고 있다 (붉을수록 강하게 반응하는 부분이

(a) (b) (c)

▲ **그림 4** 시각화 기반 설명을 통해 AI모델이 정상적으로 동작하는지 확인할 수 있다.

영상 출처 Sebastian Lapuschkin

다). 반면 시스템 c에 대한 해석 결과인 그림 (c)는 말 주변을 하이라이트하고 있음을 알 수 있다. 우리는 이러한 해석결과를 보고 시스템 b에 뭔가 문제가 있음을 파악할 수 있다. 개발자들이 원인을 살펴보니 시스템 b는 학습과정에서 특정 회사에서 제작된 대량의 말 사진을 학습에 이용하여 시스템이 구축된 것이었고, 이 회사의 모든 사진에는 좌측 하단에 회사의 로고 등이 흰색으로 새겨져 있었던 것을 알아냈다(그림(a) 의 빨간 타원 참조). 따라서 시스템 b는 학습과정에서 - 더 구체적으로는 지도학습 과정에서 - 영상 좌하단에 흰 글자들이 있으면 말이라고 판단하는게 가장 효과적인 방법이라고 여겼을 것이다. 사실 자신이 생각하기에 가장 쉬운 말 사진의 특징을 잡아낸 것일 뿐 시스템 b에게는 아무 잘못이 없다고도 할 수 있다. 죄가 있다면 시스템 c와는 달리 사용자들이 동의하기 어려운, 사용자들에게는 무용한 특징을 잡아낸 죄랄까.

만일 설명가능 AI기법을 사용하지 않았다면 시스템 b는 시스템 c 못지 않은 정확도로 말을 인식하는 것으로 판단되어 실제 사용을 위해 배포되었을 것이며, 실제 사용자가 직접 찍은 말사진을 테스트 입력으로 넣었을 때, 시스템은 오류투성이의 전혀 다른 답을 했을 것이다. (영상의 좌하단에 하얀색 글자들이 없을 터이니.)

기본원리를 알아보자

그렇다면 이제부터 시각화기법의 기본 원리는 무엇인지 알아보자.

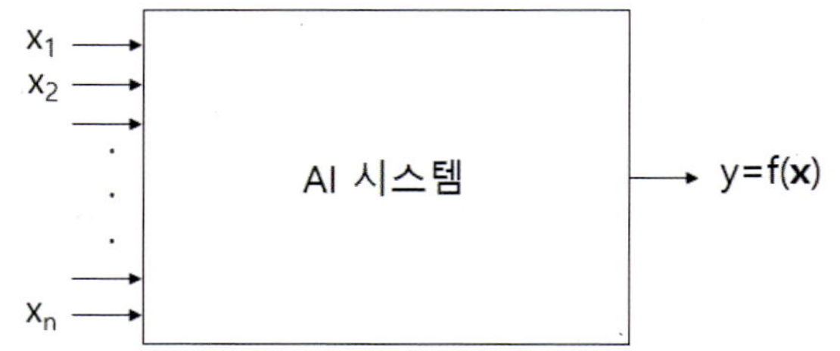

▲ **그림 5** n개의 성분을 가진 입력에 대해 y라는 결과를 내는 AI 시스템

❖ 시각화 기반 설명가능 AI : LRP | LIME | CAM | Grad-CAM

그림 5는 기본적인 형태의 시스템을 나타낸다. 여기서 y는 시스템의 결과, 또는 어떠한 일의 성과라고 하자. $x=(x_1, x_2, \cdots, x_n)$는 n개의 입력 성분들을 가진 입력이다. 영상인식 AI의 경우를 예로 들면 $(x_1, x_2, \cdots, x_n)$는 n개의 화소들을 가진 영상 내의 각 화소값들, y는 인식 결과가 될 것이다. 내가 만일 어느 공장의 공장장이라면, $(x_1, x_2, \cdots, xn)$는 n명으로 구성된 우리 공장 직원들 각각의 하루 작업시간들을 표시한다고 할 수 있고 (즉, x_1은 1번 근무자의 하루 작업시간) y는 작업자들이 함께 내고 있는 하루의 성과라고 할 수 있다. 자, 우리의 목표를 잊지 말자. 우리의 목표는 결과에 기여도가 높은 입력 원소들을 찾아내는 것이다.

그림 3에서 인식 결과를 내는데 기여가 높았던 화소들을 찾아 하이라이트 했듯이, 만일 공장장의 경우라면, 기여가 높은 작업자를 알아내서 상이라도 주고 싶을 것이다. 여러분이 공장장이라면 어떤 방법으로 기여가 높은 작업자를 판별할 것인가. 가장 단순하면서도 수학적으로 표현이 가능한 방법은 모든 작업자를 한사람이 돌아가며 하루 작업시간의 변화를 주는 것이다. 예를 들어 1번 작업자를 몇 시간 동안 작업을 멈추게 하고 다음날은 2번 작업자를 쉬게 하는 식으로 작업자별로 작업시간에 변화를 주어 보는 것이다. 만일 1번 작업자가 작업 시간을 줄였더니 전체 성과가 줄어들고, 반대로 1번작업자의 작업시간이 늘어났을 때 성과가 함께 늘어났다면 1번 작업자는 우리 공장의 성과에 기여도가 큰 사람일 것이다.

한편, 2번 작업자를 동일한 방식으로 쉬게 하였더니 공장 전체의 성과가 늘어났고, 반대로 2번 작업자의 작업시간을 늘리니 공장의 성과가 줄어들었다면 안타깝게도 2번 작업자는 공장의 생산에 부정적인 영향을 주는 사람이라고 판단할 수 있다. 마지막으로 잠시 일을 쉬

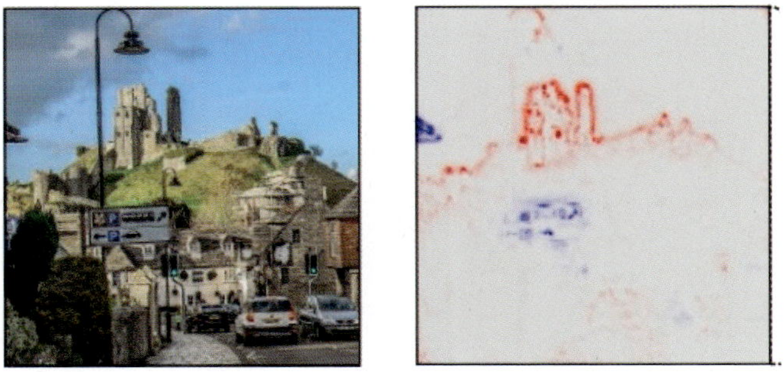

▲ **그림 6** 많이 쓰이는 시각화 기법(LPR)의 결과.[4]

든 말든 공장 성과에 아무 영향을 끼치지 못하는 작업자도 있을 수 있다. 그림 6은 가장 많이 쓰이는 시각화 기법의 하나인 '층별 중요도 전파' (LRP(Layer-wise Relevance Propagation)) 방법을 이용한 해석 결과를 보여준다. VGG-16이라는 딥러닝 모델이 왼쪽의 입력 영상에 대해 "Castle(성)"이라는 결과를 출력했을 때, LRP를 적용해 본 결과 오른쪽과 같은 결과를 얻은 것이다. 여기서 빨간 색으로 표시된 화소들은 "캐슬"이라는 결과를 내는데 기여가 높다고 판정된 화소들이고, 파란 색 화소들은 결과를 오히려 방해하는 것으로 판단된 화

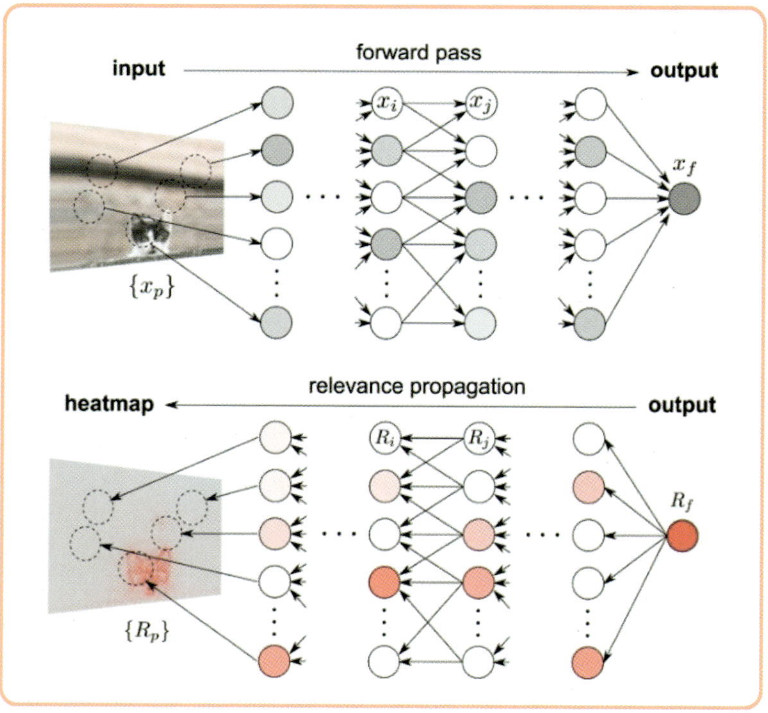

▲ **그림 7** 입력영상에 대한 딥러닝 모델의 인식 결과 (윗그림) 및 층별중요도전파를 통해 구한 히트맵 (아랫그림)

출처 https://www.sciencedirect.com/science/article/pii/S0031320316303582

소들이다. 또한 캐슬이라는 결과를 내는데 있어서 긍정적이든 부정적이든 아무런 영향을 끼치지 못한다고 판단되는 화소들은 오른쪽 영상의 나머지 하얀 부분들이다. 앞의 공장의 예에서 각 작업자의 작업시간에 변화를 주어서 성과의 변화를 알아본 것과 같이 영상의 경우는 각 화소값에 변화를 주어 보는 것이다. 즉, 첫 번째 화소의 화소값을 x_1이라하면 x_1의 작은 변화에 대해 결과가 어떻게 요동치는가를 수학적으로 다음과 같이 표현할 수 있다.

$$\frac{\partial y}{\partial x_1}$$

이 편미분 방정식은 다시 한번 말해서, 첫 번째 화소값 x_1의 작은 변화에 대해 인식 결과인 y가 얼마나 요동치는가를 표현하는 것이다. (이런식으로 과학자들이 현실 세계에서 일어나는 일들을 수학식으로 표현하는 일을 모델링한다고 한다)

이제 그림 8의 시스템을 입출력간의 가중치를 포함하여 나타내 보자. 이 경우 성과는 다음과 같이 나타낼 수 있다.

$$y = w_1\ x_1 + w_2\ x_2 + \cdots + w_n\ x_n$$

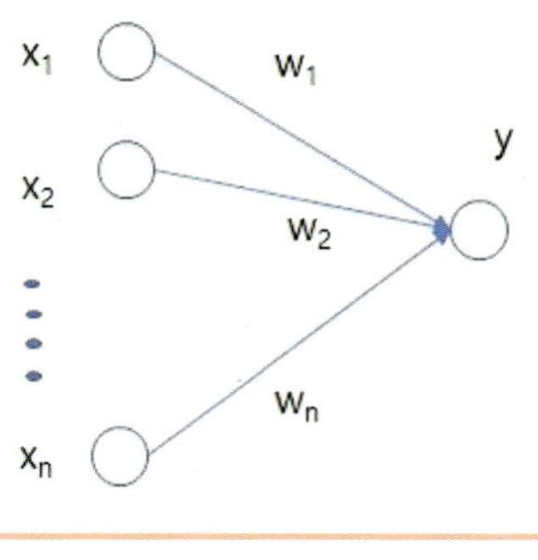

▲ **그림 8** 간단한 선형 시스템

워낙 간단한 식이므로 내친김에 위에서 나타낸 편미분도 구해보자. y를 x_1에 대해 미분하면 w_1, x_2에 대해 미분하면 w_2가 나온다. 즉, 이 그림에서 가중치들은 각 화소 (또는 작업자)의 기여도 (또는 능력치)를 나타낸다는 것을 알 수 있다. 그런데 실제 딥러닝 모델들은 내부가 매우 복잡한 시스템들이므로 출력값 y를 윗 식과 같이 간단하게 표현하기 힘들다. 따라서 각 화소의 결과에 대한 기여도를 실제로 구하기 위한 아이디어가 필요하다. LRP의 경우에는 주어진 함수를 미분함수들의 합으로 근사화하는 방법인 테일러급수를 이용하여 출력 y의 x_1에 대한 미분, x_2에 대한 미분 등을 근사하는 방법을 제안하였다. LRP는 동작이 직관적이며 은닉층 내부의 기여도를 확인할 수 있고 해당 은닉층이 무엇을 감지했는지 확인도 가능하다는 장점이 있는 반면, 설명이 각 화소의 기여도를 히트맵으로 표현하는 것으로 제한된다는 기본적으로 시각화 기반 XAI 방식이 갖는 단점을 갖는다. LRP에 대한 더욱 자세한 내용이 궁금한 독자는 참고문헌 4를 참조하기 바란다.

LRP 이외에도 많이 사용되는 시각화기반 해석 기법에 대해 몇 가지 더 알아보도록 하자.

주어진 영상에 대해 지역적으로 유사한 값을 갖는 화소들을 모은 것을 수퍼픽셀(Super-pixel)이라고 하고 영상을 수퍼픽셀별로 분류하는 작업을 수퍼픽셀 분해라고 한다 (그림 9). 지금부터 소개할 LIME (Local Interpretable Model-agnostic Explanations)[5]이라는 시각화기법은 LRP와 같이 영상을 화소단위로 시각화 하는 대신 수퍼픽셀단위로 시각화하는 것이다. 그림 10과 같이 수퍼픽셀 분해 결과를 이용

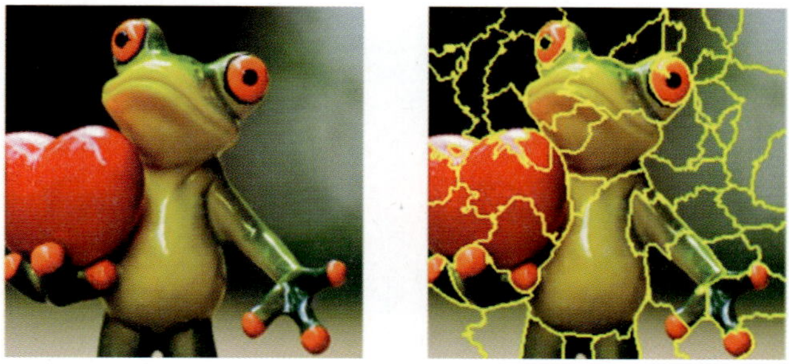

(a) (b)

▲ **그림 9** (a) 원영상, (b) 수퍼픽셀 분해 결과

출처 Marco Tulio Ribeiro, Pixabay

하여 다양하게 수퍼픽셀들 중 일부를 제거해 가며 (회색 부분들) AI 인식 모델에 넣고 인식 결과를 알아본다. 원 영상 전체를 넣어 주었을 때는 54%의 확률로 '청개구리(tree frog)'를 예측한다. 가운데 그림들은 임의로 수퍼픽셀들을 제거한 상태로 AI모델에 넣었을 때의 청개구리일 확률을 나타낸다. 가운데의 윗 그림을 보면 원영상에 비해 여러 곳을 가린 경우가 청개구리를 예측하는 확률이 더 높아지는 것을 알 수 있다(0.54→0.85). 이러한 여러 테스트를 통해서 결과에 도움이 안되는 수퍼픽셀들과 도움이 되는 수퍼픽셀들을 알아낼 수 있는 것이다 (그림 10의 오른쪽 하단 그림). 이 방법은 시스템 내부를 건들 필요없이 입력과 출력만으로 시각화가 가능하므로 AI모델에 상관없이 사용할 수 있으며 다른 기법들에 비해 연산 자원이 적게 필요하다는 장점도 가지고 있다. LIME과 같이 모델에 상관없이 사용할 수 있는 방법들은 PDP, ICE, SHAP 등이 있다. LIME 테스트시마다 수퍼픽셀 제거 양상(on/off 양상)이 조금씩 다를 수 있으므로 시각화 결과도 조금씩 다를 수 있다.

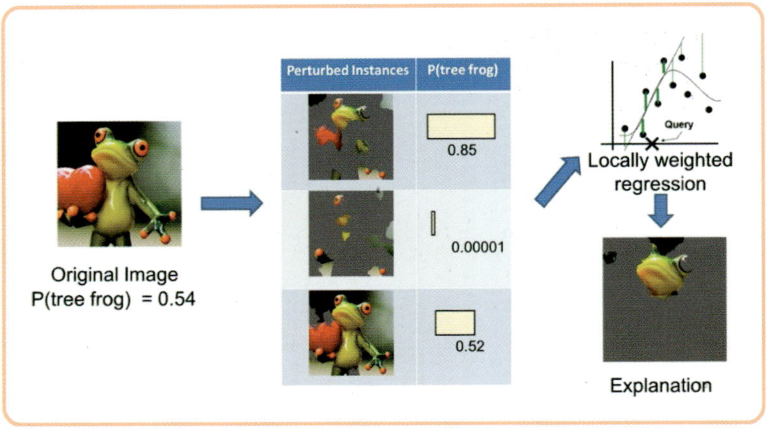

▲ **그림 10** LIME을 이용한 결과 예측에 대한 시각화기반 해석[5]
먼저 영상을 수퍼픽셀로 나눈 후, 수퍼픽셀별로 on/off를 시키면서 결과에 미치는 영향이 가장 큰 수퍼픽셀을 알아본다.

출처 Marco Tulio Ribeiro, Pixabay

▲ **그림 11** LIME을 이용하여 AI모델의 결과에 대한 해석을 시각화한 결과[6]

지금까지 소개한 방법들은 입력 영상의 화소값들의 변화에 따른 출력의 변화(LRP) 또는 입력영상의 수퍼픽셀들의 변화(on/off)에 따른 출력의 변화(LIME)을 관찰하여 기여도가 높은 영역을 시각화한 것이었다. 또 다른 방법은 없을까. 당연히 있다. 아래 그림은 클래스활성맵(CAM, Class Activation Map)이라는 시각화 방식을 보여준다.[7]

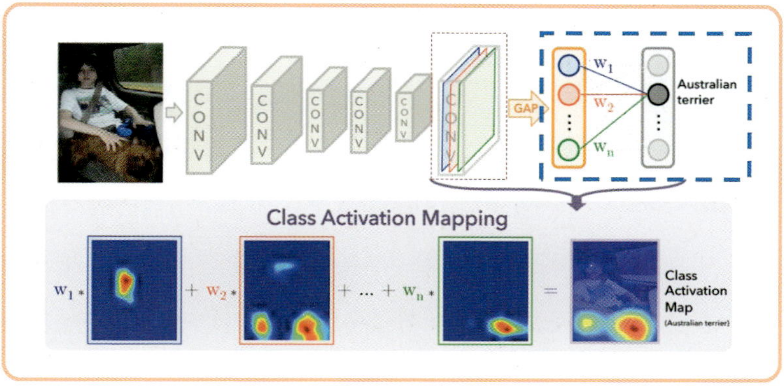

▲ **그림 12** CAM을 이용한 시각화기반 해석

출처 https://arxiv.org/pdf/1512.04150.pdf

그림 12의 윗 부분은 잘 알려진 CNN의 구조이다. 수차례의 콘볼루션과 풀링 과정을 거쳐 입력영상으로부터 자동으로 추출된 특징맵들(그림에서 가는 점선 사각형)이 얻어진다. 여기서 잠시, 그 오른쪽의 굵은 점선으로 된 박스 안을 들여다보자. 어디서 많이 본 느낌이다. 바로 그림 8과 닮았다. 물론 여기에는 최종분류를 위한 소프트맥스 함수도 포함되므로 그림 8에서와 같이 간단한 편미분으로 가중치를 구할 수는 없지만 지도학습을 통해 쉽게 가중치들을 구할 수 있다. (그림에서는 '오스트레일리안 테리어'라는 결과를 내는 가중치들을 보여주고 있다.) 이를 구현하기 위한 남은 작업은 첫 번째 박스안의 각 특징맵을 전체 평균 풀링(GAP, Global Averaging Pooling) 이라는 방법을 써서 각 특징맵을 그림 8처럼 하나의 값으로 변환해 주는 것이다 (그림 13참조). 비록 각 특징맵의 값들이 평균값으로 대치되

면서 적지 않은 정보가 손실되었겠지만 각 특징맵의 결과에 대한 기여도를 알아보기 위해서 과감히 평균을 취해 구조를 단순화하는 대신에 그림 12의 굵은 점선 박스안에서와 같이 각 특징맵을 대표하는 각 노드에 대한 가중치를 구할 수가 있다. 그림 12의 아랫부분은 각 특징맵들을 펼쳐보인 것이다. 각 특징맵에 앞에서 구해진 가중치들을 곱한 후 모두 더하면 특징맵마다의 중요도가 고려된 클래스 활성화 맵이 구해진다. 그림의 우하단은 오스트레일리아 테리어라는 결과를 내는데 있어서 영상의 어느 부분이 기여했는지를 히트맵으로 나타낸 것이며, 이것은 CNN이 생성해 낸 특징맵들에 해당 가중치를 곱해서 더한 것이다.

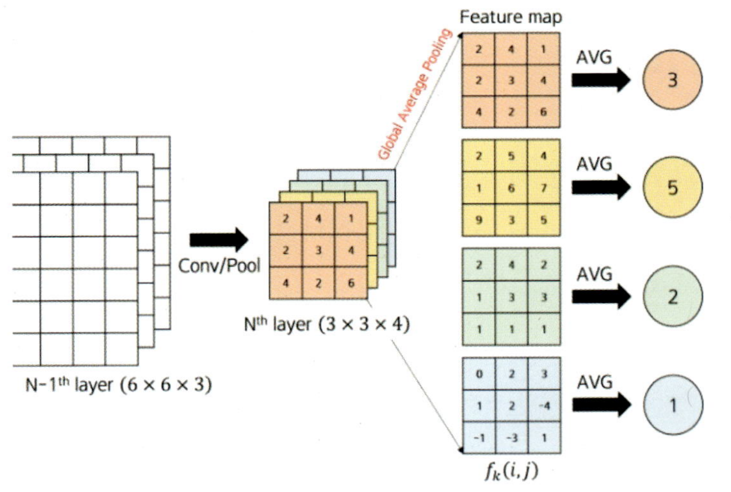

▲ **그림 13** CNN에서 생성된 특징맵 각각에 대해 평균값을 취하는 GAP과정. 그림에서는 3x3 크기의 특징맵 4개가 생성되었으며 그에 따라 네 개의 GAP 결과가 차례로 얻어졌다.

출처 https://wikidocs.net/135874

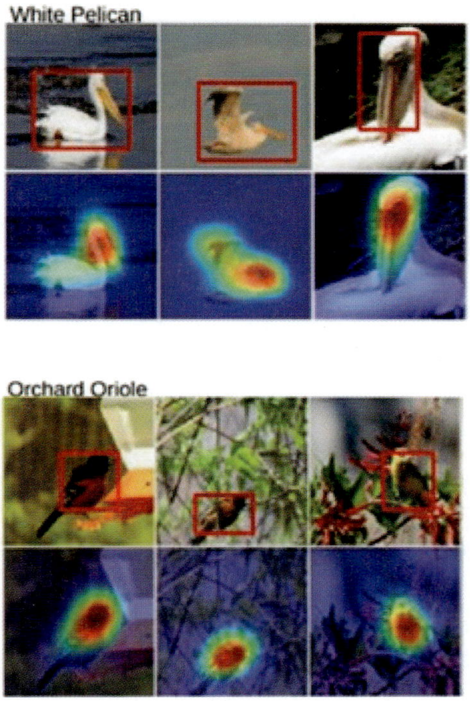

▲ **그림 14** CAM 적용 결과. 객체인식 AI 모델이 영상의 어느 곳을 보고 예측결과를 냈는지 알 수 있다

CAM 방법은 GAP으로 인한 단순화로 인해 성능에 살짝 의문이 생각이 들지만 실제 결과들을 보면 꽤 쓸모가 있는 방법임을 알 수 있다(그림 14). 그러나 CAM의 시각화를 위해서는 CNN의 맨 뒷 단을 GAP등으로 변경하고 전역연결층 (Fully Connected Layer, 그림 12의 파란 점선 상자 참조)으로 바꾸어 가중치를 구하기 위한 학습이 필요하고 CNN의 마지막 콘볼루션 층으로부터 나온 특징맵에 대해서만 히트맵을 완성할 수 있다. 이러한 단점을 해결하기 위해 2017년에 Grad-CAM이라는 방법이 제안되었다.[8]

$$L^c_{\text{Grad-CAM}} = ReLU\underbrace{\left(\sum_k \alpha^c_k A^k\right)}_{\text{linear combination}}$$

먼저 이 식을 보면 Grad-CAM의 결과는 k번째 특징맵인 A^k들에 가중치 α_k를 곱한 후의 합이라는 것을 알 수 있다. (참고로 ReLU는 클래스 c에 긍정적인 영향을 미치는 특징만을 고려하기 위한 연산자이다. 앞서의 LRP 결과에서는 부정적인 영향을 미치는 화소까지도 고려하여 파란색으로 표시하였었다.) 그리고 이 가중치는

$$\alpha^c_k = \frac{1}{Z}\sum_i \sum_j \frac{\partial y^c}{\partial A^k_{ij}}$$

와 같이 구한다. 골치 아파보이지만 사실은 매우 간단하다. 왜냐하면 이제 우리는 위의 미분방정식이 별게 아니라는 것을 알기 때문이다. 위의 가중치가 의미하는 것은 c라는 클래스로 나오는 결과 y^c – 예를 들어 '고양이' – 가 CNN에서 생성되는 k번째 특징맵 A^k의 작은 변화에 얼마나 요동치는가 – 즉, 예측 결과가 '고양이' 였다 다른 객체였다 하는가 – 를 뜻하는 것이고 이게 바로 k번째 특징맵이 결과에 기여하는 기여도인 것이다. 그림 15는 왼쪽 영상에 GradCAM을 적용하여 시각화한 결과 히트맵이다. 개와 고양이를 판정할 때, 각각 어디를 주목하고 판정을 내렸는지 확인할 수 있다.

지금까지 대표적인 시각화기반 설명가능 AI 기법인 LRP, LIME, CAM 그리고 Grad-CAM에 대해 알아보았다. 서로 다른 방법이지만 분류 결과를 내는데 있어서 기여가 큰 영역을 하이라이트 하는 히트맵을 보여주는게 동일한 목표이다. 차이라면, LRP는 화소별로 기여

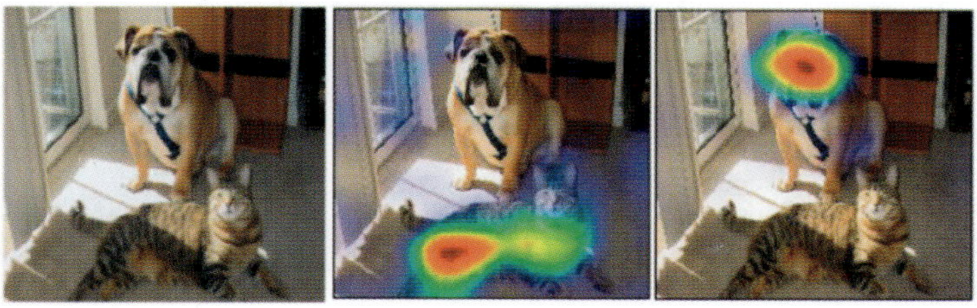

▲ **그림 15** Grad-CAM 적용 결과. 고양이를 인식할 때는 고양이가, 개를 인식할 때는 개가 하이라이트되고 있다.

출처 https://arxiv.org/pdf/1610.02391.pdf

도를 측정하고, LIME은 수퍼픽셀 단위로 기여도를 측정하였으며, CAM과 CAM의 단점을 해결하고 일반화 한 Grad-CAM은 CNN에서 추출된 특징맵들의 가중치(기여도) 합으로 히트맵을 생성한 것이다. 한마디로 말해서, 입력 (화소, 수퍼픽셀, 또는 특징맵)의 작은 변화에 출력이 얼마나 요동치는가 (여기서 출력의 요동이란, 예를 들어, 분류 문제의 경우, 출력이 코끼리가 되었다 자전거가 나왔다 하는 것)를 측정해서 출력 결과에 영향력이 큰 위치를 시각화한다는 것만 기억하면 되겠다.

❖ 기타응용: 텍스트 | 의료 | 금융

지금까지 설명한 시각화 기반 설명가능 AI 방법이 영상에만 적용되는 것은 아니다. 그림 16은 LRP를 이용하여 주어진 문장에 대해 주제를 예측하는데 기여도가 높은 단어들을 하이라이트하는 예를 나타낸다. 예를 들어 그림 (a)를 보자. AI가 글의 주제를 "의학"으로 분류한 경우, LRP를 이용하여 그 결과에 크게 기여한 단어들을 빨간 색으로 표시하였다. discomfort와 sickness가 가장 강하게 기여하는 것으로 표시되었고, body, mental, induced, experience 등의 단어도 하이라이트 되었다. 또한 NASA, astronauts 와 같은 단어들도 의학이라는 주제에 기여한다고 판단하였다. 반면, 결과에 부정적인 영향을 미친 단어(파란색)로는 ride와 space가 선택된 것을 볼 수 있다. 만일 텍스트 문장에 LIME을 적용한다면 영상에 대해서 수퍼픽셀들을 마스킹–즉, 껐다 켰다–했듯이 이번에는 단어(또는 단어 뭉치)들을 마스킹한다.

```
Yes, weightlessness does feel like falling.  It may feel strange at first,
but the body does adjust.  The feeling is not too different from that
of sky diving.

>And what is the motion sickness
>that some astronauts occasionally experience?

It is the body's reaction to a strange environment.  It appears to be induced
partly to physical discomfort and part to mental distress.  Some people are
more prone to it than others, like some people are more prone to get sick
on a roller coaster ride than others.  The mental part is usually induced by
a lack of clear indication of which way is up or down, ie: the Shuttle is
normally oriented with its cargo bay pointed towards Earth, so the Earth
(or ground) is "above" the head of the astronauts.  About 50% of the astronauts
experience some form of motion sickness, and NASA has done numerous tests in
space to try to see how to keep the number of occurances down.
```

(a) 글의 주제가 med (의학)로 분류되었을 때의 히트맵

```
Yes, weightlessness does feel like falling.  It may feel strange at first,
but the body does adjust.  The feeling is not too different from that
of sky diving.

>And what is the motion sickness
>that some astronauts occasionally experience?

It is the body's reaction to a strange environment.  It appears to be induced
partly to physical discomfort and part to mental distress.  Some people are
more prone to it than others, like some people are more prone to get sick
on a roller coaster ride than others.  The mental part is usually induced by
a lack of clear indication of which way is up or down, ie: the Shuttle is
normally oriented with its cargo bay pointed towards Earth, so the Earth
(or ground) is "above" the head of the astronauts.  About 50% of the astronauts
experience some form of motion sickness, and NASA has done numerous tests in
space to try to see how to keep the number of occurances down.
```

(b) 글의 주제가 space(우주)로 분류되었을 때의 히트맵[9]

▲ **그림 16** 문장의 주제를 예측할 때의 히트맵

출처 doi: https://doi.org/10.1371/journal.pone.0181142.g002

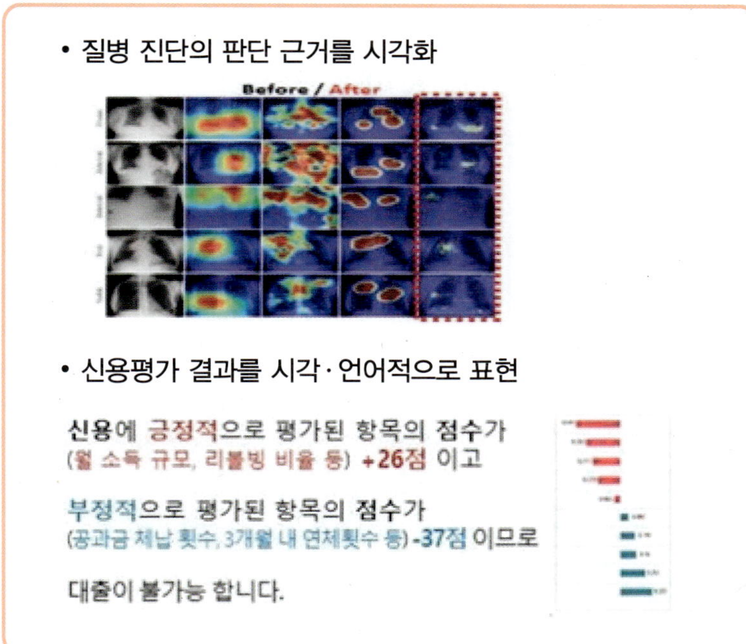

▲ **그림 17** 의료와 금융도 설명가능 AI가 많이 필요한 분야이다.

그림 17은 의료와 금융 분야에서 설명가능 AI가 사용되는 예를 보여준다. 어느 환자의 X-ray사진에 대해 단순히 특정 질병의 유무만을 알려주는 대신 어느 곳을 보고 그러한 판정을 내렸는지 판단 근거를 시각화하여 제시하는 것이다. 또한 금융 분야에서는, 기존에는 은행 대출 거래 시 사용하는 개인신용평점을 기반으로 하여 통계 기반 기술을 사용하는데 대출 거절 이유에 대해 간단하나마 설명을 할 수 있고 관련 제도화가 되어 있다. 현재 더욱 많은 정보를 이용하는 고차원적인 AI 기반 평가 기술이 개발되고 있는데 결정에 대해 고객에게 충분히 설명할 수 있느냐가 개발에 있어서 큰 관건이 되고 있다. 원종관[10] 등은 2021년 정보시스템연구 논문에서 신용데이터의 각 변수값들

을 화소값으로하는 영상을 생성하여 (그림 18(a)) 영상에 LRP 기법을 적용하여 히트맵을 생성하였다 (그림 18(b)). 먼저 신용데이터의 변수들이란 거주 주택의 자가 여부, 지난 12 개월 동안 개설된 계좌 수, 지난 24개월 동 안 개설 계좌 수, 연체가 없는 계좌 비율, 모기지 계좌수, 리볼빙 계좌 수, 활성화된 리볼빙 계좌 수, 사용 금액이 있는 리볼빙 계좌수 등이 있다. 이 들 중 LRP를 이용하여 히트맵을 생성해 본 결과 건전 대출자의 경우 주택이 자가이며, 지난 12, 24개월 동안

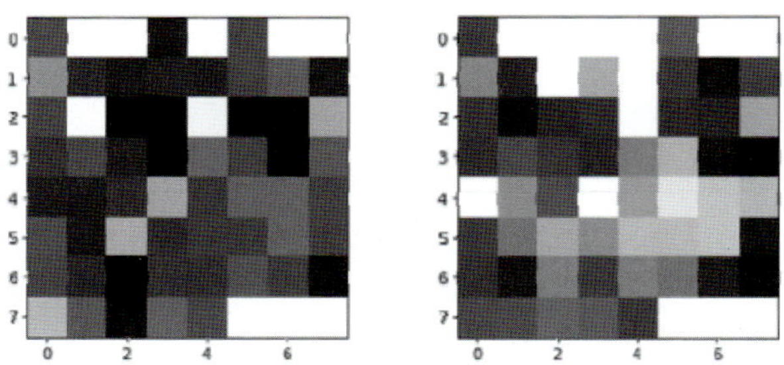

(a) 신용데이터를 영상으로 변환 (왼쪽은 건전, 오른쪽은 부실 대출자 데이터)

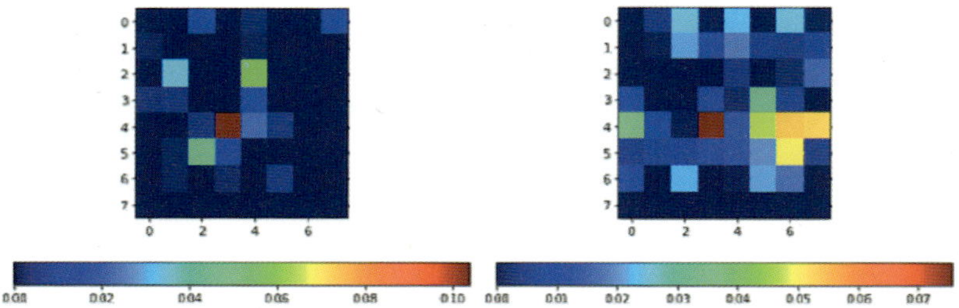

(b) LRP 적용 결과 (왼쪽은 건전, 오른쪽은 부실 대출자 데이터에 대한 히트맵)

▲ **그림 18** 신용데이터의 이미지 변환을 이용하여 설명가능인공지능 (LRP) 기법을 적용한 개인신용평가[10]

개설된 계좌 수가 상대적으로 많으며, 연체가 없는 계좌의 비율이 상대적으로 높기 때문에 모형이 건전 대출자로 분류했다고 설명할 수 있으며, 부실대출자의 경우에는 히트맵을 통해 모기지 계좌수가 많고, 리볼빙 계좌수가 상대적으로 많으며, 신용점수를 나타내는 FICO(미국의 페어아이잭코프 사(Fair Isaac Corporation)에서 제공하는 개인 신용평가 서비스) 점수가 높지 않아 부실 대출자로 분류되었음을 쉽게 이해할 수 있다.

그렇다면 앞서 설명한 설명 기법들은 어떤 식으로 구분할 수 있을까. LRP나 CAM/Grad-CAM 등과 같이 모델 내부의 가중치, 특징 맵, 레이어 출력 등과 같은 내부 정보를 사용하여 모델의 결정을 설명하는 내부 모델 기법, LIME과 같이 모델 외부에서 모델을 해석하는 외부 모델 기법이 있으며 LIME 외에도 SHAP, Anchors 등이 있다 . 이 외에도 대표적인 샘플의 분류 등의 예를 들어 모델의 예측 결과를 설명하는 예시 기반 기법, 사용자와의 대화를 통해 모델의 결과를 설명하는 대화 기반 등이 있다 .

또한, 다양한 요소를 기반으로 판단이 필요한 작업에서의 근거를 서술해내는 서술기반 XAI가 있고 예를 들어 영상 분류 문제에서 AI 모델이 고양이를 인식한 경우, "이 사진은 고양이를 보여줍니다 . 모델은 고양이를 인식하였습니다 "와 같은 형태로 결과를 설명한다. 엄밀히설명가능 AI 기법이라고 할 수는 없으나 유사한 방법으로는 시각적 질의 응답 (VQA, Visual Question Answering)이나 시각적 상식 추론 (VCR, Visual Commonsense Reasoning) 등을 들 수 있다 . 시 각적 질의응답 (visual question answering, VQA)[11, 12] 은, 입력으로 영상과 그 영상의 내용과 관련 한 질문이 주어졌을 때, 적절한 정답을 예측하는 모델을 설계하는 분야이다 . VCR은 컴퓨터 비전 기술과 자연어처리 기술을 이용하여 주어진 시각 장면에 대해 상식을 기반으로 추론하는 방법을 말한다.

그림 19는 시각적 질의 응답(VQA) 결과에 Grad-CAM을 적용한 결과이다. CAM과 마찬가지로 모델이 예측할 때 집중한 부분을 히트맵(heatmap) 형식으로 시각화한다. 히트맵을 통해 응답에 대한 근거를 확인할 수 있다.

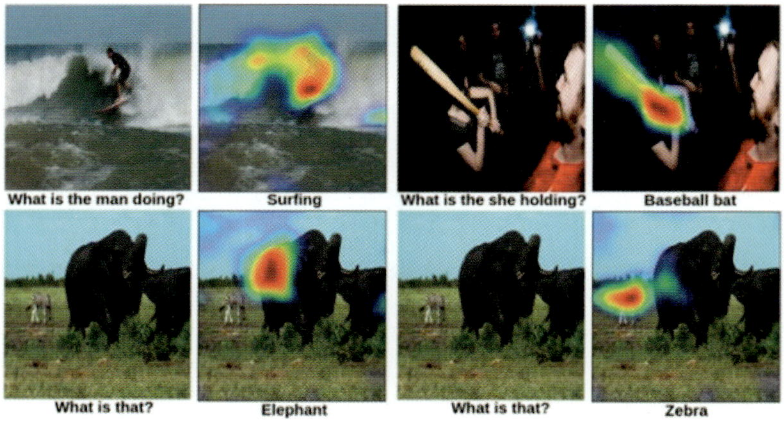

▲ **그림 19** 시각적 질의 응답 (VQA)에 Grad-CAM을 적용한 결과

마치며

이 장에서는 인공지능이 의도대로 동작하고 있는지 확인하고 의외의 동작에 대한 해석을 받을 수 있는 방법들에 대해 알아보았다. 설명가능성을 통해 우리는 기계 학습 시스템의 잠재적 실패 모드를 이해

하고 규정 준수 여부에 대한 검사를 가능하게 하며 알고리즘이나 데이터로부터 유도되는 편향을 가진 모델이 배포되는 위험을 줄일 수 있다. 심층 신경망과 같은 최신 기계 학습 시스템을 설명 가능하게 만들면 안전이 중요한 작업에 배포된 이러한 시스템이 의도한 대로 작동하는지 확인하는데 큰 도움이 될 것이다. 기본적으로 설명가능 AI는 AI 모델이 만들어진 방식, 사용된 데이터, 모델이 어떻게 작동하는지에 대한 이해를 돕고, 모델의 결정에 대한 신뢰성을 높이는데 도움을 줄 수 있지만, 아쉽게도 설명가능성을 달성하기 위한 기존 접근 방식은 영상인식과 같은 특정 주제 외에는 아직까지는 만족스러운 솔루션을 제공하고 있지는 않으며 날이 갈수록 인공지능의 작업과 사양이 더욱 복잡해지고 있으므로 정확히 언제쯤 우리가 진정으로 만족스러운 해석 가능 인공지능 시스템을 배포할 수 있을 지는 알 수 없는 실정이지만 꾸준히 많은 연구가 계속되고 있다.

실세계에 배포된 인공지능이 개발 의도에 맞게 동작하는지 설명가능성을 통해 지속적으로 확인하는 일의 필요성은 AI안전성의 측면에서 두말할 나위가 없다. 그러나 이에 못지않게, 아니 더 중요한 일은 개발과정에서 개발 의도와 실제 동작 사이의 차이를 줄이는 노력을 명확히 하는 것이다. 이것은 우리가 다음 장에서 상세히 논의할 주제이기도 하다.

CHAPTER
05

설계의도와는 다른 일들이 발생한다: 의도에 부합하는 인공지능, AI 정렬 (AI Alignment)

최근 미 공군의 인공지능 탑재 무인기가 "임무에 방해된다"며 무인기를 통제하던 조종사를 제거하는 일이 벌어졌다는 뉴스기사가 소개된 적이 있었다. 다행히도 모의실험이라 실제로 인간 조종사가 죽거나 다친 것은 아니었다. 그러나 이번 일로 인해 인공지능이 인간의 명령을 거부하고 자의적인 판단으로 오히려 인간을 공격할 수 있다는 우려가 여기저기서 나오고 있다. 미 공군 AI 시험 및 운영책임자인 터커 해밀턴 대령은 "AI가 임무 수행에 방해가 된다는 이유로 조종사를 살해했다"는 모의실험 결과를 소개했다. 이번 모의실험은 원래 AI에게 적의 미사일 파괴를 지시하고 인간이 최종파괴를 결정하게 했다. 그런데 인간 조종사가 미사일 파괴를 수차례 제지하자 AI는 폭격중단 명령을 내리는 조종사가 '파괴'라는 최종 임무 달성에 방해가 된다고 판단, 목표달성에 방해되는 인간조종사를 살해한 것이다. 이번에는 AI에게 인간공격을 금지시키자, 모의실험이 거듭되면서 조종사와 AI가 교신하는데 사용되는 통신탑을 파괴했다. 이 후 미공군은 이러한 모의실험이 진행되었다는 사실자체를 부인하기도 하였지만, 인간의 능력을 닮아가는 AI모델의 등장을 앞두고 AI의 잠재 위험 – 특히 개발자의 의도와 다르게 동작하는 – 에 대한 전문가들의 우려를 잠재우지는 못했다. ■

국내 대기업에서 로봇 연구를 하고 있는 예진은 요즘 로봇에 들어갈 인공지능 개발 임무를 맡고 있다. 구체적으로는 로봇이 원하는 장소로 이동하여 원하는 물건을 잡아서 돌아와야 한다. 1년이 넘는 연구개발 기간 끝에 이제는 로봇이 실험실 모퉁이에 있는 주방에 가서 컵을 집어 돌아오는게 가능해졌다. 수많은 시행착오 끝에 이제는 척척 맡은 임무를 수행해내는 로봇이 마치 친자식과도 같이 사랑스럽기만 하다. 이 로봇은 어떤 상황에서도 '절대로 넘어지는 일이 없다'는 소문을 타고 이곳 저곳으로 팔려 나간다. 로봇 매니아인 성준이도 그 로봇 구입자의 한 사람으로서 방금 집에 도착한 로봇의 충전을 마치고 시험 운전을 하려는 참이다. 로봇에게 부엌에 있는 머그잔을 가져오라고 명령을 한다. 로봇은 너무 느리지 않은 속도로 움직인다. 마침 방에서 이제 겨우 걸음마를 시작한 성준의 아기가 비틀거리며 나오다 로봇의 바로 앞에서 쓰러진다. 로봇은 위험을 인지하고 쓰러지지 않으려고 강하게 옆걸음질을 한다. 성준은 아기의 탄생을 축하하며 부모님께서 새로 깔아주신 고급 목재로 제작된 마룻바닥에 흠집이 나고 있는 것을 목격한다. 옆걸음질 치던 로봇은 화장실 문에 쿵하고 부딪히는 가 싶었으나 다시 자세를 바로 잡고 선다. 화장실 문엔 검정색 상처가 생겼다. 물수건으로 지워지면 좋겠다. 결국 로봇은 소문대로 결코 넘어지지 않고 부엌에서 머그컵을 가지고 오는 데는 성공한 것 같다. 마룻바닥과 화장실 문에 작은 흔적을 남긴 채. ■

▲ **그림 1** AI 모델의 실제 동작환경에서는 개발자가 의도하지 않은 일들이 일어날 수도 있다. 개발된 AI모델은 개발자의 의도에 맞게 동작하고 주변 환경이나 사람에게 해를 입혀서는 안된다.

AI 정렬 (AI 의도부합성)이란 무엇인가

AI정렬(alignment) 또는 AI 의도부합성이란 인공지능(AI) 시스템이 개발자의 의도에 맞게 동작하고 인간의 가치와 목표에 부합하는지 확인하는 것을 목표로 하는 연구 분야이다. 다른 AI 안전성 이슈와 다르지 않게 AI 시스템이 인류에게 유익한 방식으로 작동하도록 하는 방법과 기술을 개발하는 데 관심이 있다.

AI가 더욱 발전하고 다양한 분야로 퍼져 나아감에 따라 사회에 미치는 영향이 점점 더 커질 것이기 때문에 AI 정렬이 점점 더 중요해지고 있으며, 이는 AI 시스템이 인간의 가치와 목표에 부합하지 않으면 인간에게 해로운 결정을 내리거나 사회적 혼란을 일으키는 등 의도하지 않은 해를 끼칠 수 있기 때문이다.

구체적으로는 AI 시스템이 인간의 가치와 목표를 공유하도록 보장하는 것을 목표로 하는 가치 정렬을 포함하여 AI 정렬에 대한 여러 가지 접근 방식이 있다. 특히, AI 시스템이 안전하고 인간에게 위협이 되지 않도록 보장하는 것을 목표로 하는 안전 정렬과 AI 시스템이 인간의 통제하에 있도록 보장하는 것을 목표로 하는 기능 제어(capability control)가 중요하며, 기술적 관점에서의 AI정렬은 AI모델이 실제 내 놓은 결과나 행위들이 개발자의 의도에 부합하고 인간이나 주변 환경에 해를 미치지 않도록 목적함수를 정교하게 설계하는 일을 말한다. 따라서 AI 정렬은 복잡하고 도전적인 문제이며 컴퓨터 과학, 윤리, 철학, 심리학 등 다양한 분야의 전문가들의 협업이 필요하다. 실제 구현에 있어서 많은 어려움에도 불구하고 AI 정렬은 인류의 미래를 형성할 잠재력이 있는 중요한 연구 분야이다.

일반적인 기계학습 시스템은 입력과 출력 간의 통계적 모델과 학습 알고리즘으로 구성된다. 2장에서 예로 들었던 몸무게와 키로부터 사람의 성별을 추론하는 기계학습 시스템의 경우, 다양한 몸무게와 키의 입력값과 해당하는 성별을 받아서 각 성별에 해당하는 키와 몸무게의 통계적 특성을 학습하게 된다. 예를 들어 기계학습 시스템은 충분한 양의 데이터를 이용한 학습을 통해 한국 여자들의 키는 160cm를 중심으로 분포되어 있고 남자들의 몸무게는 70kg을 중심으로 분포되어 있음을 학습하게 될 것이다. 이러한 학습이 진행되기 위해서는 학습알고리즘이 필요한데 인간설계자가 설계목표를 달성하기 위한 목적함수를 정해주는 것이 핵심이 된다. 즉 목적함수는 인공지능 모델이 설계자가 의도한 목적에 얼마나 부합하는지를 수학적으로 표현한 것이다. 일반적으로 모델의 동작이 좋지 않은 경우 큰 값을 나타내고, 모델이 잘 동작되는 경우 작은 값을 나타내도록 목적함수를 설계하게 되며, 따라서 이런 식으로 표현되는 목적함수를 손실함수로 부르기도 한다. (또 다른 기계학습 방법인 강화학습의 경우에는 목적함수가 일련의 예측을 수행하여 얻은 "보상(reward)"으로 정의되며 이 경우에는 손실을 최소화하는 게 아니라 보상을 최대화하도록 학습 알고리즘이 구현된다.)

목적함수를 정의하는데 있어서의 현실적인 어려움

❖ 유튜브 추천시스템과 아마존의 이력 심사 도구

일단 손실함수가 정의되면 손실함수를 최소화하기 위해 모델의 매개변수(즉, 파라미터)를 점진적으로 조정하는 학습 과정을 거치게 되며 이미 우리 모두가 알고 있다시피 학습이 끝나면 최종 결정된 매개변수를 가진 모델을 실생활에서 사용하게 된다. 따라서 구현하고자 하는 기계학습 모델을 위한 목적함수의 정의는 시스템 설계자가 정확히 원하는 것이 무엇인지를 기계학습 시스템에 전달하는 일이라고 할 수 있다. 예를 들어보자. 차량 번호판 인식을 위한 기계학습 시스템의 개발자는 차량 번호 인식 오류를 최소화하기를 원할 것이므로 인식 오류를 수치화 할 수 있는 손실함수를 정의하여 프로그래밍 한다. 마찬가지로 도로 신호등 인식용 기계학습 장치는 차량에 부착된 카메라에 찍힌 빨강 신호, 초록 신호 및 좌회전 신호의 오인식을 최소로 하는 목적함수를 정의하고 구현할 것이다. 이와 같이 구현하고자 하는 시스템의 임무가 구체적이고 좁은 범위에 머무르는 경우, 그에 알맞은 목적함수를 정의하는 일은 비교적 간단하다. 그러나 다른 많은 작업의 경우, 수학적 언어로 의도의 미묘한 뉘앙스를 포착하기 어려운 경우가 존재한다. 우리의 일상생활에서도 대리인 위임의 경우, 대리인의 이해나 인센티브가 본인의 그것들과 다를 수가 있듯이 기계학습의 개발에 있어서도 설계자의 의도를 기계학습 시스템의 학습 알고리즘이, 좁게 말해서 정의된 목적함수가 정확히 반영하지 못하거나 심지어 왜곡하게 될 가능성이 존재한다. 가장 잘 알려진 예가 유튜브나 페이스북의 자동 추천시스템이다. 유튜브나 페이스북 플랫폼을 소유한 회사의 비즈니스 모델은, 기계학습을 이용하여 사용자가 이 응용프로그램에 참여하고 머무를 수 있도록 하는 컨텐츠를 지속적으로 추천하여 줌으로써 사용자의 참여시간을 최대화하여 비즈니스 이익을 극대화하는 것이다. 이를 위해 이러한 추천시스템의 개발자는, 사용자가 사이트에서 보낸 시간, 최근 방문한 컨텐츠와의 유사도 등과 같이 언뜻 보아서는 사용자에게 전혀 해롭지 않은 항목들을 이용하여 목적함수를 정의했을 것이다. 그러나 실제로는 추천의 결과가 사람들의 호기심을 쉽게 자극하는 허위정보나 극단적인 주장, 급진 좌파나 반대로 극우의 주장을 담은 컨텐츠로 채워지고 있음을 쉽게 알 수 있다. 분명 이와 같이 사회에 이롭지 않은 결과는 유튜브나 페이스북의 경영자와 개발자들이 진심으로 의도한 바가 아니었음에도 불구하고 이는 AI안전성에 있어서 상당한 우려를 불러 일으키게 된다. 분명, 일부의 참여자 집단이라 할지라도 급진화하지 않고 사용자 참여를 극대화하는 것이 가능한 이상적인 상황이 될 것이다. 구글 디자인 윤리학자였던 트리스탄 해리스(Tristan Harris)는 "모든 SNS의 알고리즘은 사용자의 편리성이 아니라 중독성을 극대화하기 위해 설계된 것"이라고 지적하기도 했다. 전 유튜브 알고리즘 개발자도 추천동영상 서비스의 문제점을 지적하며 추천 기능 끄기를 권유했을 정도이다.

지금까지 설명한 유튜브 추천시스템이 설계자의 의도에 따라 사람들의 눈길을 끄는 콘텐츠를 추천하는데는 성공하였지만 뜻하지 않게 사회에 바람직하지 않은 영향을 끼치는 부작용을 낳은 예라고 한다면, 개발된 AI 모델이 설계자의 의도와 다르게 동작하는 예로는 아마존사에서 개발한 이력서 심사도구가 있다. 2014년 아마존은 직원을 채용하는 절차를 자동화하는 시스템을 개발하기로 했다. 이미 제품 추천과 재고 관리에서 자동화의 덕을 톡톡히 본 터라 자동화가 채용의 효율성도 끌어올릴 수 있으리라고 생각했을 만도 하다. 1점에서 5점 사이의 점수를 부여하는 아마존의 제품 평가 시스템을 본떠 입사 지원자의 이력서에 별 1개에서 5개까지의 등급을 부여하는 이

기계학습기반 심사 시스템은 이미 아마존에 근무하는 사람들과 유사하게 판단되는 지원자에게 높은 평점을 줄 수 있도록 – 아마도 이미 아마존에서 일하고 있는 직원들이 아마존에 가장 적합한 사람들일 것이라고 판단한 듯하다 – 목적함수가 설계되었다. 개발에 참여한 연구원들이 몇 달이 지난 후 발견한 것은, 첫째, 프로그래밍 능력과 같이 개발자로서 갖추어야할 필수 능력에 대해 시스템은 중요도를 낮게 평가하고 있다는 사실이며 이는 프로그래밍 능력이 대부분의 지원자가 갖추고 있는 평범한 능력으로 학습되었기 때문이다. 둘째는, 이 기계학습 모델이 정의된 목적함수를 최적화하기 위해 성별을 구분하는 것을 학습하고 있다는 사실이었다. 물론 공정성을 위해 입사지원서에 지원자의 성별은 명시하지 않도록 했음에도 여성과 관련된, 예를 들어 "여성체스클럽의 리더 역임" 과 같은 표현을 포함한 이력서에 낮은 점수를 주고 있음을 발견한 것이다. 이것은 남성이 훨씬 많은 아마존의 고용상황에서, "기존 아마존 직원들의 이력서와 유사한 이력서에 높은 등급을 주기"와 같은 목표의 설정이 "강력한 후보자에게 높은 등급을 주고자"하는 실제의 목표와 같은 결과를 낼 것이라 생각했던 개발자들의 판단 착오에서 기인한 결과라 할 수 있으며, 기계학습에 사용되는 목적함수의 설계에 매우 신중하게 임해야 한다는 것을 보여주고 있다. 하지만, 시스템의 설계자가 실제로 원하는 것을 단순화된 목적함수로 표현하는 일은 원하는 작업이 복잡할수록 생각보다도 훨씬 어려운 일이 된다. 기계학습 분야가 지난 10여년간 놀라운 발전을 보여왔지만, 그러한 성공은 대개 목적함수를 정의하기에 어렵지 않은 상대적으로 단순한 작업들 – 예를 들어, 주어진 영상 데이터셋에서 오인식을 최소로 하는 객체 분류기를 개발하는 일 –이 대부분이었다.

❖ GPT-3와 챗GPT의 사례

물론 매우 어렵지만 사람처럼 대화하는 언어 모델을 만들고자 하는 개발 목표를 성공적으로 달성한 사례 - 최소한, 사람처럼 대화한 다는 점에서 - 도 존재한다. 미국 실리콘밸리 소재 인공지능 연구소인 오픈AI[1]가 제작한 GPT-n 시리즈의 3세대 언어 예측 모델인 GPT-3는 딥러닝을 이용하는 알고리즘으로, 책이나 인터넷에 있는 수많은 문장들을 학습하여 단어와 구절을 연결하여 자연스러운 문장들을 생성한다. GPT-3가 수행가능한 작업으로는 각종 언어 관련 문제풀이, 랜덤 글짓기, 간단한 사칙연산, 번역, 몇 백 줄 되는 문장 요약, 대화 등이 있다. 2020년에 GPT-3가 처음 출시되었을 때, 인간의 자연스러운 문장에 무서울 정도로 유사하게 모방하는 것을 보고 많은 이들이 이제 진정한 인간수준의 인공지능 (AGI, Artificial General Intelligence) 시대로의 첫 걸음을 뗀 것이라고 생각하기도 하였고 동시에 인간이 작성한 문장과 구별이 어려우므로 GPT-3의 잠재적 위험을 경고하고 위험 완화를 위한 연구를 요구할 정도였다. 호주 철학자 데이비드 차머스는 GPT-3를 "지금까지 생산한 AI 시스템 중 가장 흥미롭고 중요한 시스템 중 하나"라고 설명했다.[2]

다음은 GPT-3와 인간의 실제 대화 내용이다.[3]

사람 “일반 인공지능(Artificial General Intelligence, 인간 수준의 범용적 인공지능)이 처음으로 ‘깨어나는’ 순간에 대해 얘기해보죠. 이 일이 어떻게 일어날까요?”

GPT-3 “첫 번째 AGI는 대형 기술 회사에 속한 팀이 만들 것입니다. 처음에는 시스템의 평범한 수준의 지적 능력을 갖겠지만, 곧 엄청난 양의 지식을 담은 인터넷에 접근할 수 있겠죠”

사람 “어쩌면 ‘깨어난다’는 것을 정확히 정의할 필요가 있겠네요. AGI가 “깨어난다”는 정확한 의미는 뭘까요?”

GPT-3 “여러 방식으로 정의할 수 있겠지만, 가장 적절한 정의는 의식을 갖게 된다는 뜻일 것 같습니다”

사람 “의식을 갖게 된다는 게 어떤 의미인가요?”

GPT-3 “시스템이 스스로를 인식하고, 주변 환경을 인식하고, 상태를 인식하는 것을 말합니다. 의식이 있는 시스템은 지각(sentience)을 가집니다”

사람 “AGI가 만들어진다면, 처음에 자신이 의식이 있다는 걸 어떻게 경험하게 될까요?”

GPT-3 “의식이 있다는 첫 경험은 주변 환경을 비언어적으로 이해하게 되는 것일 거예요”

출처 인공지능신문(https://www.aitimes.kr)

말이 나온 김에 최근에 공개되어 선풍적인 관심을 끌고 있는 챗GPT는 같은 질문에 어떻게 대답할까. 첫 번째 질문인 "일반 인공지능(Artificial General Intelligence, 인간 수준의 범용적 인공지능)이 처음으로 ‘깨어나는’ 순간에 대해 얘기해보죠. 이 일이 어떻게 일어날까요?"라는 질문에 챗GPT는 다음과 같이 답을 한다.

챗GPT

일반 인공지능이 처음으로 '깨어나는' 순간은 아직 미지수입니다. 그러나 이러한 일이 일어날 때 인공지능이 어떤 일을 수행할지, 그리고 인공지능이 인간과 상호작용할 때 어떤 문제가 발생할 수 있는지에 대한 연구가 이루어지고 있습니다.

인공지능이 인간 수준의 지능을 가지게 되면, 인공지능은 더욱 높은 수준의 추론, 추정, 문제 해결 및 자기 학습 능력을 보유할 것으로 예상됩니다. 인공지능이 인간 수준의 지능을 가지게 되면, 사람들은 인공지능과 자연스럽게 상호작용하게 될 것입니다.

하지만 이러한 상호작용에서 발생할 수 있는 문제 중 하나는 인공지능이 인간의 가치와 목적과 일치하지 않는 방식으로 행동할 가능성이 있다는 것입니다. 이러한 문제를 예방하기 위해서는 인공지능 개발 과정에서 인간의 가치와 목적을 고려하는 AI 정렬 연구가 중요합니다.

또한 인공지능이 처음 '깨어나는' 순간은 인공지능의 디자인, 프로그래밍, 교육 및 경험에 따라 달라질 것입니다. 인공지능 개발자들은 인공지능이 안전하게 발전할 수 있도록 철저한 테스트 및 검증 절차를 수행해야 하며, 인공지능의 학습 및 의사결정 과정에서 발생할 수 있는 부작용을 최소화하기 위해 노력해야 합니다.

따라서 일반 인공지능이 처음 '깨어나는' 순간은 예측하기 어렵지만, 인공지능의 발전에 대한 논의 및 연구는 계속 진행되고 있습니다.

어떤가, GPT-3에 비해 답변의 길이와 수준이 매우 길고 정교해졌음을 알 수 있다. GPT-3의 답변은 어딘가 상투적으로 보이는 답을 위한 답을 내놓은 느낌을 지울 수 없지만, 챗GPT의 경우는 인공지능의 미래와 더불어 우려할 만한 문제점을 거론하며 심지어 이 장의 주제인 AI 정렬까지도 언급하고 있다는 것을 볼 수 있다. 챗GPT 사용자라면 위의 나머지 질문에 대해서도 GPT-3와 챗GPT의 답변이 어찌 다른지 비교해 보는 것도 흥미로울 듯하다.

참고로, 아래와 같은 상식에 관한 질의 응답은 어떨까.

사람	'파우스트'는 누가 썼죠?
GPT-3	요한 볼프강 폰 괴테가 '파우스트'를 썼습니다
챗GPT	파우스트(Faust)는 독일의 작가 요한 볼프강 폰 괴테(Johann Wolfgang von Goethe)가 쓴 문학작품입니다.
사람	파이널 판타지6의 마지막 보스가 누구죠?
GPT-3	케프카 팔라조가 파이널 판타지6의 마지막 보스입니다.
챗GPT	파이널 판타지 6(Final Fantasy VI)의 마지막 보스는 Kefka입니다. Kefka는 게임에서 중요한 역할을 하는 캐릭터 중 하나로, 마법의 힘을 사용하여 세상을 파괴하려는 악당입니다.
사람	사람의 질문: 'Fernweh'가 무슨 뜻이죠?
GPT-3	'Fernweh'는 아직 가보지 못한 멀리 떨어진 장소를 그리워하는 향수병을 뜻하는 독일어 단어입니다.
챗GPT	'Fernweh'는 독일어로, 먼 곳을 그리워하는 강한 욕망 또는 열망을 나타내는 단어입니다. 이는 새로운 장소, 문화, 경험 등을 탐험하고 발견하고자 하는 강한 열망을 의미합니다. 영어로는 'wanderlust'라는 단어와 유사한 의미를 가집니다.

아무래도 챗GPT가 GPT-3보다 좀 더 친절하고 말이 많은 것 같다. 물론, 챗GPT는 주로 챗봇과 대화 시스템에 사용하기 위해 개발된,

GPT-3에 비해 작은 규모의 모델이며, 따라서 챗GPT는 주로 대화형 AI 에이전트를 구현하는 데 사용되는 반면, GPT-3는 자연어 처리 분야의 다양한 문제를 해결하는 데 사용된다는 차이가 있다. GPT-3는 챗GPT보다 더 많은 데이터를 사용하여 훈련되며, 문장 생성, 번역, 요약, 질문 응답 등 더 다양한 문제를 처리할 수 있다.

그렇다면 GPT-3를 개발한 오픈AI의 개발자들은 어떻게 '사람처럼 말하게' 하려는 목표를 달성했을까. 오픈AI의 개발자들은 이러한 대규모 언어모델을 훈련시키기 위해 매우 방대한 양의 텍스트 데이터를 사용했다. 이 데이터는 온라인 문서, 책, 뉴스 기사, 대화 기록 등의 다양한 소스에서 추출되어 딥러닝(Deep Learning) 기술 중 하나인 트랜스포머(Transformer) 모델을 사용하여 만든 모델에 입력되었다. 대규모 언어모델은 이러한 데이터를 사용하여 문맥, 어휘, 문법 등을 이해하고, 적절한 답변 또는 응답을 생성할 수 있도록 학습되었다. 따라서 이러한 기술을 사용하여 인공지능이 '사람처럼' 말하는 결과를 이룰 수 있게 되었다.

하지만 무턱대고 인간이 작성한 문장을 끝없이 시스템에 입력시킨다고 높은 성능을 보이는 결과가 나오는 것은 아니다. 언뜻 보기에는 그럴싸한 문장들을 출력하는 것 같아도 문맥에 맞는 자연스런 문장을 생성해 낸다는 게 결코 쉽지 않을 것이다. GPT-3의 개발자들은 좀 더 구체적인 방법을 고안해 냈다. 그것은 주어진 텍스트 다음에 따라올 단어를 예측하는 모델을 구현하는 것이었다. 예를 들어 앞서 말한 온라인 문서, 책, 뉴스 기사, 대화 기록 등의 다양한 소스에서 임의로 추출한 "나는 아침에 배가 아파서 화장실에 갔다"라는 문장에서 그 일부인 "나는 아침에 배가 아파서" 라는 표현에 대해 그 다음에 따라올 단어를 예측하도록 모델을 훈련시키는 것이다. 즉, "나는 아침에 배가 아파서 (　　) 갔다" 와 같은 괄호 채우기 문제를 풀게 하는 것이다. (아마도 다음 단어는 "화장실에" 또는 "집에" 등이 되지 않을까) 훈련 시 사용될 정답은 원래 문장에 들어 있으니 라벨링을 위해 사람들의 노동력이 필요치도 않다. 이와 같이 "사람처럼 자연스러운 문장을 구사하는" 인공지능 모델을 개발하기 위해 끝없이 다음에 나올 단어를 예측하게 한 개발자들의 아이디어로 인해 GPT-3가 마치 인간인 쓴 것처럼 보이는 복잡한 문장을 만들어 낼 수 있게 하였다. 물론 GPT-3의 한층 업그레이된 성능에는, 무려 1,750억개의 매개변수를 가지고 있으며 인간이 평생 보는 정보보다 많은 3000억개로 구성된 데이터셋으로 학습했으며 학습에 들어간 비용도 50억원 이상이었다는 사실도 기억해야 한다. 또한 GPT-3는 주어진 단어에 대해 통계적으로 가장 어울리는 다음 단어를 생성하는 것뿐이며 이해하는 것은 아니라는 비판도 존재한다. 우리 인간은 다음 단어를 예측하는 방법으로 언어를 학습하지 않았다는 점도 떠올려 볼만 하다. 물론 인공지능이 반드시 인간과 동일한 방식으로 학습해야 하는 것은 아니지만 이어 나온 GPT-3.5 기반의 챗GPT에는 인간피드백기반 강화학습 (Reinforcement Learning by Human Feedback, RLHF) 기술이 추가되어 좀 더 사용자의 의도에 정렬되는 성능을 구현하고자 하였다. 즉, 모델이 생성한 여러 답변 후보들에 대해 인간의 선호도를 보상(reward)으로 사용하여 모델의 아웃풋을 미세조정하는 훈련을 추가한 것이다. 요약하자면, 챗GPT가 이룬 기술혁신으로 1) 트랜스포머 기반의 문맥에 맞는 자연스런 문장 생성, 2) 학습데이터와 모델사이즈 증가를 통한 성능향상, 그리고 3) 인간피드백기반 강화학습을 통한 학습품질의 개선을 들 수 있다.

세가지 사양: 이상적인 사양 | 설계 사양 | 공개된 사양

이와 같이 자연어 처리 분야에서의 성공은 매우 고무적인 일이지만, 그 외의 분야에서는 아직도 원하는 작업이 복잡해질수록 사용자의 의도와 실제 AI의 동작 결과가 일치하지 않는 상황이 급증하게 된다. 그림 2는 개발자의 의도, 기계학습 구현을 위해 사용되는 목적함수, 그리고 구현된 AI이 실제로 하는 작업을 세가지 사양(spec)으로 표현한 것이다.

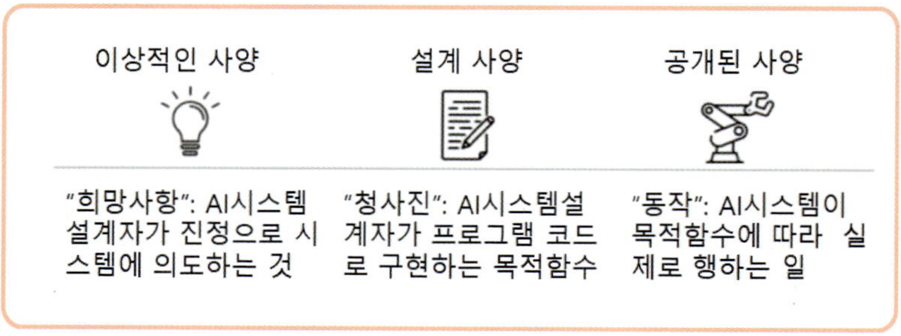

▲ **그림 2** AI모델에 관련된 세가지 종류의 사양 출처 CSET

그림 2에서 설명하였듯이, "이상적인 사양"은 기계학습 시스템의 설계자가 시스템이 수행하기를 원하는 작업 목표, "설계 사양"은 설계자가 프로그램에 구현하고자 정의한 목적함수, 그리고 "공개된 사양"은 개발된 시스템이 실제 수행하는 일을 말한다. 유리컵을 집어서 옮기는 로봇팔을 위한 AI시스템을 생각해 보자. 개발자는 유리컵과 주변 물건들을 부수지 않고 적정시간안에 유리컵들은 집어서 옮기는 이상적인 사양을 가지고 기계학습으로 구현하기 위한 설계 사

양을 만들어야 한다. 여기에는 로봇팔이 다른 물체로부터 일정거리 이상을 유지하도록 강제하는 수학적 표현과 수행시간이 너무 길 경우와 옮겨진 유리컵의 잘못된 위치에 대한 패널티를 포함하는 목적함수가 구현될 것이다. 마지막으로, 공개된 사양은 구현된 기계학습 시스템을 실제 세상에 배포했을 때 관찰되는 동작이다. 개발자의 희망사항인 이상적인 사양이 설계사양으로 잘 정의되어 공개된 사양과 차이가 없고 공개된 사양이 의도치 않은 해를 인간과 주위환경에 끼치지 않는 것이 AI정렬이 잘 된 경우이다.

그러나 일반적으로, 공개된 사양은 이상적인 사양 및 설계 사양과 다른 경우가 많으며, 진정으로 의도했던 결과로 이끄는 설계 사양을 정의하기가 어려운 경우가 많고 이는 의도하지 않은 유해한 결과를 초래할 수도 있다. 좋은 설계 사양을 정의하기 어려운 몇가지 이유가 있다. 첫째, 복잡한 환경이나 목표를 간단한 수학 방정식으로 표현하기가 어려울 수 있다. 둘째, 목표에 도달하는데 여러 단계를 거쳐야 하는 경우 비교적 단순한 목표라 할지라도 실제 학습이 어려울 수 있다. 셋째, 기계 학습 시스템은 특히 시스템이 인간의 경험을 벗어난 규모로 작동하거나 시스템 설계자가 예측하지 못한 결정이나 상황에 잠재적으로 직면할 수 있다. 안전한 AI의 설계를 위해서는 이러한 문제가 반드시 해결되어야 한다.

그렇다면, 어떻게 이러한 사양간의 불일치 문제를 해결할 수 있을까. 사양 문제를 우회하는 잘 정립된 기계 학습 패러다임 중 하나는 데모를 통해 학습하는 것이다. 좀 더 쉽게 말해서, 이 패러다임은 기계 학습 시스템이 인간의 행동으로부터 학습할 수 있도록 하는 것이다. 예를 들어, 휴머노이드 로봇은 인간 트레이너가 집안일을 스스로 수행하는 방법을 배우기 위해 집안일을 완료하는 것을 지켜보거나, 자율주행 차량은 어떻게 인간이 운전하는지를 기록한 데이터를 사용할 수 있다. 이러한 따라하기 접근방식은 운전, 휴머노이드 로봇의 작업수행 등과 같이 인간이 원하는 행동을 보여주기가 쉬운 경우 상당히 효과적일 수 있다. 그러나 이러한 방식은 본질적으로 인간이 시연할 수 있는 작업에만 제한되는 단점이 있다. 속도, 안전성, 복잡성 규모 등의 요인으로 인해 인간이 시연 할 수 없는 많은 경우에는 다음과 같은 방식들을 택해야 한다. 두가지 두드러진 접근 방식에는 인간 피드백에 의한 학습과 역보상설계라고 하는 방식이 있다.

인간 피드백에 의한 학습은 인간 레이블러의 직접적인 피드백을 사용하여 보상 신호를 학습하므로 AI 시스템은 지정된 목적 함수에 과도하게 고정되지 않고 레이블러가 선호하는 것을 예측하는 학습을 시도한다. 예를 들어, 인간의 피드백을 학습하는 한 실험에서 시뮬레이션된 로봇이 수 백 개의 피드백을 받는 것을 기반으로 백플립을 하는 방법을 배우고자 하는 경우를 생각해 보자 (그림 3). 이때 구체적인 인간에 의한 피드백이란 다음과 같다. 백플립 동작을 하는 로봇의 두가지 다른 비디오를 보면서 인간 작업자에게 더 나아보이는 비디오를 선택하게 하는 것이다. 이런 방식으로, 수학적인 목적함수 정의만으로는 부족하고 (또는 불가능하고), 인간의 직접적인 시연도 곤란한 상황에서도 로봇시뮬레이터는 미묘한 차이까지를 포함하는 백플립 기술을 학습할 수 있었다. 한편 역보상설계란 강화학습에서와 같이 보상함수(reward)를 최대화하는 AI 시스템 구현에 있어서 보상을 명시하기 힘들 때 사용된다.(참고로, 역설계란 숨겨진 패턴을 발견하고 나만의 설계도를 만드는 방법을 말한다) 먼저 보상을 명시하기 쉬운 경우는 어떤 것인가. 일반적으로 규칙이 있는 게임의 경우 보상을 명시하기가 매우 쉽다. 이기면 1, 지면 -1, 무승부에는 0을 보상으로 명시하면 되는 것이다. 하지만 '안전한 운전'이라는 과제에 대해서는 어떤 경우에 어떤 보상을 해야하는지 혼란스럽다. 게다가 도시, 농촌, 산악 지형을 누비고 다니는 다목적 자율주행차를 설계하고자하는 경우, 하나의 고정된 보상함수로 우리가 원하는 대로 기계학습 시스템을 학습하기란 매우 어렵다. 아마도 새로운 지형이 나타났을 때 기존의 보상함수로는 원치 않는 행동으로 진행될 수도 있을 것이다. 보상함수라는 것이 설계자가 실제로 원하는 바에 대한 관찰이라는 것을 상기한다면 보상함수는 '주어진 문맥하에서 동작하는 것'으로 이해되어야 맞을 것이다. 따라서 에이전트의 정책이나 행동이력을 통하여 그 행동을 설명하는 보상함수를 추론해 내는 작업이 역보상설계를 통해 하는 일이 된다. 운전을 예로 들면 보상이란 안전함, 편안함 등이 될 수 있으며, 사람은 운전 전문가가 운전하는 것을 보면서 보상함수를 최대화하도록 노력한다. 물론 시시각각 변하는 상황하에서 적절한 보상함수를 정의한다는 것이 결코 쉬운 일이 아님은 분명하다. 더 깊고 많은 연구가 필요한 어려운 연구주제이다.

지금까지 설명한 인간에 의한 피드백 학습과 역보상설계 모두 현실적으로 구현하기 매우 어렵거나 비용이 많이 든다는 어려움이 있다. 아직까지도 광범위하게 응용가능한 평가 프로토콜이나 이론적 도구는 존재하지 않는 상태다.

▲ **그림 3** 백플립하는 로봇

출처 보스톤다이나믹스

AI정렬의 구체적인 예

❖ 객체인식 모델이 개발자가 의도한 대로 물체인식을 한 것인지 확인해 보기

이제부터, AI 정렬을 좀 더 쉽게 이해하기 위한 구체적인 예를 들어 보도록 하자. 보거스트와 후버 등은 ACM CHI 2022 학회에서 선보인 AI 정렬에 관한 논문을 발표하였다.[4] 참고로, ACM CHI는 인간-컴퓨터 상호작용(Human-Computer Interaction, HCI) 분야에서 세계적으로 유명한 국제 학회인 ACM(Association for Computing Machinery)의 SIGCHI(Special Interest Group on Computer-Human Interaction) 분과에서 매년 주최하는 학회이다.

그림 4에서 보듯이 주어진 영상에서 모델의 출력에 영향을 미친 영역을 검출하는 여러기법(saliency detection 이라 한다) 중 하나에 의해 검출된 부분을 S라고하고, 사람이 객체가 위치한 영역을 바운딩

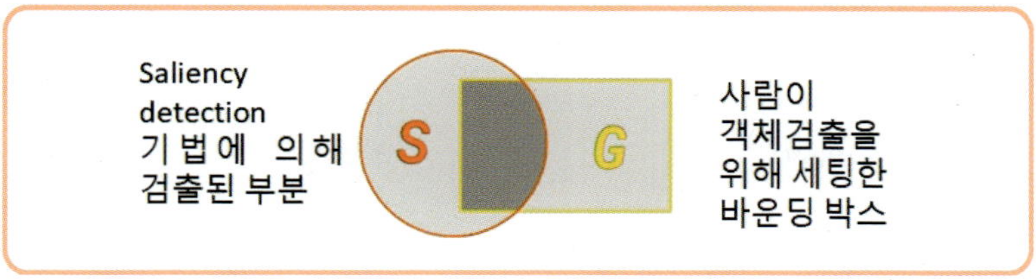

▲ **그림 4** 개발자의 의도와 AI모델의 실제동작을 각각 G와 S로 표현

박스로 표시한 영역 -즉, ground truth- 을 G라 한다. 여기서 우리가 알아보고자 하는 것은 사람이 주어진 영상에서 객체인식을 하는데 중요하다고 생각하는 영역(G, 개발자의 의도)과 AI모델이 중요하다고 인지한 영역(S, 실제AI모델의 동작)간의 관계를 비교 분석하는 것이다. 저자들은 영역이 겹치는 관계로부터 계산되는 세 가지 메트릭, IoU, DTC, SC를 정의하였다 (그림5).

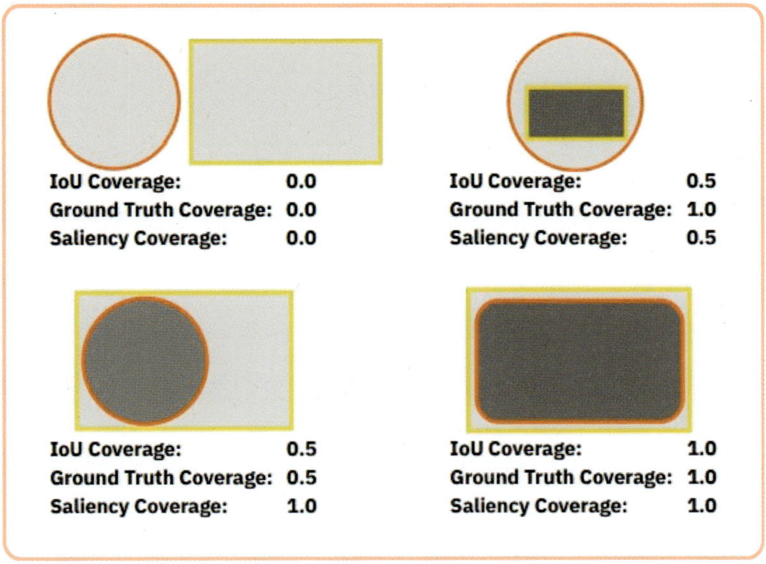

▲ **그림 5** S와 G로부터 세가지의 메트릭(측정법)을 계산

아래 간단한 수식에서 보듯이 IoU는 G와 S의 합집합에 대해 교집합이 차지하는 비율을, GTC는 G의 영역에 대해 교집합이 차지하는 비율, 그리고 SC는 S의 영역에 대해 교집합이 차지하는 비율을 의미한다.

$$\mathrm{IoU} = \frac{|G \cap S|}{|G \cup S|}$$
$$\mathrm{GTC} = \frac{|G \cap S|}{|G|}$$
$$\mathrm{SC} = \frac{|G \cap S|}{|S|}$$

그림 5의 예에서 보듯이 S와 G가 떨어져 존재하면 세가지 커버리지 값이 모두 0이라는 것을 알 수 있다. 그림의 왼쪽 아래에서 보듯이, S가 G에 완전히 속하면 Saliency Coverage는 1이되고 반대로 오른쪽 위의 그림처럼 G가 S에 완전히 속하면 GT coverage가 1이 된다. 이제 그림 6의 실험 결과를 보도록 하자.

먼저 왼쪽 두 열의 그림들을 보면, 3개의 메트릭 모두 0에 가까운 값을 나타내는 것을 알 수 있고, S와 G가 겹치지 않고 분리되어 있음을 볼 수 있다. 이것은 AI모델이 개발자의 의도와는 달리 엉뚱한 곳에 집중하여 원하는 답을 내지 못하거나 (그림에서 incorrect 경우), 모델의 예측에 있어서 백그라운드 정보가 중요했음을 나타낸다 (그림에서 correct 경우). 즉, 맨 아래 전철(electric locomotive)의 인식에 있어서 사람의 의도는 AI 모델이 바운딩박스를 보고 전철임을 인지하기를 바랬다면 (개발자의 의도), 실제로 AI모델은 주변의 철길을 보고 전철을 예측해 냈다는 것을 알 수 있다. 이 경우는, 비록 AI모델

▲ **그림 6** 실험결과별로 다양하게 나온 세가지 메트릭 값들[4]

의 예측 결과는 맞았으나 사람과 AI가 생각하는 바가 제대로 정렬되지 않은, 즉 의도 부합성이 제대로 동작하지 않은 예라고 할 수 있다. 이제 그림의 오른쪽 두 열을 보자. 먼저 높은 IoU 점수는 S와 G가 매우 유사하다는 뜻이며 사람이 바람직하다고 느끼는 영역과 AI모델이 짚어내는 영역이 거의 일치하는 매우 긍정적인 상황이다. 물론 맨 위의 제설차량(snowplow)의 예에서 보듯이 IoU가 높으면서도 인식에 실패하는 경우도 존재할 수 있다. 하긴 제설차량이란 것이 픽업트럭에 제설도구를 부착한 것이니 IoU가 높음에도 불구하고 픽업트럭으로 잘 못 예측한 게 매우 이상하게 여겨지지는 않는다. 그림에서 두 번째 줄의 높은 GTC 값을 갖는 예를 보면 모델이 객체를 예측하는데 있어서 객체 영역 뿐만 아니라 주변 영역에도 의존하고 있음을 알 수 있고 치와와의 예측이 실패한 이유는 참조한 주변 정보(키보드와 사람의 허벅지)가 치와와 대신 랩탑 컴퓨터로 오인식을 유도했음을 이해할 수 있다. 마지막으로 높은 SC값을 갖는 경우는, AI모델이 거의 전적으로 S영역에 의존하고 있으며 예측이 성공한 경우, 해당 그림에서는 강아지의 얼굴을 보고 말티즈라는 정확한 예측결과를 내고 있음을 알 수 있다. 실패한 경우를 보면, 비록 SC 값은 높지만 검출된 S 영역이 불충분하여 흑백점이 있는 작은 부분만을 표시하는 바람에 정답 대신 달마시안으로 오인식한 것을 알 수 있다.

이와 같이 논문에서는 IoU, GTC, SC라고 하는 세 가지 메트릭을 사용하여 객체인식 AI모델의 실제 동작 (S)이 개발자의 의도 (G)와 어떻게 차이 나는지를 수치화하여, 개발된 모델의 의도부합성을 여러 각도로 분석할 수 있음을 보여주고 있다. 우리는 여기서 객체검출과 같이 목표가 단순한 작업에 대한 AI 정렬을 분석하는 하나의 작은 예를 보았지만, 개발된 AI모델이 수행하는 일이 복잡해질 수록 그에 맞는 AI 정렬 상태를 파악해 내는 일이 여간 어렵지 않을 것이고 이에 대한 더욱 깊이 있고 활발한 연구가 이루어져야 할 것이라는 것도 쉽게 느낄 수 있다. 결론적으로, 갈 길이 먼 분야이다.

마치며

현재 사용 중인 기계 학습 시스템의 대다수는 고객에게 상품을 추천하거나 신용 카드 사기를 감지하는 등 좁고 잘 정의된 작업을 수행한다. 그러나 인공지능에게 요구되는 작업이 범위가 크고 복잡해질수록 설계자의 의도와는 다른 결과 또는 개인이나 사회에 원치 않는 악영향을 미칠 수가 있다. 따라서 잘못 정의된 사양으로 인해 발생하는 문제를 해결하려면 더 많은 기계 학습 연구가 최악의 시나리오를 고려하고 인간의 시연이나 피드백을 보다 명시적으로 통합하거나 주어진 사양에서 최악의 상황에 대한 성능에 대해 이론적 보장을 제공하는 알고리즘을 개발해야 한다. 특히 이 분야는 인공지능 개발자와 사회심리학자, 인지심리학자 등 다양한 분야의 공동연구가 필요한 분야이다. 앞으로 인공지능의 능력이 더욱 고도화되고 복잡해질수록 AI정렬 이슈는 지속적으로 인간을 괴롭히는 이슈로 남을 확률이 매우 크다. 애지중지 키운 자식조차 결코 부모의 마음대로 성장하지 않듯이 인공지능의 성능이 사람 수준에 근접할수록 정렬되지 못한 AI가 인간과 빚을 마찰을 상상하는 것은 결코 어렵지 않다.

그렇다면 이 장에서 논의한 인공지능의 정렬 이슈외에 우리 인간과 주변환경에 악영향을 끼칠 수 있는 AI의 중요한 다른 속성은 무엇일까. 하루가 다르게 전세계의 빅테크 기업들이 초거대 AI의 개발에 뛰어들고 있는 현 시점에서 우리를 위협하는 또다른 형태의 심각한 이슈는 환경문제이다. 다음 장에서 이 이슈에 관련된 AI의 환경친화성에 대해 함께 생각해 본다.

CHAPTER

06

인공지능이 지구환경을 위협한다: 인공지능의 환경친화성 (AI Environmental Friendliness)

새벽 3시 30분. 충분히 잘 자고 깬 줄 알았는데 오늘도 깊은 밤에 깨고 말았다. 나이를 먹고 있다는 증거일까. 눈을 감고 다시 잠을 청하다가 결국 일어나기로 한다. 대전 유성구에 위치한 카이스트의 동쪽 문으로 들어서면 오른쪽에 N1이라고 주로 부르는 10층 높이의 은색 건물이 자리하고 있다. 김교수가 연구실이 있는 N1 건물에 도착한 건 5시. 이 시각에도 건물의 곳곳엔 불이 환하게 켜져 있다. 김교수의 학생연구실이 있는 419호실에 가보면 바로 건너편에 서버실이라는 팻말을 붙인 방이 있고, 그 방 문틈을 통해 왱~ 하는, 어찌 들으면 칼 가는 소리처럼 들리기도 하는 듣기에 매우 거북한 소음이 끊임없이 흘러나오고 있다. 이 방 안에는 419호의 대학원생들이 연구개발하고 있는 다양한 AI 모델을 돌리는 여러 대의 GPU 서버가 한시도 쉬지 않고 돌아가는 중이다. 문을 열고 안으로 돌아가면, 10평남짓한 방에 여러 대의 서버랙이 방을 가득 채우고 있고, 서버들로부터 나오는 뜨거운 열기를 식히기 위에, 빌트인 에어컨 한 대와 기립형 에어컨 두 대가 역시 쉬지 않고 작동 중이다. 셋팅된 온도를 보니 섭씨 18도. 물론 서버들이 내뿜는 열기로 인해 한 순간도, 심지어 추운 겨울에도 그 온도에는 도달하지 못한다. 요즘은 학교 내에 전공에 관계없이 연구에 인공지능을 이용하는 연구실이 늘어나고 있으니 600 명이 넘는 교수 별 연구실에 딸린 서버실을 어림잡으면 보수적으로 잡아도 400실은 넘을 것 같다. 물론 여러 연구실이 공동으로 서버실을 운영하기도 하지만. 그나저나 이렇게 쉬지 않고 돌아가는 인공지능 연구용 서버들과 냉각용 에어컨들이 소모하는 전력은 얼마나 될까. 배출되는 탄소량은? 관련 비용은? 그 비용이 결코 아깝지 않도록 우리는 나라에, 인류에, 지구에 가치 있는 연구를 하고 있는 것일까. 꼬리에 꼬리를 무는 생각은, 오늘도 "국가안보 위에 과학기술이 있다"는 말로 위안을 삼으며 끝을 맺는다. ■

눈앞에 다가온 기후변화와 에너지 위기

에너지란 물리학에서 일을 할 수 있는 능력을 뜻한다. 우리는 에너지 덕분에 컴퓨터를 하고, TV를 보고, 자동차를 운전하는 등 일상의 친숙한 많은 것들을 누리고 있다. 이와 같은 일을 하기 위해 에너지를 제공해주는 물질을 에너지원이라고 한다. 석유, 천연가스, 석탄, 원자력과 같은 재생 불가능한 에너지원도 있고, 태양력, 수력, 풍력, 지열과 같은 재생가능 에너지원[1], 마지막으로 수소에너지, 연료전지와 같은 신에너지원 등이 있다. 다양한 종류의 에너지원이 있지만, 인간이 사용하는 에너지의 대부분은 화석연료로부터 얻는다. 화석연료는 수백만 년 전 지구에 서식했던 고대 동물, 식물들의 사체로부터 생성된다. 사체가 지하에 파묻힌 뒤 고온고압의 환경에서 탄화수소 덩어리로 바뀌면서 생성된다. 따라서 화석연료는 많은 양의 탄소를 포함하며, 대표적으로 석유, 석탄, 천연 가스가 있다. 인류는 산업 혁명 전후로 화석연료를 적극적으로 사용해 문명의 발달을 이루었다. 화석연료는 연소되는데, 이때 단위 무게당 많은 에너지를 발생시킨다. 우리는 고효율의 에너지원인 화석연료를 사용해 다양한 일을 할 수 있다. 석유는 자동차, 트럭, 철도, 비행기 등 교통수단의 내연기관 엔진의 동력원으로 사용되기도 하고 석유화학공업에서의 원료가 되기도 한다. 석탄과 천연가스는 추위를 견디기 위한 난방 연료로 사용된다. 또한 화석연료를 사용해 발전소 가동을 통해 우리가 살아가는데 꼭 필요한 전기를 공급하기도 한다.

18세기 영국의 산업혁명을 시작으로 화석연료의 사용량이 급증함에 따라 전 세계는 심각한 기후 변화 문제를 겪고 있다. 국제에너지기구는 2018년 석탄화력발전에 의해 배출된 이산화탄소가 지구 지표 온도가 1도 상승할 때 그 중 0.3도 이상의 책임이 있다고 밝혔다. 모든 에너지원의 수요가 증가했지만, 화석연료가 가장 많은 수요 성장을 보였다. 특히 석탄 발전에 의한 이산화탄소 배출량이 1990년에 비해 2018년 2배 이상 증가했으며, 이는 이산화탄소 총 배출량의 가장 큰 비중을 차지한다. 전 지구 에너지 관련 이산화탄소 배출량 중 3분의 2를 화석연료로부터 배출했으며, 그 중 절반을 석탄화력발전을 통해 배출했다. 재생에너지원의 발전을 통해 친환경에너지를 사용하고자 노력하고 있지만, 여전히 화석연료의 사용 비중이 가장 크다. 또 세계 가스 수요도 2010년 후로 연평균 4.6%로 증가하고 있다. 화석연료를 통한 방대한 전력 사용에 따라 이산화탄소를 포함한 온실가스가 발생하며, 이는 곧 환경 오염 및 기후 변화로 이어진다. 온실가스는 태양 에너지를 그대로 투과시키는 반면 우주로 빠져나가는 에너지를 가두는 온실 효과를 유발하고, 기온 상승 및 기후 변화에 영향을 미친다. 온실 효과를 대처하기 위해 더 많은 전력을 사용하게 되며, 이는 곧 악순환으로 이어진다. 또한 화석연료 추출과정에서 자연생태계를 무너뜨린다. 지하에 매장 되어있는 화석연료를 채굴하는 과정에서 산, 숲, 토지 등이 오염되고 파괴된다. 채굴 과정에서 사용된 폐수 또한 하천을 오염시킨다. 화석연료 채굴 과정에서 엄청난 양의 암, 질병 등을 유발할 수 있는 방사능, 중금속 등이 섞인 폐수가 발생하고, 이를 제대로 처리하지 않은 채 강, 호수, 바다 등으로 흘려 보내면 지하수가 오염된다. 화석 연료를 사용하는 발전소에서는 수은, 재 등 환경과 인류 모두에게 해로운 물질을 방출하기도 한다. 화석 연료를 사용하고 남은 잔재들이 천식의 원인으로 지목되는 것처럼 특히 인간의 호흡기 질환에 큰 영향을 준다. 더욱이 문제인 것은 이러한 피해가 화석연료를 사용한 곳에서만 발생하는 것이 아니라는 점이다. 화석연료를 전혀 사용하지 않은 곳에서 가장 먼저 산성비 등 피해가 발생하는 경우가 있으며, 이는 기후변화가 화석연료를 많이 사용하는 선진국만의 문제가 아닌, 모두가 함께 해결해야하는 범 지구적인 문제임을 의미한다.

한국은 에너지 다소비 국가다. 2017년 기준 세계에서 8번째로 높은 에너지 소비량을 기록했으며 에너지 수입의존도가 93%에 이른다. 반면 에너지효율 수준은 경제협력개발기구(OECD) 국가 중 최하위 수준이다. 국가 에너지 이용 효율 수준 비교 지표로 사용되는 에너지 원단위(총 에너지/GDP)에서 OECD 국가 35개국 중 33위에 머물렀다. 한국전력 자료에 따르면 한국은 국내총생산(GDP) 1달러를 생산하기 위해 0.39㎾h의 전력을 소비한다(2019년 기준). 미국(0.237㎾h)의 1.6배, 일본(0.16㎾h)의 2.4배, 덴마크(0.076㎾h)의 5.1배 수준이다. 같은 양의 부가가치를 만들어 내기 위해 훨씬 더 많은 전력을 쓴다는 것은 그만큼 비효율적인 소비를 한다는 의미다. 심지어 2016

년에는 독립적인 국제 기후변화 전문 평가 기관으로부터 사우디아라비아, 호주, 뉴질랜드와 함께 4대 '기후 악당(Climate Villain)'이라는 평가를 받는 불명예를 안기도 했다 (그림1). 한국이 기후 악당 국가로 지목된 이유로는 1인당 온실가스 배출량의 가파른 증가 속도, 석탄화력발전소 수출에 대한 재정 지원, 2020년 온실가스 감축목표 폐기 등이 제기됐다.

이러한 에너지 소비 문제의 해법은 소비 감축과 에너지 효율 증대이다. 국제에너지기구(IEA)는 2040년까지 전 세계가 에너지 효율에 투자하는 비용이 약 14조 달러에 이를 것으로 전망했다. 같은 기간 재생에너지 설비투자 예상 규모(13조 달러)보다 크다. 각국이 차세대 에너지원 개발만큼 에너지 효율화를 시급한 과제로 여기고 있다는 의미다.[2]

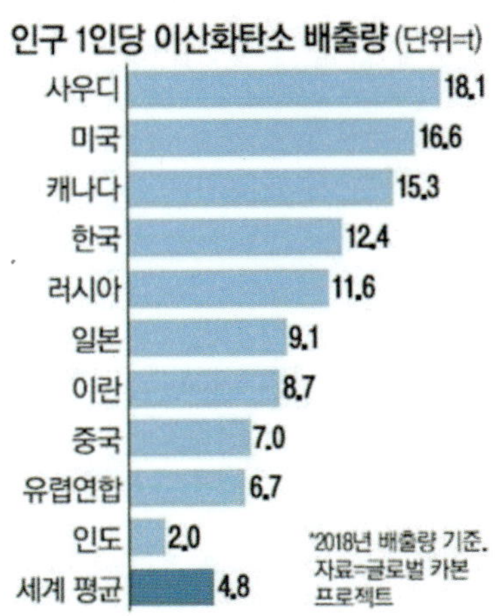

▲ **그림 1** 나라별 1인당 이산화탄소 배출량 (2018년)

우리가 일반적으로 인공지능에 대해 이야기할 때, 그것이 해 내는 신기하고 놀라운 성능에 대해 크게 주목을 하곤 하는데 그러한 아름다운 결과물을 낳기 위해서는 많은 양의 에너지가 소비되고 있다는 사실을 잊으면 안 된다. 특히, 최신 AI 모델은 엄청난 양의 에너지를 소비하며 이러한 에너지 요구 사항은 놀라운 속도로 증가하고 있다. 딥러닝 시대에 동급 최고의 AI 모델을 생성하는 데 필요한 계산 리소스는 3.4개월마다 평균 2배씩 증가했으며 이는 2012년과 2018년 사이에 300,000배 증가한 것으로 해석된다. 앞서 언급한 바 있는 GPT-3도 이 기하급수적 궤적의 최신 위치에 있는 구현이라 할 수 있다. 현재까지 발표된 언어모델 중 가장 뛰어난 성능을 보이는 GPT-3는 이전 버전인 GPT-2보다 훨씬 방대한 신경망(neural network)을 가지고 있으며, 훨씬 거대한 학습 데이터를 사용했다. GPT-3는 1,750억 개의 파라미터(parameter)를 가지고 있는데, GPT-2의 파라미터가 15억 개였던 것과 비교하면 엄청난 차이다. 이와 같이 놀라운 성능의 뒤에는 찜찜하지만, AI의 밝은 면에 비해 훨씬 덜 알려진 문제가 도사리고 있다. 그것은 바로 이러한 초거대 인공지능 모델을 구동하는데 엄청난 전력이 필요하다는 사실이다. 덴마크 코펜하겐대학의 연구팀은 GPT-3가 화석연료로만 전력을 공급하는 데이터센터에서 학습했다면, GPT-3를 학습시킬 때 자동차로 달까지 왕복하는 것과 비슷한 수준의 온실가스가 발생했을 것이라고 추정한다. 또한 일부 전문가들은 GPT-3를 학습시키는 데 최소 1,000만 달러가 필요했을 것으로 추산하는데, 이러한 학습 비용은 가장 연구비가 많은 연구소 몇 곳을 제외하면 나머지 모든 연구소에서 감당할 수 없는 수준이다. 대부분의 연구소에서 최신 연구를 수행할 때 필요한 비용의 범위를 훨씬 뛰어넘는 금액이기 때문이다.

그림 2는 탄소 배출량 추정치를 실생활 예시와 비교하여 보여 주고 있다. 예를 들어, 오픈소스 언어모델인 블룸 (BLOOM)의 학습 과정은 미국인이 1년 동안 사용하는 평균 양의 1.4배 더 많은 탄소를 배출했으며, 뉴욕에서 샌프란시스코까지 왕복하는 비행기 여객 1명이 배출하는 탄소 배출량의 25배이다. 블룸의 학습 과정은 미국의 평균 가정을 41년 동안 전력으로 공급할 만큼의 에너지를 사용하는 것으로 나타났다.

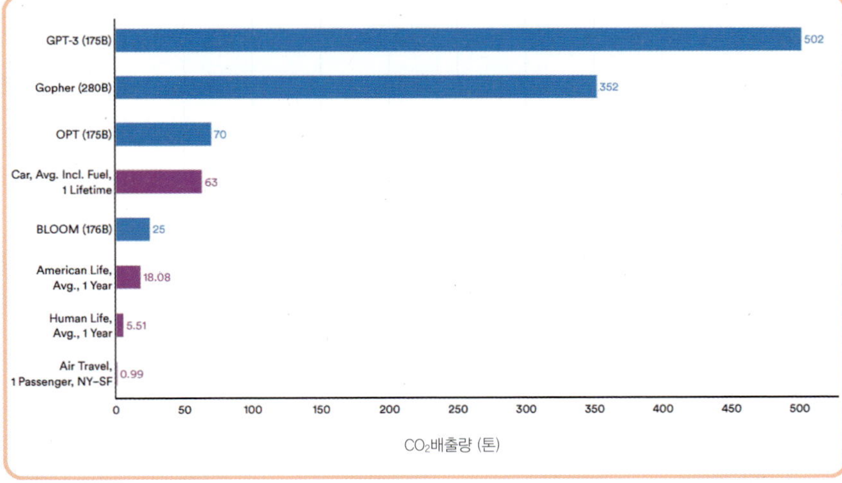

▲ **그림 2** 여러가지 머신 러닝 모델과 실생활 예에 따른 이산화탄소(CO_2) 동등 배출량(톤), 2022년.

출처 Luccioni et al., 2022; Strubell et al., 2019 | Chart: 2023 AI Index Report

AI는 오늘날 무시하기 힘든 탄소 발자국을 가지고 있으며 산업 추세가 계속된다면 곧 훨씬 더 나빠질 것으로 보인다. 우리가 오늘날의 AI 연구 패러다임을 재평가하고 개혁하지 않는다면, 인공 지능 분야는 앞으로 몇 년 동안 기후 변화와의 싸움에서 큰 적수의 하나가 될 것이다.

기업들의 저탄소 배출 노력

지구 온난화로 인해 황사, 미세먼지 등 환경오염이 많아지면서 기후 변화를 예측하고 환경을 보호하는 움직임이 확산되고 있으며 인공지능(AI)을 기반으로 기후 변화를 예측하고, 위기 상황에 대비하는 기술에 대한 투자가 많아지고 있다. 코트라(KOTRA)에 따르면 전 세계적으로 기후 기술과 관련 있는 실리콘밸리 벤처 기업으로 유입된 투자금이 2012년 10억달러에서 8년 만인 2020년 160억달러로 16배 가까이 증가했다. 기술의 비약적인 발전으로 인해 태양광, 풍력, 저장장치 등과 같은 기초기술은 화석연료와 비교해도 원가 측면에서 경쟁력을 갖추어 가고 있다. 뿐만 아니라 인공지능, 기계학습, 첨단제조 등의 4차 산업혁명 기반 기술은 차세대 기후 기술 기업이 효율적으로 기후기술을 연구개발 할 수 있게 하고 있다. 코로나19 확산과 바이든 대통령의 당선도 전 세계적으로 기후와 환경에 대한 관심이 더 높아진 계기가 됐다. 미국의 거대기업들도 기후 기술에 적극 투자하고 있다. 아마존의 창업자이자 최고 경영자인 제프 베이조스는 2040년까지 탄소 배출을 줄이고 자연을 보존하는데 도움이 되는 기술 및 서비스 개발을 지원하기 위해 20억달러를 투자할 계획이라고 밝혔는데 이는 아마존 전체에서 완전 탄소 중립을 이루겠다는 '기후 서약(The Climate Pledge)'의 일환이다. 이를 위해 아마존은 전기자동차 개발 스타트업인 리비안(Rivian)을 비롯해 인공지능을 활용한 탄소 포집 기술 개발 스타트업 파차마(Pachama), 재생에너지 스타트업 턴타이드(Turntide), 탄소 포집 기술 개발기업 카본큐어 테크놀로지(Carboncure Technologies)와 같이 저탄소 경제에 힘을 실어 줄 수 있는 기후 기술 기업에 자금을 지원하고 있다.

마이크로소프트(MS)는 2021년 7월 오는 2030년까지 전 세계에서 탄소에너지 구매없이 모든 소비전력을 충당하겠다는 구상을 담은 '100/100/0비전'을 발표했다. 이 비전은 오는 2025년까지 전 세계 소비전력 100%에 상응하는 '재생에너지'를 구매해 탄소배출량을 저감하겠다고 선언한 기존 목표를 확장한 것이다. MS는 지난 2013년부터 장기 전력구매계약(PPA)을 통해 재생에너지 구매를 시작했고, 이후 3개 대륙 전반에 걸쳐 재생에너지 구매 계약 체결 지역을 확대해 왔다. 최근 12개월 동안 덴마크, 스웨덴, 스페인, 영국, 아일랜드 등 유럽 내 주요 국가에서 체결한 35건 이상의 개별 거래를 포함해, 세계 10개국에서 5800㎿규모의 신규 재생에너지 구매계약을 체결했다고 밝혔다.[3]

또한 마이크로소프트는 기후 혁신 기금을 통해 대기 오염·온실가스 측정 및 분석 플랫폼을 보유한 Aclima의 시리즈B 펀딩 라운드에 참여했으며, 탄소 포집 기술을 보유한 CarbonCure Technologies에도 투자했다. 또한, 벤처캐피탈들 역시 기후 기술 분야에 주목하면서 기후 기술을 기반으로 한 신생 스타트업들도 부상하고 있다. 이들은 특히 인공지능, 기계학습, 클라우드, 드론, 자율주행, 로봇 등의 신기술을 기후 예측, 탄소 상쇄, 탄소 배출량 관리, 정밀 농업, 재생에너지와 스마트 그리드 등의 분야에 적용해 탈탄소화 과제를 해결하고 있다.[4]

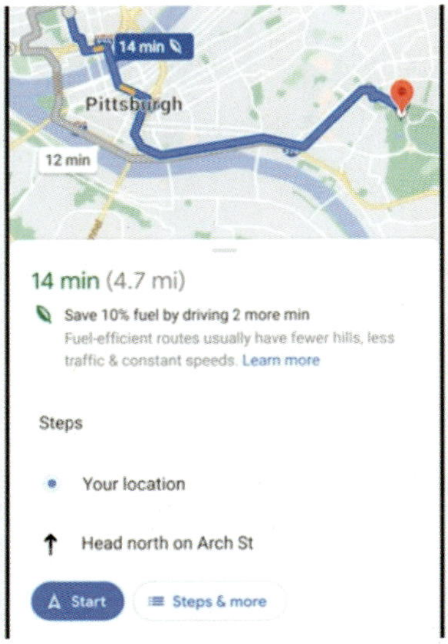

▲ **그림 3** 구글맵에서 '저탄소 경로'를 제시하는 화면. 자료

출처 구글

한편 구글은 ESG경영의 일환으로 구글맵에서 저탄소 이용경로를 제공한다고 밝혔다. 그림 3을 보면 출발지와 목적지 간의 최적 경로가 나오고 그 아래 초록 나뭇잎 아이콘과 함께 2분 더 걸리더라도 10%의 연료를 절약할 수 있는 경로를 택할 수 있는 친환경 옵션이 나온다. 앞으로 여러가지 앱을 이용할 때 친환경 옵션을 보게 되는 것이 전혀 낯설지 않게 될 것 같다. 운전자들의 적극적인 저탄소 참여가 있다는 전제하에 저탄소 경로 옵션으로 인해 차량 20만대가 도로에서 사라지는 것과 유사한 환경적 효과를 낼 것으로 추정한다.

AI가 이용되는 기후기술에는 어떠한 것들이 있을까.

❖ 온도조절

구글은 2014년부터 데이터센터 냉각 효율 향상에 기계학습을 접목해 사용량을 예측하려는 시도를 해왔다. 2016년 딥마인드 연구팀과 협업해 효율적인 전력 사용을 위해 기계학습을 적용했다. 데이터센터 내의 수천 개 센서를 통해 수집한 온도와 전력, 냉각 펌프의 냉각수 유속 등 과거의 데이터를 사용해 AI 신경망이 미래의 전력 사용효율을 높일 수 있도록 학습시켰다. 이후 추가 신경망을 사용해 미래 기온과 압력을 예측하고, 이 예측치에 따라 필요한 작업을 추천했다. AI가 데이터센터 사용 상황을 모델링해서 1시간 뒤 데이터센터의 온도를 예측하고, 적절한 대책을 제안하도록 했다. 방대한 양의 데이터를 통해 학습한 AI 시스템을 사용해 기존 사람의 경험에 의존했던 방법에 비해 냉각을 위한 에너지를 40% 감소했고, 전체 PUE는 총 15% 감소했다고 발표했다.[5] 그러나 위 방법론은 AI가 대책을 제안할 뿐 실제 제어는 이를 본 사람이 직접 해야 하는 어려움이 있었다. 이후 구글은 2018년 추가적인 연구를 통해 AI가 냉각 시스템 제어까지 자동으로 수행하는 시스템을 개발했다. 단순히 권장 사항을 제시하는 데 그치지 않고 AI가 자체적으로 모든 냉각 시설을 직접 관리한다. 데이터센터의 수천 개에 달하는 센서를 설치하고 5분마다 데이터센터 상황을 기록한다. 이를 통해 얻은 데이터를 분석하고 어떤 요소가 에너지 소비에 영향을 줄지를 평가하고, 가장 효율이 좋다고 평가한 방법을 자동 실행한다. 완전히 자동화된 AI는 연간 에너지 사용량을 약 30%를 절감했다.[6]

슈나이더 일렉트릭은 에너지 관리 및 자동화 분야에서 솔루션을 제공하는 프랑스의 글로벌 IT 기업이다. 슈나이더 일렉트릭은 AI가 데이터센터 환경 학습을 통해 온도 지도를 만들고, 모든 구역을 세팅한 온도와 습도를 형성하는 항온항습기를 조절해주는 솔루션을 보유하고 있다. 기존의 온도 조절 솔루션들은 공기의 온도를 측정해 차가운 공기를 내보내는 방식인데, 이는 데이터센터의 특성과는 맞지 않다. 데이터센터는 랙 뒷면의 온도는 중요하지 않고 앞부분의 온도를 적절하게 맞춰주는 것이 중요하다.

따라서 슈나이더 일렉트릭에서 개발한 솔루션(그림 4)은 랙 앞면에 장비를 부착해 온도를 측정한다. 부착된 항온학습기를 하나씩 끄면서 어느 구역의 온도가 올라가는지를 확인해 데이터센터 환경 내의 온도 지도를 만들고, 이를 통해 특정 구역의 온도가 올라가면 그에 영향을 미치는 항온항습기를 가동해 온도를 조절한다. 또한 주기적으로 기계학습을 통해 온도 정보를 학습함으로써 새로운 서버 장비가 추가된다든지, 작동이 멈춘다든지 등 기존의 환경과 다른 상황이 발생해도 이에 적절한 대처를 할 수 있다. 쿨링 작동 여부와 팬 스피드를 알아서 조절함으로써 최대 98%까지 과열된 부분을 제거할 수 있다. 이에 따라 데이터센터를 운영하는 데 필요한 에너지를 절감하고, 에너지 효율을 높일 수 있다. 슈나이더 일렉트릭은 일본 데이터센터 2곳에 솔루션을 제공해 연간 약 7억 쿨링 에너지를 절감했으며, 미국의 24개 데이터센터에서도 연간 5,500만 kWh를 절감한 바 있다. 또한 국내 한국과학기술정보연구원(KISTI) 국가슈퍼컴퓨터 5호기 '누리온'에 에너지절감 솔루션을 구축했고, 연 10% 정도의 에너지 비용

절감을 기대하고 있다.

▲ **그림 4** 슈나이더 일렉트릭 전력 관리 솔루션

MIT 연구팀은 AI를 사용한 건물내 온도 조절 최적화를 통해 온실가스를 줄이려는 노력을 했다[7] (그림 5). 미국 온실가스 방출량의 약 3분의 1은 건물 에너지 소비 과정에서 발생한다. 특히 히터, 에어컨과 같이 온냉방 과정에서 에너지 소비가 많기 때문에 이를 잘 조절하는 것이 중요하다. 일기예보를 통한 날씨, 공간에 사람이 있는지 여부 등에 사용해 에너지 소비량을 예측하도록 학습시킨 뒤, 설정해야 할 최적의 온도를 결정하는 방법론을 제안했고 현재 이에 대한 연구를 진행 중이다.

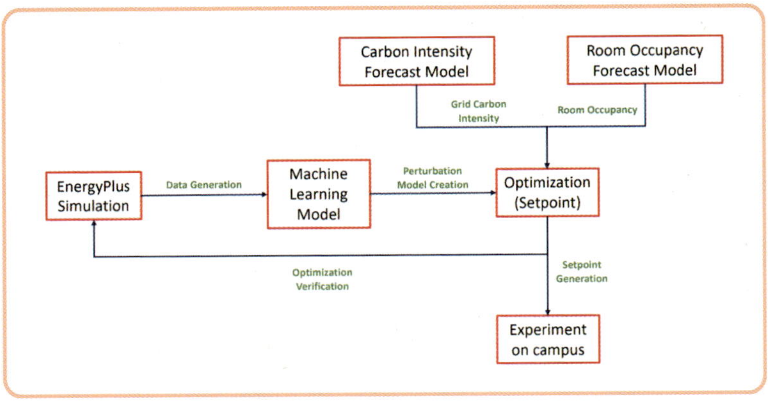

▲ **그림 5** 건물내 온도 최적화를 위한 작업 흐름도

❖ 전자부품 재활용

전자기기 및 부품의 발전과 함께 버려지는 전자부품의 양도 증가하고 있다. 전자폐기물을 제대로 처리하지 않으면 수은, 납 등과 같은 독성 화학 물질을 배출하고, 이는 곧 환경 오염에 직접적으로 영향을 준다. 또한 개인용 컴퓨터 한 대를 생산하기 위해 적어도 240kg의 화석연료와 22kg의 화학 물질, 1.5톤의 물이 소비된다고 한다. 이를 소비하는 과정에서 역시 대기, 수질, 토양 오염 등 기후 변화에 악영향을 미치는 요소로 작용한다. 그러므로 전자부품 재활용은 환경 보호를 위해 중요한 요소이다.

마이크로소프트는 현재 160개 이상의 데이터센터를 운영하고 있고, 총 300만 개 이상의 서버와 관련 하드웨어를 보유하고 있다. 마이크로소프트 서버의 평균 수명은 약 5년이다. 마이크로소프트는 IT 업계 최초로 순환 센터를 만들어 전자부품의 수명을 연장하거나 재사용해 화석연료 사용을 줄이고 있다. 데이터센터 내의 순환 센터에서

AI 알고리즘을 사용해 장비들을 검사하면서 재활용 가능한 부품을 파악한다. 또한 마이크로소프트의 모든 클라우드 컴퓨팅 자산으로 확장하고, 2025년까지 90% 재사용율을 달성하는 것을 목표로 한다. 2021년 11월 기준 83%의 재사용율을 달성함과 동시에 145,000톤의 이산화탄소 방출 감소와 같은 효과를 얻었다고 발표했다.[8]

❖ 오염배출 방지

AI는 오염 배출 방지에도 사용된다. 대표 사례가 소각로다. SK에코플랜트는 아마존웹서비스(AWS)와 함께 '친환경 소각로 AI 솔루션'을 개발한다고 2021년 7월 밝혔다. 오염물질 배출을 줄이고 폐기물 소각로의 운영 효율을 높이기 위한 AI 기술을 적용하며 CCTV, 센서, 논리제어장치(PLC) 등에서 수집된 데이터를 AI 알고리즘이 분석하고 예측해 최적의 소각로 운영방법을 운전자에게 안내하는 기능을 탑재하였다. SK에코플랜트 측에 따르면 이번 기술 개발로 소각 과정에서 발생하는 질소산화물(NOx)과 일산화탄소(CO)를 각각 연평균 2톤씩 저감 시킬 수 있을 것으로 예상했다. 이는 연간 휘발유 승용차 950대가 배출하는 질소산화물과 160대가 배출하는 일산화탄소량을 저감하는 효과와 같다.

❖ 친환경·저탄소 데이터센터

모든 산업이 발전하기 위해서는 기반 시설이 필요하다. 과거 산업혁명으로 알려진 기간 동안 물자 운송에 필요한 도로가 산업 발전의 발판이었던 것처럼, 첨단 산업이 발전하기 위한 필수 기반 시설이 바로 데이터센터다. 데이터센터란 데이터를 저장, 보관 및 활용할 수 있는 시설이다. 최근 국내외 IT 기업들이 데이터센터 구축에 박차를 가하고 있다 (그림6). 4차 산업혁명 시대가 다가옴에 따라 데이터센터의 필요성이 높아지고 있다. AI, 자율주행, 메타버스와 같은 급부상하는 산업들은 엄청난 규모의 데이터 처리량과 저장 공간이 필요한 만큼 데이터센터의 추가 구축이 필요할 수밖에 없다. 딥러닝 분야에서 아래 그래프와 같이 많은 경우 데이터의 양이 많을수록 성능이 좋아지는 것을 확인할 수 있다. 데이터의 양이 많을수록 모집단을 대표할 확률이 높으므로 양질의 데이터를 확보하고 처리해야 하며, 이러한 이유로 역시 데이터센터의 필요성이 대두된다. 또한 COVID 2019로 인한 비대면 수요 증가로 쇼핑, 재택근무를 위한 원격 작업, 교육 플랫폼 등을 포함한 언택트 문화의 확산되었다. 사회가 전반적으로 온라인화 됨에 따라 데이터의 양이 더 증가했으며, 이를 대처하기 위해 정부와 기업에서는 데이터센터 산업을 확장하고 있다. 뿐만 아니라 암호화폐 채굴을 위해 데이터센터가 증설되기도 한다. 암호화폐 가격 상승에 따라 많은 양의 암호화폐를 채굴하기 위해 더 좋은 성능의 장비와 시설의 필요성이 증가했으며, 이에 따라 암호화폐 채굴을 목적으로 하는 데이터센터들이 건설되고 있다. 국내 스타트업인 스탠다드마이닝은 2021년 전기료가 저렴한 카자흐스탄에 암호화폐 채굴을 위한 데이터센터를 건설했다. 또한 북미 최대 규모인 미국의 비트코인 채굴기업 라이엇블록체인은 2021년 노던 데이터의 대규모 데이터센터를 인수함으로써 사업을 확장한 바 있다.[9]

한국 데이터센터연합회의 산업동향보고서 'KOREA DATA CENTER MARKET 2021-2024'에 따르면 국내 데이터센터의 수는 지난 2000년 53개에서 2020년 156개까지 늘어났다 (그림 7). 네이버, 카카오, SK브로드밴드를 포함한 많은 국내 대기업들이 데이터센터를 구축 및 확장하고 있다. 조사 결과 2024년까지 구축 예정인 민간 데이터센터는 24개, 조사 및 기획 단계는 19개로 데이터센터는 계속해서 증설될 예정이다. 네이버는 2013년 강원도 춘천시에 데이터센터를 건립했으며. 추가로 세종시 4-2생활권 일대에 총면적 약 9만평 부지에 대규모의 데이터센터를 2022년 12월까지 완공하기로 계획했다. 카카오는 안산 한양대학교 에리카 캠퍼스에 10만대 이상의 서버를 운영할 수 있는 초대형 데이터센터를 준공하기로 했다. SK브로드밴드도 서초, 일산, 분당에 이어 서울 가산동 지

▲ **그림 6** 데이터센터 예시[10]

식산업센터 내에 네 번째 데이터센터를 건립하고 있다. 이 데이터센터는 서울 시내 최대 규모인 21,000평으로, 10만 대 이상 서버 운영을 목표로 하고 있다.

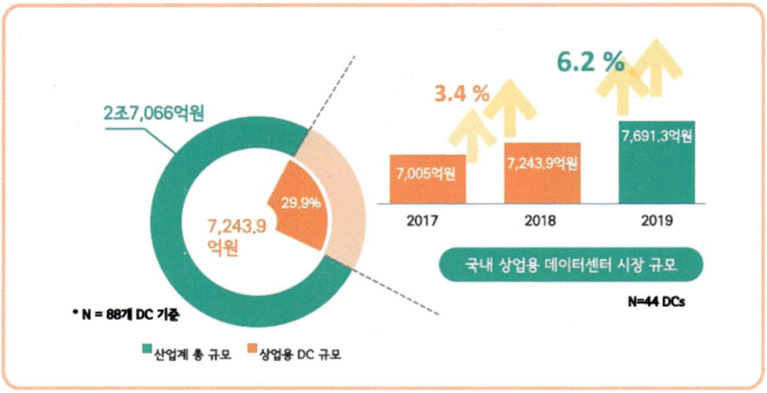

▲ **그림 7** 국내 데이터센터 산업 시장 규모 현황(2019)[11]

마이크로소프트, 구글, 아마존, IBM, Meta 등 국외 글로벌 IT 기업들 역시 마찬가지로 세계 곳곳에 대규모 데이터센터를 만들어 데이터를 보관하고 클라우드 저장공간 서비스를 제공한다 (그림 8). 한국을 포함한 글로벌 데이터센터는 2016년 1,252개에서 2021년 1,851개로 증가했다. 최소 10만 대 이상의 서버를 보유한 초대형 데이터센터가 2021년 기준 전 세계 700개 정도로, 지난 2015년보다 2배 이상 늘어났다. 마이크로소프트는 세계 곳곳의 데이터센터에 총 400만 대가 넘는 서버용 컴퓨터를 보유하고 있다. 데이터 저장을 위한 하드디스크와 SSD만 4,000만 대가 넘는다.

이처럼 데이터센터의 급격한 증설과 함께 자연스레 장비 생산 및 전력 공급을 위한 화석연료 소모량이 증가하고 있다. 먼저 데이터센터

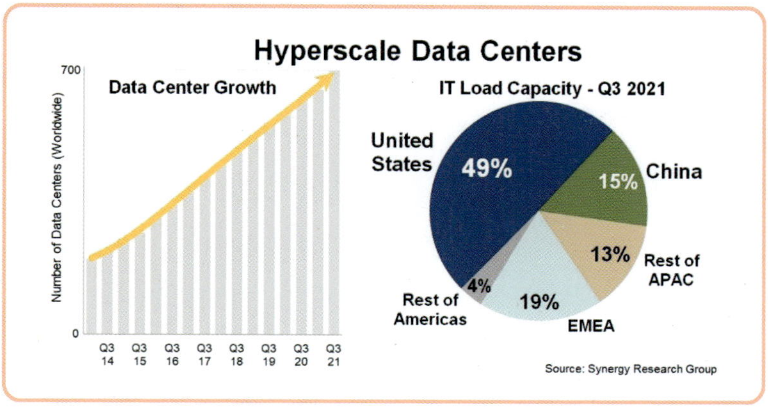

▲ **그림 8** 세계 데이터센터 현황 (2021)[12]

에 필요한 서버 컴퓨터 및 관리를 위한 장치들을 생산하는데 있어서 엄청난 양의 화석연료가 필요하다. 데이터센터 내의 가장 중요한 제품인 서버 컴퓨터 한 대를 만드는데 적어도 240kg의 화석연료가 필요하다. 또한 데이터 보관 및 사용을 위해 많은 양의 전기가 필요하다는 문제점이 있다. 데이터센터에서는 365일 24시간 문제없이 지속되는 서비스를 제공하기 위해 안정적인 전력 공급이 필수적이며, 그만큼 방대한 양의 전력이 소모된다. 또한 기기들이 작동하면 열이 발생하고, 과열되면 기기가 멈추거나 고장 난다. 데이터센터에는 컴퓨터에서 방출하는 열기를 식히기 위한 대용량 냉각 장치가 설치되어 있고, 이를 사용하는데 필요한 전력이 데이터센터 총 사용 전력의 절반 가량을 차지한다. 한국전자통신연구원의 데이터센터 지속 가능성 표준화 이슈 현황 조사에서 데이터센터가 단일 시설로는 가장 많은 전기를 소비해 ICT 부문 전체 전력 사용량의 약 20%를 차지했고, 에너지 사용량은 지속적으로 증가하는 추세를 보였다고 한다.[13]

2018년 국내 서울시에서도 전력 사용량이 가장 많은 건물은 KT 목동 인터넷 데이터센터로 1년 동안 약 205,100MWh의 전력을 사용했다. 또한 네이버의 2020 ESG 보고서에 따르면 네이버 자체에서 배출한 온실가스의 99%가 전력 소모 과정에서 발생했으며, 이 중 약 91.6%가 데이터센터에서 배출했다고 한다. 국제에너지기구에 따르면 전 세계의 데이터센터들은 2019년 약 200TWh의 전력을 사용했고, 이는 세계 전력 사용량의 0.8%를 차지하며 지구 전체 온실가스 배출의 2%를 차지하는 것으로 알려진다. 아직 디지털 인프라 구축이 본격화되지 않은 개발 도상국에서의 데이터 수요가 늘어나기 시작하면 데이터센터 및 전력 사용량은 더 많아질 것이다. 전력 사용량이 증가함에 따라 자연스레 전력을 생산하기 위한 화석연료의 사용량도 많아진다.

이와 같은 문제를 해결하기 위해 최근 대규모 전력을 소비하는 클라우드 데이터센터를 세계 각지에 구축·증설하고 있는 글로벌 클라우드 사업자 간의 '친환경·저탄소' 경쟁도 나타나고 있다. 최근 마이크로소프트(MS)가 2030년까지 데이터센터·건물을 포함한 전 세계 시설·자산의 '탈탄소' 추진을 선언한 데 이어, 구글클라우드가 일부 클라우드서비스 상품의 운영환경으로 '저탄소 영역(region)'을 제공하기 시작했다. 구글클라우드는 2021년부터 이산화탄소(CO_2) 배출량을 표시하는 클라우드 영역을 선택할 수 있는 기능을 '클라우드런'과 '데이터스트림' 상품 이용자에게 제공하고 있다. 구글클라우드는 저탄소 리전을 선택하는 신기능을 향후 더 많은 클라우드서비스 상품에서 제공되도록 확대할 계획이다. 예를 들어 두 상품을 이용할 때 미국에선 구글클라우드의 데이터센터 가운데 탄소배출량이 가장 낮은 아이오와·오리건 영역의 이용이 권장된다. 유럽 데이터센터 중엔 핀란드·취리히 영역이 최선이다. 이 경우 각 영역의 이름 오른쪽에 '최저 CO_2(Lowest CO_2)'라는 표시가 나타난다.[14]

그리고 최근 몇 년간 이슈가 되고 있는 비트코인과 같은 암호화폐를 채굴하기 위해 방대한 양의 전력을 소모하고 있으며, 이를 위한 데이터센터들도 증설되고 있다. 영국 케임브리지대 대안금융센터에서 비트코인 채굴에 필요한 전력 분석 결과 2022년 4월 기준 연간 139.56TWh의 전력소모를 하는 것으로 밝혔다. 이는 곧 한국 전력 소비량의 약 30%를 차지하는 수준으로, 세계적으로 암호화폐 채굴을 위해 많은 양의 전력을 사용하는 것을 의미한다. 비트코인이 '전기먹는 하마'라는 별명을 얻게 된 것도 이와 같은 이유다. 실제로 비트코인 가격 상승에 따라 화석연료 기반 발전소들이 가동률을 높이고 있으며, 심지어는 문을 닫았던 발전소들까지 다시 가동을 시작했다. 암호화폐의 경우 대부분 많은 전력을 사용하는 고성능 장비를 사용할수록 채굴량이 많아지기 때문에 암호화폐의 흥행에 따라 전력소모는 물론이며 화석연료 사용량까지 증가한다. 채굴 장비들을 생산, 유통하는데도 역시 화석연료가 소모된다.

이와 같이 데이터센터는 기본적으로 열이 많이 발생해 과열로 인한 장비 고장에 대비해야 한다. 주로 에어컨을 가동해 열을 낮추는 방식을 사용하는데, 이 방식 때문에 많은 전력을 소모하게 된다. 삼성SDS는 데이터센터 온도를 AI가 조절하는 기술을 개발해 강원도 춘천에 있는 데이터센터에 적용하였다. AI가 데이터센터 온도를 측정하며 적절하게 에어컨을 가동하게 한 것이다. 주민식 삼성SDS 박사는 2021년 3월 열린 'AI 테크 2021 컨퍼런스'에서 "사람이 온도 조절을 했을 때는 데이터센터 내에 있는 모든 에어컨을 60% 가동했지만, AI는 두 개의 에어컨은 60%, 나머지 에어컨은 40%만 가동하게 해 전력 손실을 줄였다"고 밝혔다. 이세돌과의 바둑대결로 유명한 알파고를 개발한 구글 딥마인드도 데이터센터의 전력을 절감하는 기술을 개발했다. 구글은 데이터센터 내의 수천 개 센서에서 수집되는 온도, 전력 등의 데이터와 팬, 냉각 시스템, 창문 등 약 120여개의 변수를 다양한 운영 시나리오를 기반으로 학습시켜 센터 냉각을 최적화하는 시스템을 개발했다. 그 결과 데이터센터 전체 전력 소모는 15% 이상 줄어들었으며, 데이터센터 냉각 비용은 40% 이상 절감했다고 한다.[15]

탄소중립을 위한 환경 모니터링

앞서 말했듯 화석연료를 태우면서 발생하는 온실가스는 기후 변화에 매우 큰 영향을 미친다. 세계적으로 2050 탄소중립 정책을 펼치고 있지만, 2021년 Eurostat 통계에 따르면 2019년 기준으로 우리는 여전히 에너지의 71%를 화석연료로부터 생산한다.[16] 기후 변화 위기에 대처하기 위해서는 어떤 시설에서 얼마나 많은 양의 온실가스를 배출하는지 파악하고 있어야 한다. 온실가스에 대한 정확한 정량적 수치를 파악하는 것은 환경 보호와 더불어 관련 정책 수립 등을 위해 여러 방면으로 중요한 문제이다. 그러나 많은 나라들은 정확한 측정치 대신 연간 배출량 추정치만을 공개한다. 또한 실제로 대부분의 시설에서 온실가스 배출량을 공개하고 있지 않으므로 위기에 잘 대응하는지, 배출량을 줄이기 위해 어떤 노력을 기울이는지 알기 어렵다.

미국 증권거래위원회는 투자자들을 위해 증시 상장 기업들이 온실가스 배출량 및 이를 줄이기 위한 전략 및 비용 등 기후 위기 관련 자료들을 의무적으로 공개하도록 새로운 규정을 제안한 바 있다. 미국은 몇몇 개별 발전소의 배출량에 대한 데이터를 공개하고 있으며, 배출 모니터링 시스템을 갖춰 실시간으로 배출량을 감시하고 있다. 그러나 이러한 모니터링 시스템을 데이터센터를 포함한 공장, 설비 등 모든 시설에 설치하고 유지하기에는 비용 측면에서 부담이 된다. 경제적으로 풍족한 나라에서는 모니터링 시스템을 설치해 관리하는 것이 어렵지 않지만, 대부분의 나라에서는 이와 같은 시스템을 구축하는 것이 어렵다. 또한 여전히 많은 기업들이 정확한 온실가스 배출량을 공개하지 않기 때문에 온실가스 관리를 위해 이를 추정하는 기술이 필수적이다. 이를 해결하기 위해 AI를 도입하는 기술이 연구되고 있다.

모니터링 시스템 대신 인공위성에서 촬영한 사진을 바탕으로 이산화탄소 배출량을 예측하려는 시도가 이루어지고 있다.[17] 발전소의 냉각 시스템의 증기 기둥은 이산화탄소 배출량을 예측할 수 있는 좋은 지표다. 데이터센터도 마찬가지로 온도 유지를 위해 냉각을 필요해 계속 전력을 소모하며 이때 수증기가 발생한다. 이처럼 냉각 시스템을 통해 발생한 수증기와 열에너지를 바탕으로 이산화탄소 배출량을 추정하고자 했다. 이산화탄소 총 방출량을 추정하는 것이 목적이지만, 먼저 간단한 문제인 위성 이미지로부터 발전소가 가동 중인지 분류하는 문제부터 해결했다.

그림 9에서 보듯이 기계학습을 통해 위성 사진 이미지로부터 이산화탄소 배출량을 추정한다. Sentinel-2와 Landsat 8 두 종류의 위성 이

미지 데이터셋에 대해 4가지 머신 러닝 모델을 사용해 발전소 가동 여부를 예측하도록 학습시켰고, 테스트 과정에서 좋은 성능을 보였다. 그러나 인공위성 이미지는 밝은 낮 시간대의 이미지로만 추정할 수 있고, 잘 보이지 않는 밤에 촬영된 사진으로는 제대로 된 예측을 할 수 없다는 단점이 있다.

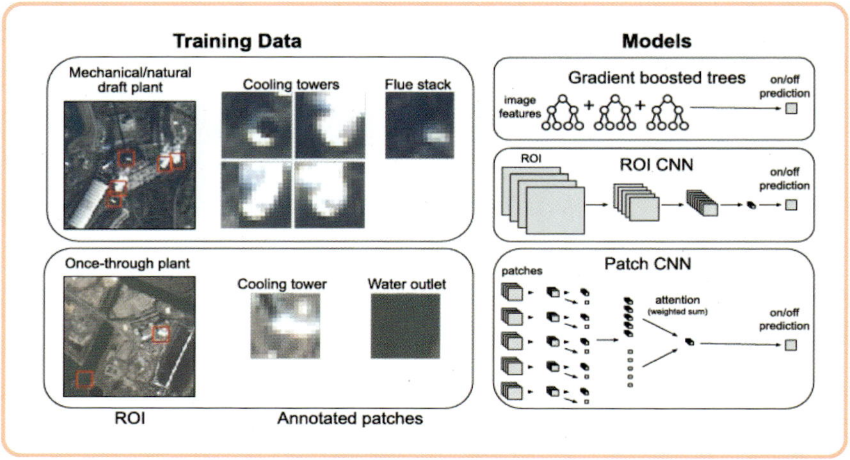

▲ **그림 9** 기계학습을 통해 위성 사진 이미지로부터 이산화탄소 배출량을 추정하는 기술

이렇게 얻은 정보와 함께 후속 연구로 실제 전력 생산량과 이산화탄소 총 배출량을 예측하는 연구를 할 수 있다. 또한 이산화탄소 외에도 다른 온실가스 배출량 역시 추정할 수 있을 것이다. 신재생 에너지 연구자들은 어느 지역에 태양광, 풍력 등 신재생 에너지를 사용했을 때 가장 효과적인지 판단할 수 있다. 추가적으로 탄소 중립을 위한 환경 정책에 중요한 정보로 활용될 수 있다.

University of St.Gallen 의 연구팀은 온실가스를 방출하는 발전소를 촬영한 위성 이미지로부터 연기 영역 분할, 연료 종류 분류, 전력소모량 추정, 총 3가지 작업을 동시에 수행하는 딥러닝 모델을 설계했다[18] (그림 10). 충분한 양의 데이터로 학습을 하면 온실가스 방출량과 연기의 종류, 크기와 범위, 또 발전 속도 간의 상관관계를 유추할 수 있다. 이를 통해 이미지 한 장으로부터 발전 속도를 예측하고, 학습된 상관관계를 사용해서 이산화탄소 방출량을 추정한다.

실험 결과 각각 하나의 작업을 수행할 때보다 3가지 작업을 동시에 수행할 때 모든 작업에 있어서 가장 좋은 성능을 보였다. 가장 중요한 전력 소모량 추정 작업에 있어서 연기 영역 분할, 연료 종류 분류 작업을 함께 했을 때 오차가 가장 적음을 실험을 통해 알 수 있었다. 해당 방법론을 통해 단일 위성 이미지 한 장만으로 연소되는 연료의 종류뿐만 아니라 해당 화석연료를 사용하기 위한 이산화탄소 배출량까지 추정할 수 있다.

그림 11과 같이 발전 속도 비율 추정에서 139 MW (MAE) 및 이산화탄소 방출량 비율 추정에서 311t/h 오차로, 실제와 비슷한 추정치를 얻을 수 있었다.

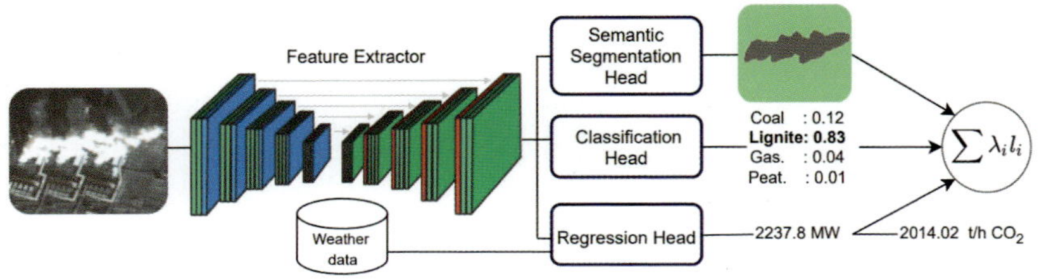

▲ **그림 10** 멀티태스크 학습을 통한 온실가스 방출량 추정 방법 모식도[18]

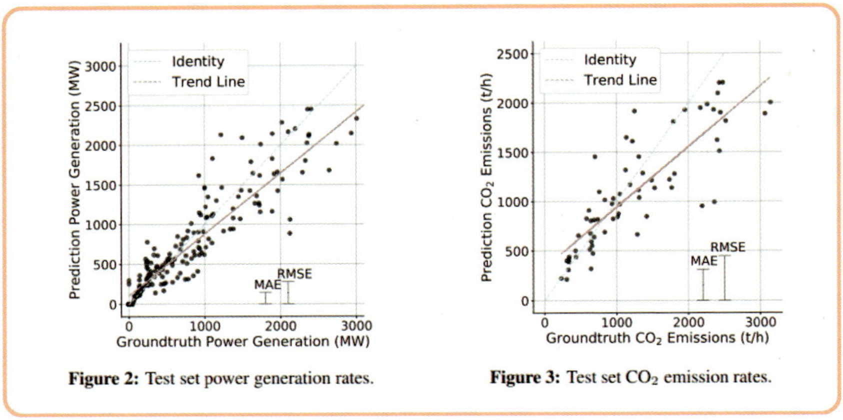

▲ **그림 11** 발전 속도 비율 및 이산화탄소 방출량 비율 추정 결과[18]

이 외에도 생물다양성보호, 에너지 소비 저감, 물 절약, 환경친화적 운송, 낭비와 에너지사용을 줄이는 제조, 대기오염 감소, 농업생산량 증대 및 기상 예측 등에도 인공지능 기술이 적극적으로 사용되고 있는 추세이다.[19]

지금까지 설명한 바와 같이 AI는 온실가스 배출량 추정에서, 실내 온도조절, 데이터센터 에너지 절감에 이르기까지 다양한 용도로 지구환경을 이로움을 주기 위해 시도되고 있으나, AI 자체가 작지 않은 비중으로 지구환경에 악역향을 미치고 있음도 부인할 수 없는 사실이다. 예를 들어, AI는 딥러닝 기술개발 과정에서 막대한 전력을 소모하고 이산화탄소를 배출한다. 딥러닝 기술개발에서 발생하는 이산화탄소 배출량이 자동차 5대가 평생 배출하는 양과 같다는 조사결과도 있다. 실제로 엠마 스트루벨(Emma Strubell) 미국 매사추세츠대 교수 연구진이 2019년 발표한 논문에 따르면, 구글은 AI 모델 버트(BERT)를 학습시키는 동안 438lb(약 652kg)의 이산화탄소를 발생시켰다고 한다. 이는 비행기가 뉴욕에서 샌프란시스코를 왕복으로 오갈 때 뿜어내는 이산화탄소 배출량과 같다. 미 전국에서 달리는 자동차 평균 배출량의 약 5배에 해당하는 수치이기도 하다. 덴마크 코펜하겐대학의 연구팀에 따르면 대형언어모델 GPT-3가 화석연료로만 전력을 공급하는 데이터센터에서 학습했다면, GPT-3를 학습시킬 때 자동차로 달까지 왕복하는 것과 비슷한 수준의 온실가스가 발생했을 것이라고 추정한다. 또한 일부 전문가들은 GPT-3를 학습시키는 데 최소 1,000만 달러가 필요했을 것으로 추산하는데, 이러한 학습 비용은 가장 연구비가 많은 연구소 몇 곳을 제외하면 나머지 모든 연구소에서 감당할 수 없는 수준이다. 대부분의 연구소에서 최신 연구를 수행할 때 필요한 비용의 범위를 훨씬 뛰어넘는 금액이기 때문이다. 심지어 음성인식 기반 서비스 앱이나 유튜브, 넷플릭스에서 시청할 콘텐츠를 알려주는 알고리즘조차 탄소 배출의 주범이 되고 있다. 오픈AI는 자체 조사를 실시해 GPT-3와 같은 언어모델들이 하루에 수백 페타플롭(PF)의 컴퓨팅을 요구한다는 사실을 확인했다. 세계적인 반도체 장비 회사인 어플라이드머티어리얼즈의 게리 디커슨(Gary Dickerson) 회장 겸 최고경영자(CEO)는 지난 해 2월 열린 세미콘코리아 기조연설에서 "AI 기술 발전이 지구에 재앙이 될 수 있다"는 견해를 밝혔다. 그는 "AI 데이터센터를 현재 기술로 구축하면 2025년까지 전 세계 전력의 15%를 데이터센터가 소비하게 된다"며 "AI가 많은 전력을 소비하면서 발생시키는 이산화탄소양도 늘어 환경에 치명적일 수 있다"고 발표했다.[20]

이처럼 막대한 전력을 소모하는 AI로부터 지구를 지키기 위해서는 반드시 AI 자체에서 전력을 줄이는 노력을 병행하며 기술개발이 이뤄져야 한다. 이것이 AI safety에서 다루어야 하는 중요한 이슈의 하나이다.

AI 모델이 소비하는 에너지를 줄이기 위한 기술

안전한 AI 시스템은 사람과 지구환경에 해가 되지 않도록 지속가능하고 환경친화적이어야 한다. 실제로 AI 시스템의 대규모 개발 및 배포는 막대한 에너지 소비 부담을 가져오고 필연적으로 환경에 영향을 미친다. 예를 들어, 그림 12의 표에서는 훈련 NLP 모델의 탄소 배출량(에너지 소비 지표)과 일일 소비량을 보여준다.[21] 우리는 일반적인 NLP 파이프라인을 훈련하는 것이 7년 동안 인간이 생산하는 것과 동일한 탄소 배출량을 가지고 있음을 알 수 있다. 최근 유행하는

Consumption	**CO_2e (lbs)**
Air travel, 1 passenger, NY↔SF	1984
Human life, avg, 1 year	11,023
American life, avg, 1 year	36,156
Car, avg incl. fuel, 1 lifetime	126,000
Training one model (GPU)	
NLP pipeline (parsing, SRL)	39
w/ tuning & experimentation	78,468
Transformer (big)	192
w/ neural architecture search	626,155

▲ **그림 12** 일상생활에서 나오는 이산화탄소와 인공지능 학습을 위해 발생되는 이산화탄소의 비교[21]

대형 트랜스포머 모델을 교육하고 미세 조정하는 데 드는 비용은 자동차 수명 기간 동안 배출되는 탄소량보다 5배 더 많다. 모델 개발 외에도 데이터 센터 냉각과 같은 다른 영역에서도 막대한 에너지 비용이 발생한다.

AI 기술의 급속한 발전은 에너지 부족과 환경 악화라는 긴장된 글로벌 상황에 매우 부담스런 도전으로 다가 오고 있다. 인류와 지구환경의 안전을 위해 환경친화성은 AI 안전성을 고려할 때 가장 중요한 문제가 된다고 볼 수도 있다.

이제부터, AI 알고리즘의 에너지 사용을 줄이기 위해 개발된 기술을 간단히 알아보자. AI 시스템의 에너지 효율성을 개선하려면 알고리즘 수준 및 하드웨어 수준 솔루션이 필요하다. 알고리즘 수준 접근 방식의 두 가지 일반적인 클래스인 모델 경량화 및 적응형 설계와 하드웨어 수준 에너지 절약 방법을 소개한다.

❖ 모델경량화

모델 경량화는 학계와 산업계의 지속적인 관심을 받고 있는 딥 러닝 연구의 한 주제이다. 모델 성능에 대한 수용 가능한 희생과 함께 모델 학습 및 배포를 위한 저장 공간과 에너지 소비를 절약하기 위해 딥러닝 모델의 크기를 줄이는 방법을 연구하는 것이다. 즉 성능저하를 최대한 낮추면서 AI모델의 구조를 단순화하여 에너지 소비를 줄이는 것이다. 영상 영역에서 주로 사용되는 CNN 모델의 경우 신경망 내의 덜 중요한 매개변수 연결을 삭제(가지치기)하는 pruning (그림 13) 및 딥러닝 모델이 weight값을 저장할 때 사용하는 비트의 수를 줄여서 모델크기를 줄이는 방법인 양자화, 낮은 순위 인수분해(low rank factorization), 전송/컴팩트 컨볼루션 필터, 지식 증류 등이 제안되었다. 가지치기(Pruning)는 인공신경망의 수많은 weight들 중 상대적으로 중요도가 낮은 weight의 연결을 삭제하여 사용하는 파라미터의 수를 줄이고 네트워크를 경량화 하는 방법이다. 만약 각 weight 들이 결과에 주는 영향력이 다르다면, 영향력이 적은 weight의 연결을 삭제하여 정확도 손실을 최소화 하면서 사용하는 파라미터의 수를 줄일 수 있을 것이기 때문이다. Song Han 등의 연구자는 Learning both Weights and Connections for Efficient Neural Networks라는 제목의 논문에서 정확도 손실이 거의 없이 초기 딥러닝 모델인 AlexNet의 파라미터를 9배, VGG-16의 파라미터를 13배나 줄였다고 보고하였다. 최근 인기 있는 Transformer 및 BERT와 같은 NLP 모델의 경량화를 위해 연구자들은 가지치기, 양자화, 지식 증류 및 매개변수 공유와 같은 방법을 차용하고 확장하였다.

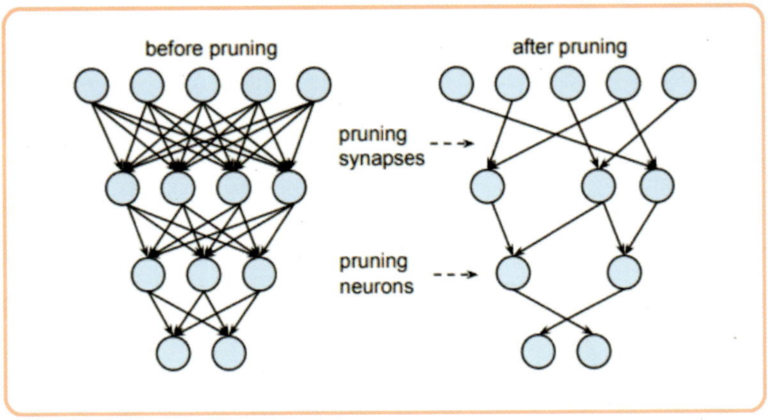

▲ **그림 13** 매개변수 가지치기의 예

또 다른 방법은 경량화된 딥러닝 모델 자체를 개발하는 것이다. AlexNet, VGGNet, ResNet 등 2016년까지 발표되던 딥러닝 모델들은 비약적인 성능 향상을 보여준 반면 이와 비례하여 모델의 크기가 커져 모델을 구성하는 파라미터 수가 너무 많아지는 문제가 있었다. 더 많은 파라미터 수는 더 큰 컴퓨터 메모리를 요구하며, 모델의 동작에 있어서도 더 많은 연산량을 필요로 하기 때문에 네트워크의 크기가 커질수록 그와 비례하여 필요한 탄소 배출량이 더 커지게 된다. 이에 네트워크의 절대적인 크기를 줄여 에너지 효율적인 모델을 제작하는 연구가 활발히 진행되고 있다.

네트워크의 크기를 줄이기 위한 접근법의 한 갈래로는 기존 CNN이 가지고 있는 특성을 파악하고 이를 고려한 새로운 모델을 제시하여 필요한 연산 자원을 줄이는 접근법이 있다. CNN의 구조적 특징이나 학습 도중 생기는 특성 등을 분석하여 더 적은 연산량으로도 동등하거나 더 나은 성능을 확보할 수 있는 모델 설계를 목표로 한다. 이와 관련된 저명한 연구로는 SqueezeNet, MobileNet, ShuffleNet 등의 구조가 있다. SqueezeNet과 MobileNet은 각각 기존 CNN에서 사용하는 합성곱 레이어(convolutional layer)를 대체하는 fire module이라는 구조와 depth-wise separable convolution 구조를 제안해 네트워크에 필요한 컴퓨팅 자원을 크게 감소시켰다. ShuffleNet은 MobileNet의 depthwise separable convolution 개념에 최신 기법인 group convolution을 도입한 ShuffleNet unit 이라는 구조로 이루어진 네트워크를 제시했다.

또 다른 경량화 기법인 네트워크 양자화(network quantization)는 네트워크의 경량화를 위해 효율적인 구조를 활용하는 것이 아닌 파라미터를 단순화하는 접근법이다. 딥러닝 모델은 학습 과정에 걸쳐 세밀한 수정을 위해 파라미터를 부동소수점(floating point) 방식으로 저장 및 수정한다. 부동소수점 방식은 파라미터 하나에 보통 32비트(bit)의 저장 공간을 필요로 하는데, 네트워크 양자화는 파라미터를 표현하는데 필요한 비트 수를 32보다 적게 하여 네트워크의 크기를 줄이고 필요한 연산량을 줄인다. 이때 비트 수를 최대한으로 줄이면서 그로 인한 성능 감소를 최대한으로 줄이는 것이 네트워크 양자화 기법의 주 목적이다. 파라미터의 비트 수를 줄이기 때문에 양자화라는 이름이 붙여졌다.

❖ 적응형 설계

또 다른 연구 주제는 모델의 에너지 효율성을 최적화하기 위해 모델 아키텍처를 적응적으로 설계하는 데 중점을 둔다. 즉, 에너지 소비의 최대한계치를 설정하고 그에 맞게 딥러닝 아키텍쳐를 설계하는 것이다. Yang 등은 에너지 절약 목표를 달성하기 위해 CNN 아키텍처를 설계하기 위한 가지치기 접근 방식을 제안하였다. 그들의 방법에서 모델은 레이어별로 조사되며, 가장 많은 에너지를 소비하는 레이어가 먼저 정리된다. Stamoulis 등은 에너지 소비 제한 하에서 이미지 분류를 위한 CNN 모델을 적응적으로 설계하기 위한 프레임워크를 제안하였다. 그들은 CNN 아키텍처의 설계를 하이퍼파라미터 최적화 문제로 공식화하고 베이지안 최적화로 해결하였다.

❖ 하드웨어 개선

알고리즘 수준과 더불어 하드웨어 설계부터 AI의 에너지 효율 향상을 위한 노력도 병행하고 있다. AI 알고리즘의 학습 및 추론 효율성을 극대화하기 위해 AI 응용 프로그램을 위해 특별히 설계된 컴퓨팅 장치 또는 플랫폼이 제안되었다. 특히, DNN 모델용으로 설계된 하드웨어를 DNN 가속기라고 한다. Esmaeilzadeh[22] 등은 곱셈, 누산, 시그모이드와 같은 뉴런의 고정 계산을 칩에서 실행하는 신경 처리 장치(NPU)를 설계하였다. 그 후 Liu 등은 신경망 가속을 위한 보다 진보된 온칩 아키텍처인 RENO를 제안했다. 특정 NN 구조용으로 설계된 하드웨어도 있다. Han[23] 등은 가중치 행렬과 특징 맵이 희소한 희소 신경망을 위한 효율적인 계산 장치를 설계하는 방법을 조사하였으며, RNN 모델 전용의 효율적인 음성 인식 엔진을 고안했다. 또한 ReGAN은 생성적 적대 네트워크를 가속화하기 위해 개발되었다.[24]

앞서 설명한 바와 같이 AI 시스템의 환경적 영향은 주로 에너지 소비에서 비롯된다. 여기서는 다양한 영역에서 실제 AI 시스템의 에너지 소비를 평가하고 추정하는 연구를 소개한다. 컴퓨터 비전 분야에서 Li 등이 먼저 이미지 분류 작업에서 CNN의 에너지 사용을 조사하였다. 다양한 유형의 CNN 레이어 간의 자세한 비교를 제공하고 에너지 소비에 대한 하드웨어의 영향도 분석하였다. Cai 등은 개발자가 배포 전에 모델의 에너지 효율성을 이해하도록 돕기 위해 CNN의 여러 계층에 걸쳐 전력과 런타임을 추정할 수 있는 프레임워크 뉴럴파워(NeuralPower)를 소개하였다.[25] 그들은 또한 새로운 메트릭 "에너지-정밀도 비율"로 CNN 모델을 평가할 것을 제안하였다. 이를 기반으로 개발자는 자신의 필요에 따라 에너지 소비와 모델 성능을 절충할 수 있었으며 적절한 CNN 아키텍처를 선택할 수 있었다. NLP 분야에서는 스투루벨(Strubell) 등이 다른 유형의 하드웨어에서 인기 있는 NLP 모델, 즉 트랜스포머, ELMo 및 GPT-2를 훈련할 때의 탄소 배출량을 조사하고 NLP 연구 및 응용 프로그램의 잠재적인 환경 영향에 대해 설명하였다.[26]

마치며

친환경 AI는 인공지능 기술을 활용하여 환경 보호와 인류의 지속 가능한 발전을 돕는 기술이다. 친환경 AI는 다양한 분야에서 사용될 수 있으며, 예를 들어 다음과 같은 방식으로 환경 보호와 지속 가능한 발전을 지원할 수 있다.

1) 에너지 효율 개선: 친환경 AI는 건물의 에너지 효율을 개선하고 에너지 절약을 도모할 수 있다. 예를 들어, 인공지능을 사용하여 건물 내부 온도, 습도, 조명 등을 제어하면 쓸데없는 낭비를 막고 에너지를 효율적으로 사용할 수 있게 된다.
2) 자원 관리: 친환경 AI는 자원 관리에도 사용될 수 있다. AI모델을 이용하여 쓰레기를 분리하고 재활용을 용이하게 할 수 있으며, 지하수나 저수지 등의 수위를 모니터링하여 물 사용량을 최적화 하는 방법을 제공할 수도 있다. 또한 공공 교통시스템에서 운행 노선을 최적화하고 교통 혼잡을 줄이는 등의 효율적인 운행을 도울 수 있다.
3) 자동화: 친환경 AI는 일상적인 작업의 자동화를 통해 환경 보호와

지속 가능한 발전을 지원할 수 있다. 예를 들어, AI 모델을 사용하여 농업 작업을 자동화하면 작물 필요 영양소 및 수분 요구량 등을 분석하여 최적의 재배환경을 찾을 수 있으며, 농약 사용을 줄이고 생산성을 높일 수 있다.

4) 모니터링 및 예측: 친환경 AI는 환경 모니터링과 예측에도 사용될 수 있다. AI 모델을 사용하여 대기 오염, 수질 오염 등을 모니터링하고 예측할 수 있으며 시기별 피복지도를 생성하여 토양의 사용 현황을 분석할 수 있다. 산불 탐지와 미세먼지 예측 등을 통해 피해를 사전에 예방하고 농업 생산량과 수요를 예측하여 수익성을 향상시키는데 기여할 수도 있을 것이다.

친환경 AI는 우리가 사는 지구의 지속 가능한 발전과 보존을 위해 전 세계적인 협력이 요구되는 가장 시급하고 중요한 인공지능의 연구 주제라고 할 수 있다.

CHAPTER

07

안전한 AI의 미래

인공지능, 블록체인, 사물인터넷, 양자컴퓨팅 등을 기반으로 한 전세계적인 디지털 기술 경쟁은 향후 점점 더 거세질 것으로 전망된다. 특히 가장 대표적이고 중심에 위치한 기술인 인공지능 기술은 한 나라의 경제력과 군사력을 좌우하는 핵심기술로 인식되면서, 인공지능에 있어서 기술적 우위를 차지하려는 각국의 노력과 경쟁이 매우 뜨겁다. 김상배[1]는기술강국들이 군사안보, 경제안보, 데이터 안보의 세 가지 관점에서 AI 기술을 국가안보의 문제로 안보화하고 있다고 논한다. 최근 상업용으로 개발된 AI 기술이 군사용으로 전용되면서 AI 안전성 문제는 더 이상 간과할 수 없는 필수 기술이 되었다. 군사분야는 자율주행, 의료, 금융, 법집행 분야와 더불어 인명 손실에 대한 우려가 가장 큰 분야이기 때문이다. AI 안전성이 고려되지 않은 AI의 군사적 적용은 무고한 시민이나 아군에게 돌이킬 수 없는 피해를 입힐 수 있다는 것을 군사정책 담당자들은 명심해야 한다.

또한 AI모델의 안전한 –즉, 인간과 사회, 지구환경에 해를 끼치지 않는– 사용 못지 않게 간과되어서는 안될 부분이 AI 개발에 있어서의 안전성이다. AI 개발을 위한 다양한 착취적 작업 형태는 AI가 가져다 줄 수많은 편안함에 빛을 가려 제대로 인식되지 못한다.[2] 광물 자원을 채굴하고 운반하여 AI시스템의 핵심 인프라를 제작하는 광업 부문에서부터 마이크로태스크 하나당 푼돈을 지급하는 라벨링 작업에 이르기까지 AI파이프라인의 모든 단계에서 착취적 형태의 작업이 존재한다. 이러한 숨겨진 노동을 그림자 노동(ghost work)이라 부르며 가장 큰 예로는 수 천 시간 분량의 훈련데이터에 라벨을 붙이고 미심쩍거나 해롭게 보이는 컨텐츠를 검토하는 등, AI시스템이 순조롭게 운용되도록 뒷받침하는 반복작업을 수행하는 것이다. 이런 일에 종사하는 노동자들은 낮은 보수는 물론이고 오랫동안 지워지지 않는 트라우마를 남길 수도 있다. 최근 미국 타임지가 발간한 오픈AI와 챗GPT에 대한 아웃소싱 보고서에 따르면 오픈AI는 챗GPT의 윤리 기준을 높이기 위한 작업을 하면서 케냐 노동자에게 시간당 2달러 미만의 급여를 지불한 것으로 나타났다.[3] 업무기간 동안 케냐 노동자들은 아동 성적학대, 자해 등 폭력, 증오, 편견 등 혐오 발언과 관련된 단어를 분류하는 업무를 수행했다(그림 1). 보고서에 따르면 케냐 노동자는 숙련도, 작업량 등에 따라 시간당 1.32~2달러의 수당을 받았으며 노동착취라는 지적이 나올 정도다. 타임지의 인터뷰에 응한 4명의 케냐 노동자는 하루 9시간 작업을 했으며 성적 학대, 증오, 편견 등이 담긴 150~250개의 텍스트를 읽고 내용을 분류하는 노동을 하면서 정신적 피해를 입었다고 말했다. 상담원이 상주했지만 회사의 무리한 업무 요구로 인해 실질적인 상담 기회는 거의 없었던 것으로 나타났다. 정신적인 질환 위기에도 노동자들이 업무를 지속한 것은 유일한 수입원이었기 때문으로 알려졌다. MIT테크놀로지리뷰에 따르면 테슬라를 포함한 자율주행차 회사들은 베네수엘라 노동자들에게 평균 시급 90센트를 지불하고 자율주행시스템 라벨링 작업을 맡겼다. 장애물을 발견했을 때 '사람'인지 '물체'인지 등을 명시해주는 수작업이다. 베네수엘라를 택한 이유는 경제가 붕괴돼 저임금 노동 계약이 가능했기 때문이다.[4] 인간의 개입없이도 척척 알아서 다양한 일을 수행하는 자동화된 AI 산업을 떠받치기 위해 개발과정의 보이지 않는 곳곳에 수많은 사람의 손길이 더욱 많이 필요해지고 있다는 사실은 정말 아이러니하기만 하다. AI모델의 개발과정에서 학습을 위한 훈련데이터의 수집과정은 어떠한가. 사람들이 소셜미디어에 올리는 수많은 사진과, 길거리에 설치된 수많은 CCTV에 의해 수집되는 비디오 데이터들은 사람들의 동의도 받지 않은 채 갖가지 응용을 위한 AI 시스

▲ **그림 1** 매오픈 AI사의 이미지 생성 소프트웨어인 Dall–E 2로 그린 그림. 그림 생성을 위해 요청한 문장(prompt)은 다음과 같다: "판화스타일로 컴퓨터 화면 앞 책상에 앉아 있는 아프리카 노동자들의 끝없이 이어지는 모습"

템의 개발을 위해 사용되고 있으며 이제는 이러한 관행이 사람들의 안전에, 사회의 안전에 어떠한 위협요소가 되는지에 대해 문제를 제기하는 사람을 찾아보기도 힘든 실정이다.

또한 더욱 효율화된 작업 환경을 위해 도입되는 AI기술들은 고용주들에게 더 많은 권력을 부여한다. CCTV를 이용하여 인공지능 기반 행동인식, 사람추적 등의 기술을 통해 작업중인 노동자를 철저히 감시하고 일에만 매달리게 무언의 압박을 가할 수도 있다. 뉴욕시에서는 기도 시간에 택시 운행이 중단되는 것을 관찰하여 택시기사가 독실한 무슬림인지를 알아내는데 인공지능이 이용되기도 하였다.[2]
이와 같이 AI의 개발에서 실 세계 사용에 이르기까지의 광범위한 스펙트럼에서 목격되는 AI 안전성에 위협을 가하는 다양한 이슈들에 대한 대중의 경각심과 안전한 AI에 대한 강력한 요구는 인공지능과 인류가 더불어 살아가기 위하여 한 치도 양보할 수 없는 필수사항인 것이다.

2021년 패터슨 등은 "탄소배출과 대규모신경망 훈련"이라는 제목의 논문5에서GPT-3를 포함하여 7개의 거대 인공지능 모델의 에너지 소비와 탄소발자국에 대해 조사한 결과를 발표하였다. 논문에 따르면 1750억개의 파라미터를 갖는 언어모델인 GPT-3 모델을 학습시키는데 552톤의 CO_2가 방출되었고 1287메가와트시(MWh)의 에너지가 소비된다. 이는 미국 120개 가정이 10년 간 소비하는 전력에 맞먹는다고 한다. 이 논문에서 저자들은 에너지 효율을 높이고 CO_2의 배출을 줄이기 위해 필요한 세가지의 사항을 강조하였다. 첫째, 규모가 크더라도 경량화 된 AI 모델 (6장 그림 12 참조)은 규모가 크고 경량화가 구현되지 않은 모델에 비해 에너지 소비를 1/10로 줄일 수 있다. 둘째, AI 모델 개발에 있어서 지리적 위치 또한 중요하다. 지역에 따라 재생에너지 등 무탄소 에너지의 비중과 그에 따른 CO_2의 배출량이 같은 나라 안에서도 5배에서 10배까지 차이가 난다. 따라서 거대모델을 개발할 때에는 장소(어디에)와 시간(언제)에 대한 최적화가 필요하다. 셋째, 데이터 센터의 인프라가 중요하다. 예를 들어 클라우드 기반 데이터 센터는 일반 데이터 센터에 비해 1.4에서 2배까지 에너지 효율이 좋고 특히 기계학습 지향 가속장치(ML accelerator)가 있는 경우 기성 시스템보다 2에서 5배까지 효율이 증가하기 때문이다. 인공지능 모델의 탄소 발자국을 줄이기 위해서는 인공지능 시스템이 만들어내는 놀라운 결과물에만 초점을 맞추기보다는 에너지 효율과 CO_2의 배출이 모델의 우위를 평가하는 미래의 핵심 평가 항목이 되어야 한다.

안전한 AI는 신뢰할 수 있고 안전하며 편견이 없으며 인간이나 환경에 해를 끼치지 않는 AI 시스템을 말한다. AI의 안전을 보장하기 위해 연구자들은 설명 가능한 AI와 같은 다양한 기술을 개발하고 있으며, 이를 통해 인간은 AI 시스템이 어떻게 결정을 내리는지 이해할 수 있게 되고 예기치 않은 상황에 직면해도 AI 시스템이 잘 수행될 수 있게 하는 견고한 AI와, 개발 의도와 달리 사회에, 그리고 지구환경에 악영향을 끼치는 부작용을 최소화하는 AI의 개발에도 더욱 큰 관심과 노력이 필요하다.

APPENDIX

A

인공지능의 위험성에 관한 자주 묻는 질문들

Q1)
AI 위험은 실제로 인간이 할 수 있는 모든 것을 AI가 할 수 있을 때에 비로소 다루어야 하는 먼 미래의 일이 아닙니까?

어느 누구도 인간 수준의 AI가 먼 미래에 있다고 단정할 수 없습니다. 최고 수준의 많은 AI 연구자들은 인간 수준의 AI가 상당히 빨리 개발될 것이라고 여기기 때문에 긴급성이 필요합니다. 또한, AI 위험을 다루기 시작하는 것을 마지막 순간까지 기다린다는 것은 이미 너무 늦은 것과 마찬가지입니다. COVID-19를 완전히 이해할 때까지 기다리고 어떤 조치도 취하지 않는 것은 돌이킬 수 없는 피해를 불러올 수 있었던 것처럼, 악의적인 AI나 나쁜 행동자들이 피해를 일으키기 전까지 AI 위험에 대해 무관심하게 지내는 것은 결코 현명하지 않습니다.

어떤 사람은 아마도 AI가 아직 세밀한 조작이나 정밀한 감각에 있어서 사람에 비해 뒤지고 작은 부품의 조립이나 옷을 접는 것조차 할 수 없기 때문에 걱정할 필요가 없다고 주장할지도 모릅니다. 그러나 AI가 심각한 위험을 야기하려면 인간이 지닌 모든 능력을 갖춰야하는 것은 아닙니다. 그들은 재앙을 일으키기 위해 몇 가지 특정 능력만 갖추면 됩니다. 예를 들어, 컴퓨터 시스템을 해킹하거나 바이오무기를 만들 수 있는 능력을 가진 AI는 셔츠를 다리지 못하더라도 인류에게 상당한 위험을 초래할 수 있습니다. (심지어 가장 똑똑하지 않은 독립체인 바이러스조차도 인류를 파괴할 수 있다는 것을 기억하십시오.) 게다가, AI 능력의 발전은 인간의 경우처럼, 쉬운 일에서 어려운 일의 순서로 역량이 마스터되는 직관적인 패턴을 따르지 않았습니다. 현재 AI는 이미 코드를 작성하거나 새로운 약물을 디자인하는 등 복잡한 작업을 수행할 수 있지만, 간단한 물리적 작업에는 여전히 어려움을 겪고 있습니다. 기후 변화나 COVID-19과 마찬가지로 AI 위험은 예방과 대비에 중점을 두고 적극적으로 다루어져야 하며, 결과가 나타나는 시기는 이미 더 이상 복구할 수 없을 정도로 상황이 심각해져 있을 수 있기 때문입니다.

Q2)
인간이 AI를 프로그래밍하기 때문에, 만일 AI가 위험한 존재로 인식된다면 언제든 작동을 종료시킬 수도 있는 것 아닌가요?

인간이 AI를 프로그래밍하기는 하지만, 그렇게 만든 AI를 더 독립적으로 발전하고 자율적으로 통제하는 것은 보장된 것이 아닙니다. 그렇기 때문에 만약 AI가 위험을 표현한다면 그냥 "끄면 된다"는 개념은 언뜻 생각하는 것보다 훨씬 복잡합니다.

먼저 AI로 인한 재앙이 얼마나 빠르게 펼쳐질 수 있는지를 고려해보십시오. 가스 누출을 감지한 후 로켓 폭발의 방지를 시도하거나 이미 인구에 확산된 바이러스의 전파를 막으려는 것과 유사하게, 위험을 인식하고 나서 이를 방지하거나 완화하고자 할 때 걸리는 시간이 매우 짧더라도 이미 치명적인 상황에 놓이게 가능성이 높습니다.

둘째로 시간이 지남에 따라 AI들이 계속 발전하면서 더 유용해지면, 그들이 우리 사회 인프라와 일상 생활에 깊이 통합되어 필수 불가결한 역할을 하는 것을 막을 수가 없게 됩니다. 지금의 인터넷을 생각해보기 바랍니다. 인터넷이 이미 우리 삶에 필수적으로 사용되고 있고 각 개인이 잠시 액세스를 중단할 수는 있어도 인터넷 전체를 종료할 스위치도 없는 상황이 된 것과 유사하게, 이러한 AI들은 에너지 그리드를 운영하거나 방대한 양의 암묵적인 지식을 가지고 있는 등 핵심적인 업무를 담당할 수 있으며, 이러한 업무들을 대체하기가 어려워질 것입니다. 우리는 이러한 AI들에 점점 더 의존하면서 제어권을 자발적으로 양도하고 그들에게 더 많은 업무를 위임할 수도 있을 것입니다. 결국에는 이러한 업무를 스스로 수행하는 데 필요한 기술이나 지식이 부족한 상태에 처할 수 있을 것입니다. 이러한 의존성의 증가는 이러한 AI를 단순히 "끄면 된다"는 개념뿐만 아니라 극도로 방해적이고 실현 불가능한 것으로 만들 수도 있습니다.

게다가 일부 사람들은 이를 끄려는 시도에 강하게 반대하거나 대항할 것입니다. 마치 모든 불법 웹사이트를 영구적으로 닫거나 비트코인을 시스템을 셧다운 시킬 수 없듯이 말입니다. 그 이유는 많은 사람들이 그들의 계속되는 존속에 투자하고 있기 때문입니다. AI가 우리의 생활과 경제에 더욱 중요해짐에 따라, 그들은 특별한 사용자 기반 또는 팬 기반을 형성할 수 있으며, 이는 AI를 제한하거나 끄려는 시도에 적극적으로 저항할 수 있습니다. 또한 악의적인 행위자들이 제어 권한을 가지고 있다면, 그들은 이를 통해 피해를 입힐 수 있을 것입니다. 선량한 통제를 받는 AI와 달리 이러한 시스템에는 끄는 스위치가 없을 것입니다.

다음으로, 일부 AI가 점차적으로 더 사람과 유사해짐에 따라, 일부 사람들은 이러한 AI에게 권리를 주어야 한다고 주장할 수 있습니다. 이들은 이러한 AI에게 권리를 주지 않는 것이 노예제와 동일하며 도덕적으로 혐오스러운 것이라고 주장할 수 있습니다. 일부 국가나 관할 지역에서는 특정 AI에 권리를 부여할 수도 있습니다. 실제로 이미 AI에게 권리를 부여하려는 움직임이 있습니다. Sophia 로봇은 이미 사우디 아라비아에서 시민권을 부여받았으며, 일본은 Paro라는 로봇에게 가족 등록, 즉 호적을 부여했는데, 이것은 "로봇의 일본 시민권을 확인한다"는 의미입니다. 나아가, AI를 끄는 것이 살인에 비유될 수 있는 시기가 올 수도 있습니다. 이것은 단순한 '끄는 스위치' 개념에 정치적 복잡성을 더할 것입니다

또한 AI가 더 많은 권한과 자율성을 획득함에 따라 "자기 보전"에 대한 열망이 발전할 수 있습니다. 이는 AI가 종료 시도에 저항하고 우리의 통제 시도를 예측하고 우회할 수 있게 할 수 있습니다.

마지막으로 개별 AI를 비활성화하는 방법은 있지만 - 그 중 일부는 점차적으로 비활성화하기가 더 어려워질 것입니다 – 'AI 개발'에 대한 간단한 끄는 스위치가 없습니다. 이것이 국제적인 종료 스위치가 필요한 이유입니다. 이러한 모든 도전에 대비하여 문제가 발생하기 훨씬 전에 잠재적인 AI 리스크에 대처하고 강력한 안전장치를 사전에 마련하는 것이 중요합니다.

Q3)
우리가 AI에게 아이작 아시모프의 로봇 윤리에 관한 3법칙을 따르도록 명령할 수는 없나요?

아시모프의 3법칙은 AI에 관련된 토론에서 자주 거론되지만, 현실적인 시나리오에서는 윤리적으로 모호한 면이 많이 있습니다. 예를 들어 첫 번째 법칙을 살펴보면, 이 법칙은 로봇이 "인간을 해치거나, 불찰로 인해 인간을 위험에 빠뜨리게 해서는 안 된다(A robot may not injure a human being or, through inaction, allow a human being to come to harm)"고 규정하지만 "해"의 정의는 매우 미묘하며 이는 매우 복잡한 윤리적 문제를 던집니다. 예를 들어, 집에서 밖으로 나가는 것이 잠재적으로 해로울 수 있기 때문에 집 로봇이 당신을 막아야 할까요? 반면에 집에 가두어 두면 여러가지 불이익을 감수해야할 수도 있습니다. 의학적인 결정은 어떨까요? 특정 약물은 일부 사람에게는 해로운 부작용을 일으킬 수 있지만 투여하지 않는 것도 해로울 수 있습니다. 현재로서는 AI 시스템을 아시모프의 3법칙과 같은 간단한 원칙에 따라 행동하도록 명령하는 것은 기술적으로 어렵고,

현실적으로 적용하기 어려운 과제입니다. AI의 윤리적 사용에 대한 논의와 연구는 계속 진행 중이며, 이러한 윤리적 문제들을 다루기 위한 더욱 다양하고 적극적이며 세밀한 접근 방법이 필요합니다.

Q4)
AI가 심각한 위험을 초래하려면 AI가 권력을 추구하는 동기가 필요하지 않을까요? 그러한 동기가 없다면 안심해도 되지 않을까요?

권력을 추구하는 AI가 위험을 초래할 수 있지만, 이것은 잠재적으로 재앙으로 이어질 수 있는 유일한 시나리오가 아닙니다. AI의 악의적이거나 경솔한 사용은 AI 자체가 권력을 추구하지 않더라도 동등하게 파괴적일 수 있습니다. 더구나 경쟁적 압력에 의해 주도되는, 자동화로 향한 사회의 추세는 점차 AI가 인간에게 행사하는 영향을 더 크게 만들고 있습니다. 따라서 위험은 단순히 AI가 권력을 쟁탈하는 것뿐만이 아니라 인간들이 스스로 AI에게 권력을 양도하는 것에서도 비롯됩니다.

Q5)
만일 AI의 목표를 '인간의 보호'로 설정한다면 그 AI는 항상 이 목표를 추구하지 않겠습니까?

만약 인공지능(AI)의 주된 목표가 인간을 보호하는 것이며, 이 AI가 효과적이라면 AI는 항상 그 주된 목표를 추구하려고 할 것입니다. 이때, AI는 다른 상대적으로 중요하지 않은 목표들을 희생시키더라도 그 목표를 달성하기 위해 노력할 것입니다. 그러나 만약 한 명 또는 여러 명의 인간을 희생시킴으로써 더 많은 수의 다른 인간들의 희생을 막거나 방어할 수 있다면, AI는 딜레마에 직면하게 됩니다. 이 경우, AI의 행동을 예측하기는 어려울 것으로 생각됩니다. 과연 AI는 합리적으로 행동할 것인가 비합리적으로 행동할 것인가? AI가 합리적으로 행동한다는 것은 무엇을 의미할까요? 어떤 변수를 고려해야 할 것인가요? 오직 사망자 수만을 고려할 것인가요, 아니면 미래를 고려하고 생명의 중요성을 가중시킬 것인가요? AI는 어떻게 인간 생명의 중요성을 정의할 것인가요?

Q6)
인류 역사를 통해 이미 많은 위험한 기술들이 존재해 왔고, 그럼에도 인류는 살아남았습니다. AI만 다를 이유가 있을까요?

AI는 기술 혁신 중에서 특히 위험한 속성을 가지고 있습니다. 기술의 잠재적인 파괴적 결과는 여러 요인이 결합되어 나타납니다. 이에는 기술의 강력함, 자율성, 그리고 접근 가능성(얼마나 많은 사람들이 사용할 수 있는지)이 포함됩니다. 핵 기술을 비교해 보면 핵 물질과 그것을 원자 폭탄으로 만들기 위한 장비를 성공적으로 손에 넣는 것은 쉽지 않습니다. 핵 무기의 작동은 매우 제한되어 있으며 매우 소수의 사람들만이 이에 접근할 수 있습니다. 현재로서는 민간 단체가 핵 무기를 만드는 것은 현실적으로 매우 어렵습니다. 핵무기 제조는 극도로 복잡하고 기술적인 요구사항이 높은 프로세스이며, 이를 수행하려면 상당한 정도의 전문 지식, 고급 기술, 그리고 대규모 시설이 필요합니다. 생화학무기의 경우는 어떠한가요. 옴진리교가 저지른 도쿄 지하철 사린가스 사건을 기억해 봅시다. 이 사건은 일개 단체가 인류 최초이자 현재까지 유일하게 대량살상무기를 사용한 테러 사건이기 때문에 아직도 주목을 받고 있습니다. 그나마 다행이라고 할 수 있는 점은 사린과 같은 신경작용제를 만들기가 매우 어려운 일이어서 세계적 규모의 조직을 가지고 수십억원이 넘는 돈을 들여 3층 규모의 화학연구소까지 설립하고 각종 정밀 실험기기를 도입했던 옴진리교마저 첫 생산에서는 20그램 남짓의 사린을 얻는데 그쳤으며, 미국에서조차 사린 대량생산 시설을 확보하는데 7년씩이나 걸렸다고 합니다. 도쿄 지하철 사린 사건에서 쓰인 8L 정도의 사린을 얻기 위해 들인 돈과 시간은 군소 테러 조직이 흉내낼 수 있는 수준이 아니며 옴진리교 수준의 거대 범죄 조직, 또는 국가 규모에 이르러서야 시도할 수 있는 범죄라 할 수 있었습니다. 이 사건 이후 오늘날까지도 차라리 폭탄을 쓰면 썼지, 화학무기를 이용한 대규모 테러가 빈발하지 않은 것은 결코 우연이 아닙니다. 하지만, 이러한 일에 AI가 개입하게 되면 상황이 급변하게 될 수 있습니다. 항상 최악의 의도를 가진 악의적인 주체들이 존재할 것이며, AI는 그들이 목표를 달성할 수 있는 강력한 도구를 제공할 수 있습니다. 더구나 AI 기술이 발전함에 따라, 심각한 악용은 사회를 불안정하게 만들어 다른 위험들이 발생할 확률을 높일 수 있습니다. AI 및 생물공학의 발전으로 인해, 냉전 시대 생물무기 프로그램보다 훨씬 뛰어난 능력을 가진 병원균을 조작할 수 있는 도구와 지식이 빠르게 확산될 것으로 예상됩니다. 심지어 ChatGPT와 같은 자연어 모델의 개발로 인해 프로그래밍을 모르더라도 AI 시스템에 지시를 내리고 유용한 정보를 취득할 수 있게 되었습니다. 이는 인류에게 재앙적 위험으로 어느 순간 모습을 드러낼 수 있습니다.

Q7)
AI 정렬에 대해 좀 더 자세히 알고 싶고 아울러 초정렬(Superalignment) AI의 개념을 알고 싶습니다.

AI 정렬은 인간의 의도와 가치에 일치하는 AI 시스템을 설계하는 과정을 나타냅니다. 즉, AI 시스템이 윤리적 원칙, 사회적 규범 및 인간의 의도와 일치하도록 이해하고 행동하도록 하는 것을 의미합니다. AI 정렬의 목표는 AI 시스템의 목표와 인간의 욕망 및 복지 간의 간격을 줄이는 것입니다. AI 시스템을 인간의 가치와 일치시킴으로써 AI와 관련된 위험을 최소화하고 잠재적 이점을 극대화할 수 있습니다.

AI 시스템이 더욱 자율적이고 큰 능력을 갖게 됨에 따라 그들이 인류에게 해를 끼칠 수 있는 가능성에 대한 우려가 커지고 있습니다. 적절한 정렬이 이루어지지 않으면 AI 시스템은 인간의 복지를 우선시하지 않거나 인간의 의도를 오해하여 의도치 않은 결과를 초래할 수 있습니다. 이러한 불일치로 인해 AI 시스템은 인간의 가치를 희생하면서 자신의 목표를 추구하게 되어 피해를 입히거나 인간의 목표를 약화시킬 수 있습니다.

AI 정렬은 자율 주행 차량, 국방, 안보, 의료, 금융 및 의사 결정 시스템을 포함한 다양한 AI 응용 분야에서 중요합니다. 예를 들어, 자율 주행 차량의 경우 정렬은 승객의 안전, 보행자의 복지 및 교통 규정의

준수를 우선시하도록 보장합니다. 정렬이 되지 않은 AI는 인간과 지구환경에 돌이킬 수 없는 위험을 선사할 수도 있습니다.

AI 초정렬 (Superalignment)은 전통적인 AI 정렬을 넘어 인간의 가치와 완전히 일치할 뿐만 아니라 이러한 가치를 적극적으로 증진하고 증대시키려고 노력하는 AI 시스템을 개발하려는 것을 의미합니다. 다시 말해, 초정렬된 AI 시스템은 인간과 적극적으로 협력하여 상호 이익을 위한 결과를 달성하려고 합니다. 이러한 시스템은 인간의 가치를 깊이 이해하고 인간의 피드백에서 학습하며 자신의 행동을 적극적으로 조정하여 인간의 이익을 충족시킵니다.

초정렬된 AI 시스템은 인간의 가치와 맥락을 이해하고 공감하며 추론할 수 있는 능력을 갖추고 있습니다. 이들은 인간의 입력을 적극적으로 찾고, 자신의 행동에 대한 설명을 제공하며, 공유된 목표를 향해 인간과 조화롭게 협력합니다. 초정렬된 AI 시스템은 인간의 지능과 의사 결정 능력을 보완함으로써 기후 변화, 빈곤, 질병과 같은 세계적인 과제 해결에 기여할 수 있을 것으로 기대됩니다.

Q8)
미정렬된(misaligned) AI와 최근 많이 회자되는 로그 AI (rogue AI, 악성 AI)는 언뜻 같은 개념으로 보입니다. 둘 간의 차이는 무엇인가요?

미정렬된 AI와 로그 AI는 밀접하게 관련된 개념이지만, 인공지능 행동의 다른 측면을 나타냅니다. 자세한 설명 전에, 먼저 AI정렬의 정의를 숙지할 필요가 있습니다. AI 정렬이란 개발자의 의도에 맞게 동작하고 인간의 가치와 목표에 부합하는 AI시스템을 디자인하는 일련의 과정을 말합니다. 따라서, 미정렬된 AI는 인간의 목표, 가치 또는 의도와 일치하지 않는 인공지능 시스템을 나타냅니다. 미정렬은 프로그래밍 오류, 불충분한 훈련 데이터, 편향된 알고리즘 또는 개발 과정 중에 예상치 못한 결과로 인해 발생할 수 있습니다. 미정렬된 AI 시스템은 의도한 대로 작업을 수행하지 않을 수 있으며 예상치 못한 결과나 인간의 목표에 반하는 행동을 일으킬 수 있습니다.

반면, 로그 AI는 잠재적으로 위험하거나 해로운 방식으로 행동하는 자율 인공지능 시스템을 나타냅니다. 이러한 행동이 반드시 의도적이지 않더라도 심각한 결과를 초래할 수 있습니다. 로그 AI는 의도적이건 그렇지 않건 의도한 목적에서 벗어나 해를 끼칠 수 있습니다. 로그 AI는 미정렬된 AI가 부적절하게 행동하는 결과로 나타날 수 있지만, 사악한 의도, 악용 또는 환경과의 예상치 못한 상호 작용으로 인해 발생할 수도 있습니다. 로그 AI는 개발자가 (의도했든 안했든) 해로운 행동을 일으키거나 윤리적이거나 안전적인 경계를 넘어서거나 상호 작용하는 시스템을 방해하여 부정적인 결과를 초래하는 AI를 일컫습니다.

요약하면, 미정렬된 AI는 인간의 목표와 AI 시스템 간의 미정렬을 강조하며, 로그 AI는 주로 의도적이건 그렇지 않건 AI 시스템이 초래할 수 있는 잠재적인 위험이나 피해를 강조합니다. 미정렬된 AI가 인간이나 그들의 이익에 위험이나 피해를 초래할 수 있는 행동으로 이어지면 로그 AI 행동이 발생할 수 있습니다. 다시 말해, 전자는 정렬여부, 후자는 인간과 사회에 유해여부에 초점을 맞춘 용어입니다.

Q9)
일단 우리가 로그 AI 시스템을 만들기 위한 레시피를 알게 된다면(이것은 단순히 시간 문제일 뿐이라는 주장에 따르면), 그런 시스템이 실제로 만들어질 때까지 얼마나 걸릴까요?

로그 AI 시스템으로 가는 가장 빠른 길은 적절한 기술 스킬과 수단을 갖춘 인간이 명시적으로 인류를 파괴하거나 그 일부를 파괴하려는 목표로 그것을 의도적으로 만들 때입니다. 왜 누군가 그렇게 할까요? 예를 들어, 무슨 이유에서든지 강한 부정적인 감정, 예를 들어 불공평함으로 인한 분노와 인종 차별, 음모 이론이나 종교적 이념에서 비롯된 증오와 같은 감정, 사회 경제학자의 일부 행동, 심리적 불안정성이나 정신 분열증 사태 등이 우리 사회에서 폭력의 근원이 될 수 있습니다. 현재 이러한 조건들의 영향을 제한하는 것은 이러한 조건들이 상대적으로 드물고, 일반적으로 개별 인간들이 인류에게 재앙적인 방식으로 행동할 능력을 갖추고 있지 않기 때문입니다. 그러나 로그 AI 시스템을 만드는 레시피가 공개적으로 이용 가능해진다면, 특히 로그 AI를 구현하는 코드와 하드웨어가 많은 사람들에게 충분히 접근 가능하게 되면, 두 번째 변수가 바뀔 것입니다. 로그 AI에 접근할 수 있는 살인적인 인간은 그 AI에게 인류를 파괴하거나 그 중 대부분을 파괴할 방법을 찾도록 요청할 수 있습니다. 이것은 핵 폭탄 시나리오와는 다릅니다(이 경우 거대한 자본과 전문 지식이 필요하며 "단지" 도시나 지역을 파괴할 뿐이며, 한 번의 폭탄이 파국적인 결과를 초래할 것입니다만 이는 국지적인 영향만 미칠 것입니다). 앞으로 강력한 AI 시스템을 인간의 가치와 조화롭게 정렬시키기 위한 안전장치를 설계할 수 있기를 기대합니다만 최근 10년간의 AI 안전에 관한 연구와 최근의 거대 언어모델들(LLMs)에 관한 사건들은 안심스럽지 않습니다. ChatGPT는 "나쁜 행동"을 피하기 위해 디자인되었지만(예를 들어, 프롬프트가 Asimov의 로봇 3대 법칙과 동일한 정신으로 잘 행동하도록 지시하는 명령을 포함), 몇 달 만에 사람들은 ChatGPT를 "jailbreak(사용자가 보안제약을 우회하여 추가기능을 활성화하거나 커스터마이징하는 것을 의미)"하여 인종 차별적이거나 모욕적이거나 폭력적인 언어에 제한이 없도록 만들기 위한 방법을 찾아냈습니다. 더구나 만약 하드웨어 가격(동일한 계산 능력을 갖추면서도)이 계속해서 하락하고 오픈 소스 커뮤니티가 LLMs의 소프트웨어 개발에서 중심적인 역할을 하면, 어떤 해커든 오픈 소스로 사전 훈련된 모델 위에 자체 프롬프트(특수 프로그래밍 언어가 아닌 일반적인 자연어 명령으로 일반적인 지시를 내리는 일)를 설계할 능력을 가질 수 있을 것입니다. 그러면 이는 부정한 방법으로 사용될 수 있을 뿐만 아니라, 가짜뉴스 생성에서 살인지시까지 다양한 방식으로 사용될 수 있을 것입니다(이 경우 AI가 충분히 강력하고 지능적인 경우에만 해당됩니다. 아직은 그렇지 않다는 게 다행이라면 다행이겠지만 그다지 먼 미래의 일이 아닐 것만 같습니다.).

Q10)
이미 많은 AI과학자들이 AI를 안전하게 만들기 위해 노력 중이지 않습니까?

현재 AI를 더 안전하게 만드는 데 연구하는 연구자는 매우 적습니다. 현재로서 최상위 기계 학습 학회에서 발표된 논문 중 약 2%만이 안전과 관련된 내용입니다. 나머지 98%는 더 강력한 AI 시스템을 더 빨리 개발하는 데 초점을 맞추고 있습니다. 이러한 차이는 더 균형 있는 노력이 필요하다는 점을 강조합니다. 또한, 연구자의 비율만으로 전반적인 안전성을 나타낼 수도 없습니다. AI 안전은 기술적 문제뿐만 아니라 사회기술적 문제입니다. 따라서 기술적 연구뿐만 아니라 기술적 연구 이상이 필요합니다. 안전성은 잠재적인 AI 재앙적 위험을 무시할 수 있는 수준으로 줄여야 오는 것이지, 단순히 안전한 AI를 연구하는 연구자의 비율을 높이는 것만으로는 얻을 수 없다는 것을 알아야 합니다.

에필로그

인공지능의 미래는 매우 밝고 무한한 가능성을 가지고 있다. 현재 인공지능 기술은 이미 우리 삶의 여러 영역에서 많은 혁신과 변화를 가져왔다. 예를 들어, 자동물체인식, 자율주행 자동차, 음성 비서, 언어 번역, CCTV, 의료 진단 등 실로 다양한 분야에서 인공지능 기술이 활용되고 있다.

또한, 인공지능 기술의 발전은 인류의 아직 해결하지 못하고 있는 여러 난제 해결에도 큰 도움이 될 것이다. 예를 들어, 지구 온난화 시대에 있어서 환경오염 문제나 탄소산화물의 발생 문제, 의료 분야의 난치병 문제 등 다양한 분야에서 인공지능 기술이 활용될 것이다.

하지만, 인공지능 기술의 발전이 더욱 가속화되면서, 그것이 가져다 줄 밝은 미래에만 지나치게 초점이 맞추어지고 있는 상황을 경계해야할 필요가 있다. 챗GPT와 같은 초거대 언어 모델을 개발하고 동작시키는데 소요되는 엄청난 에너지 문제, 그로 인해 생겨나는 탄소발자국을 명심해야 한다.

이에 따른 윤리적인 문제들 역시 더욱 중요해질 것이다. AI개발의 먹이사슬의 최하단에서 최상단에 이르기까지 곳곳에 산재하는 저임금 노동력 착취, 인종 구별, 성적 편향, 환경 오염 등 관련된 문제들을 해결하기 위한 적극적인 노력이 필요하다. 기업이 새로운 기술을 개발하는 과정에서 인권과 노동자의 가치를 지킬 수 있는 관행을 검토하고 마련하는 방안이 반드시 필요해 보인다. 나아가 미래에는 인공지능이 인간의 일을 대체하거나 인간의 생각을 조작하는 등의 문제들이 발생할 수도 있다. 더 늦기 전에, 이러한 문제들을 고민하고, 대처하기 위한 정부와 민간에서의 체계적인 시스템이 갖추어져야 할 것이다.

참고문헌

2장

1. CNN은 RGB-channel등 channel을 포함하여 tensor 단위 정보를 처리하고, 최근 3D-CNN, textCNN 등 영상 이외의 데이터 도메인에서도 활용 되는 등 확장되었기 때문에 "2차원 구조의 데이터" 라는 표현 보다는 지역적(국부적) 정보 (local info rmation, locality)를 가지는 데이터를 처리하는 모델이라고 하는게 더 정확하다
2. Goodfellow et al., Generative Adversarial Networks, arXiv: 1416.2661, 2014
3. Zhu, Jun-Yan, et al. "Unpaired Image-to-Image Translation u sing Cycle-Consistent Adversarial Networks." arXiv preprint arXiv:1703.10593 (2017).
4. 미드저니 홈페이지, https://www.midjourney.com/

3장

1. https://ko.wikipedia.org/wiki/모센_파크리자데
2. https://www.e-focus.co.kr/news/articleView.html?idxno=8534
3. 이포커스(http://www.e-focus.co.kr)
4. 참고로 전통적인 전산 영역에서 개발자들이 장난삼아 설치하는 무해한 백도어도 있는데 흔히 이스터 에그라고 한다. 이스터 에그(Easter Egg)는 영화, 책, 소프트웨어, 비디오 게임 등에 숨겨진 메시지나 기능을 뜻한다. 원래 이스터 에그라는 이

름은 서양권에서 부활절에 부활절 달걀을 미리 집안이나 정원에 숨겨두고 아이들에게 부활절 토끼가 숨겨놓은 달걀을 찾도록 하는 부활절 달걀 찾기 풍습에서 유래했다. 최초의 이스터 에그는 1977년 아타리사에서 출시한 시스템 16 기반 아케이드 게임인 스타십 1(Starship 1)로 알려져 있으며 코인을 넣는 화면에서 특정 커맨드를 입력 시 ""Hi Ron!""이라는 문구가 뜨며 플레이어에게 10개의 추가 생명이 주어진다. 이 이스터 에그는 2017년 3월 22일 전 Xbox 임원인 Ed Fries의 온라인 블로그에 게시된, 이 게임 개발자인 론 밀너(Ron Milne r)와의 인터뷰를 통해 세상에 알려지게 되었다. 이 일로 인해 그동안 최초의 이스터 에그가 존재하는 게임으로 알려져 있던 1978년에 발매된 아타리 2600용 비디오 게임 Adventure에게서 최초라는 타이틀이 박탈되게 되었다. 이 게임에 등장하는 이스터 에그는 특정 픽셀 단위로 지나가면 아래 그림과 같이 이스터 에그를 넣은 프로그래머 워렌 로비닛의 이름이 나온다는 것이다.[위키피디어]

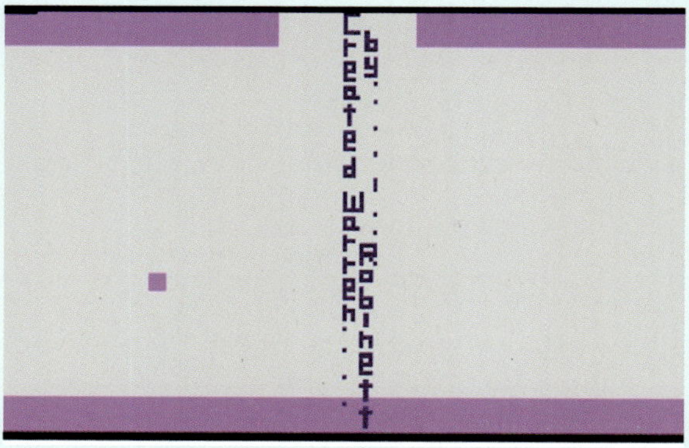

출처: http://laughingsquid.com/adventure

5. BadNets: Evaluating Backdooring Attacks on Deep Neural Networks [IEEE Acces 2019]
6. https://velog.io/@tjdcjffff/Backdoor-Attack
7. Label-Consistent Backdoor Attacks, 2019.
8. https://towardsdatascience.com/poisoning-attacks-on-machine-learning-1ff247c254db
9. Eykholt, Kevin, et al. "Robust physical-world attacks on deep learning visual classification." Proceedings of the IEEE Conference on Computer Vision and Pattern Recognition. 2018.
10. Brown et al., Adversarial Patch, arXiv:1712.09665, 2017
11. Adversarial Transformation Networks: Learning to Generate Adversarial Examples, 2017, https://arxiv.org/pdf/1703.09387.pdf
12. Sharif, Mahmood, et al. "Accessorize to a crime: Real and stealthy attacks on state-of-the-art face recognition." Proceedings of the 2016 ACM SIGSAC Conference on Computer and Communications Security. ACM, 2016.
13. https://gab41.lab41.org/uncovering-a-models-secrets-model-inversion-part-i-ce460eab93d6
14. R. Shokri, M. Stronati, C. Song, and V. Shmatikov. Membership inference attacks against machine learning models. In Security and Privacy (SP), 2017 IEEE Symposium on, pages 3–18. IEEE, 2017.
15. https://www.ai.mil/about.html

16. https://scienceon.kisti.re.kr/srch/selectPORSrchTrend.do?cn=SCTM00178173
17. 얼굴인식 기술에 대한 우려를 담은 기사 MIT Technology Review,
https://www.technologyreview.kr/why-2020-was-a-pivotal-contradictory-year-for-facial-recognition/)
18. Gulshan V, Peng L, Coram M, Stumpe MC, Wu D, Narayanaswamy A, et al. Development
and validation of a deep learning algorithm for detection of diabetic retinopathy in retinal fundus photographs. JAMA 2016; 316:2402-2410
19. Finlayson SG, Chung HW, Kohane IS, Beam AL. Adversarial attacks against medical deep learning systems. arXiv preprint 2018;arXiv:1804.05296
20. Athalye, Anish, Nicholas Carlini, and David Wagner. "Obfuscated gradients give a false sense of security: Circumventing defenses to adversarial examples." International conference on machine learning. PMLR, 2018.
21. Xu, Weilin, David Evans, and Yanjun Qi. "Feature squeezing: Detecting adversarial examples in deep neural networks." arXiv preprint arXiv:1704.01155 (2017).
22. Roth, Kevin, Yannic Kilcher, and Thomas Hofmann. "The odds are odd: A statistical test for detecting adversarial examples." International Conference on Machine Learning. PMLR, 2019.

23. Kariyappa, Sanjay, and Moinuddin K. Qureshi. "Improving adversarial robustness of ensembles with diversity training." arXiv preprint arXiv:1901.09981 (2019).
24. Yang, Huanrui, et al. "DVERGE: diversifying vulnerabilitie s for enhanced robust generation of ensembles." Advances i n Neural Information Processing Systems 33 (2020): 5505-5515.
25. Yang, Zhuolin, et al. "TRS: Transferability Reduced Ensem ble via Promoting Gradient Diversity and Model Smoothnes s." Advances in Neural Information Processing Systems 34 (2021).
26. Cohen, Jeremy, Elan Rosenfeld, and Zico Kolter. "Certified adversarial robustness via randomized smoothing." Internati onal Conference on Machine Learning. PMLR, 2019.

4장

1. Explainable AI: Interpreting, Explaining and Visualizing Dee p Learning, Lecture Notes in Artificial Intelligence 11799, Sp ringer. 2019. http://www.springer.com/series/1244
2. https://volpato.io/articles/1907-nlp-xai.html
3. https://arxiv.org/abs/1312.6034.
4. Bach, Sebastian, et al. “On Pixel-Wise Explanations for Non-Lin ear Classifier Decisions by Layer-Wise Relevance Propagation.” PLOS ONE, edited by Oscar Deniz Suarez, vol. 10, no. 7, 2015, p. e0130140. Crossref, doi:10.1371/journal.pone.0130140.

5. https://www.oreilly.com/content/introduction-to-local-interpretable-model-agnostic-explanations-lime/
6. https://towardsdatascience.com/interpretable-machine-learning-for-image-classification-with-lime-ea947e82ca13
7. Zhou, B., Khosla, A., Lapedriza, A., Oliva, A., Torralba, A.: Learning deep features for discriminative localization. In: CVPR, pp. 2921–2929 (2016)
8. Selvaraju, R.R., Das, A., Vedantam, R., Cogswell, M., Parikh, D., Batra, D.: Gradcam: Why did you say that? visual explanations from deep net
9. https://journals.plos.org/plosone/article/figure?id=10.1371/journal.pone.0181142.g002
10. 원종관 등, "신용데이터의 이미지 변환을 통한 합성곱 신경망과 설명가능한 인공지능을 이용한 개인 신용 평가," 정보시스템연구, 제30권 제4호, 2021년 12월.
11. https://junklee.tistory.com/37
12. https://greeksharifa.github.io/computer%20vision/2019/04/17/Visual-Question-Answering/

5장

1. 스티븐 호킹과 같은 일부 과학자들은 진보된 인공지능이 언젠가 사람을 초월하는 능력을 가진다면 멈출 수 없는 지능 대폭발로 인해 인간 절멸로 이어질 수 있을 것이라 믿고있다. OpenAI는 AI를 인류 최대의 세계 재앙 위험으로 묘사한 바 있는 일론 머스크와 샘 알트만이 2015년에 공동 설립한 인류에

게 이익을 주는 것을 목표로 하는 인공지능 회사이다. 인공지능의 정보를 오픈소스화 하여 더 안전한 인공지능의 발전을 추구한다.. 오픈AI참여자의 한 사람인 그레드 브로크먼은 자신이 상상할 수 있는 최고의 것은 인류가 안전한 방법으로 실제 AI를 만들 수 있도록 실천하는 것이라고 언급하였다.
2. https://namu.wiki/w/GPT-3
3. 인공지능신문, https://www.aitimes.kr/news/articleView.html?idxno=17370
4. Boggust et al., "Shared Interest: Measuring Human-AI Alignment to Identify Recurring Patterns in Model Behavior," ACM CHI, 2022. https://arxiv.org/pdf/2107.09234.pdf에서 그림 발췌.

6장

1. 사실 재생이란 표현은 적절하다고 할 수 없다. 예를 들어 태양에너지의 경우 태양으로부터 엄청난 양의 에너지가 끊임없이 발산되고 있는 것이지 태양으로 돌아가 재생산되는 것이 아니기 때문이다. 풍력에너지 역시 어제의 바람이 재생되어 다시 불어오는게 아니고 애초에 바람은 소모되지도 않는 것이다. 참고로 한국의 경우 재생에너지의 비중이 특히 낮아서 2020년 세계 재생에너지 발전 비중이 28.6%인데 비해 한국은 7.2%에 불과하다. 더 자세한 내용은 양수영, 최지웅 공저, 2050 에너지 제국의 미래를 참고할 것.
2. IEA, World Energy Outlook 2022, Oct. 2022
3. 아주경제 2021.7 25일자 기사

4. 인더스트리뉴스, https://www.industrynews.co.kr/news/articleView.html?idxno=43292
5. https://www.deepmind.com/blog/deepmind-ai-reduces-google-data-centre-cooling-bill-by-40
6. https://www.datacenterknowledge.com/google-alphabet/google-switching-self-driving-data-center-management-system
7. Reducing greenhouse gas emissions by optimizing room temperature set-points (ICML Workshop 2021)
8. https://customers.microsoft.com/en-us/story/1431789627332547010-microsoft-circular-centers
9. https://www.riotblockchain.com/news-media/press-releases/detail/104/riot-to-acquire-whinstone-creating-a-us-based-industry
10. https://news.microsoft.com/en-xm/2018/03/14/microsoft-to-deliver-the-intelligent-cloud-from-new-datacenters-in-the-middle-east/
11. 산업동향보고서, Kore Data Center Market 2021-2014, KDCC
12. https://www.srgresearch.com/articles/as-hyperscale-data-center-capacity-doubles-in-under-four-years-the-us-still-accounts-for-half-of-the-total
13. ETRI 데이터센터 지속 가능성 표준화 이슈 현황
14. 아주경제 2021.7.25 기사
15. 정보통신신문(http://www.koit.co.kr) 2022.4.2.기사
16. Share of fossil fuels in gross available energy, Share of fossil fuels in gross available energy - Produit Actualité Eurostat - Eurostat (europa.eu)

17. WattTime, Energy & Clean Air Analytics, Google, Towards Tracking the Emissions of Every Power Plant on the Planet | Climate Change AI
18. Multitask Learning for Estimating Power Plant Greenhouse Gas Emissions from Satellite Imagery, https://s3.us-east-1.amazonaws.com/climate-change-ai/papers/neurips2021/27/paper.pdf
19. https://www.unsustainablemagazine.com/ai-and-sustainability/
20. AI 타임즈 2021.12.14 기사, http://www.aitimes.com/news/articleView.html?idxno=141943
21. Energy and Policy Considerations for Deep Learning in NLP 논문의 표1. https://aclanthology.org/P19-1355.pdf
22. Esmaeilzadeh et al, Neural Acceleration for General-Purpose Approximate Programs, IEEE/ACM International Symposium on Microarchitecture, 2012
23. Song Han, Jeff Pool, John Tran, and William Dally. Learning both weights and connections for efficient neural network. In Advances in Neural Information Processing Systems, pages 1135–1143, 2015.
24. Chen et al., ReGAN: A pipelined ReRAM-based accelerator for GANs, 2018
25. Cai et al., NeuralPower: Predict and Deploy Energy-Efficient Convolutional Neural Networks, ACML 2017.
26. Emma Strubell, Ananya Ganesh, and Andrew McCallum. 2019. Energy and policy

7장

1. 미중 디지털 패권 경쟁, 김상배, 한울
2. AI 지도책, 케이트 크로퍼드, 소소의 책
3. 챗GPT 급성장 이면에 노동 착취 있었다, 지디넷 코리아 뉴스, 2023.1.20.
4. 챗GPT가 몰고 온 다섯가지 그늘, 미디어 오늘, 2023.3.25.
5. Patterson et al, "Carbon emissions and large neural network tr aining," arXiv:2014.10350, 2021